通识课

国学
通识课

杨朝明 著

中共中央党校出版社

图书在版编目（CIP）数据

国学通识课 / 杨朝明著 . -- 北京 : 中共中央党校出版社，2022.9
（新时代领导干部通识读物）
ISBN 978-7-5035-7396-5

Ⅰ . ①国… Ⅱ . ①杨… Ⅲ . ①国学－干部教育－学习参考资料 Ⅳ . ① Z126

中国版本图书馆 CIP 数据核字（2022）第 163330 号

国学通识课

责任编辑 蔡锐华　吴容华
版式设计 豆安国
责任印制 陈梦楠
责任校对 王明明
出版发行 中共中央党校出版社
地　　址 北京市海淀区长春桥路 6 号
电　　话 （010）68922815（总编室）　（010）68922233（发行部）
传　　真 （010）68922814
经　　销 全国新华书店
印　　刷 北京文昌阁彩色印刷有限责任公司
开　　本 710 毫米 ×1000 毫米　1/16
字　　数 251 千字
印　　张 17
版　　次 2022 年 9 月第 1 版　2022 年 9 月第 1 次印刷
定　　价 58.00 元

微 信 ID：中共中央党校出版社　　**邮　　箱**：zydxcbs2018@163.com

总　序

领导干部要有通识通学通才

王蒙

得知中共中央党校出版社准备出版一套领导干部通识教育读物，深受鼓舞。这一套系列丛书，涵盖文学、历史、哲学、经济、政治、军事、管理、科学、艺术等各个主要学科领域。它们将能丰富我们的知识，拓宽我们的眼界，推动我们的思维认知、选择决策，延伸发展我们的执政能力、教化能力、全面深化改革能力，优化领导干部素质，提高领导干部的境界和威信。

为了完成党领导全国各族人民，统揽伟大斗争、伟大工程、伟大事业、伟大梦想，推动中国特色社会主义伟大事业的历史使命，我们的领导干部，不但必须掌握既有的专门学科知识与技能，更要具备统揽大局、统筹全局的通识通学通才。

新中国成立前夕，在毛泽东提议下，党中央重新编审了一套12本干部要学习的马列主义著作，毛泽东专门把这套书定名为“干部必读”。这

12本“干部必读”，也是一套马列主义著作的通识课，许多老同志至今对此记忆犹新，感奋不已。改革开放初期，邓小平提出了实现干部队伍革命化、年轻化、知识化、专业化的战略方针。其中的知识化，既包括了专业教育，也包括了通识教育、通才教育。习近平总书记十分重视对领导干部的本领和能力的培养教育，他提出“领导干部要爱读书读好书善读书”，领导干部要增强“八大本领”，年轻干部要提升“七种能力”。习近平总书记强调，经济、政治、历史、文化、社会、科技、军事、外交等方面的知识，领导干部要结合工作需要来学习，不断提高自己的知识化、专业化水平。要坚持干什么学什么、缺什么补什么，有针对性地学习掌握做好领导工作、履行岗位职责所必备的各种知识，努力使自己真正成为行家里手、内行领导。这样才能成为一个复合型领导干部，也就是一个通才。

作为复合型领导干部，还要善于汲取世界先进文明成果。文明因多样而交流，因交流而互鉴，因互鉴而发展。马克思主义和社会主义思想传入中国，再到改革开放以来全方位对外开放，中华文明始终在兼收并蓄中历久弥新。我们只有张开双臂拥抱世界，才能不断扩大对外开放，社会主义市场经济才能取得高质量发展。

孔子提出了“君子不器”的观点，就是说，君子的使命感责任感在于修齐治平，大任在于家国天下，不能仅仅满足于技能性操作，更要把握天命天道，以及多方面的追求规范，用今天的话来说，就是要把握历史的发展规律，要树立正确的“三观”与科学的价值体系，从而更好、更全面地推动中国的进步与发展。

我们常说，博观约取，厚积薄发。通识教育就是一个“博观”“厚积”的过程，这个过程做扎实了，就能“约取”“薄发”。领导干部要做到通识，要融会贯通多学科、跨学科与人民历史性实践的方方面面的文明成果。这样一个成果的获得，也正是马克思提出的实现人的全面发展的理想在中国特色社会主义现代化中的体现。经过摸索探寻研讨总结，希望这套丛书的出版能有助于领导干部自我教育的努力，有利于我们的干部通识教育的发展与完善。

王蒙，著名作家、学者，曾任文化部部长，2019年9月被授予“人民艺术家”国家荣誉称号。

绪　言

记得是在三十多年前，我写过一篇名叫《“晋史十八家”说辨析》的小文章，刊发在1990年5月香港出版的《中华国学》第2辑上。不知为什么，以后竟没有再见到这个刊物。也是从那时起，我对“国学”这个概念似乎有了一种特殊的情感。

说起来，作为“中华固有学术”的“国学”，涵盖经、史、子、集等各类传统学术，然而，正如经、史、子、集等一定要以经部为先不可移易一样，国学一定有它的主干与核心。然而，正像一棵大树有树根、树干、枝条以及花朵、果实那样，中华国学之树结出了许许多多的文明花果，但我们必须去了解这棵大树的主干与根脉。

近代以来，在“西学”的影响下，“国学”也在向现代转化。今天我们学习国学，其要在于理解国家之根，认识华夏之魂，挺立民族精神。李学勤先生说，国学的主流是儒学，儒学的核心是经学。中国各类传统学术都属于国学的组成部分，但讲国学通识首先要抓住国学的精髓，不能离开国学的根本精神。

一、数十年逐步走近国学

国学宫墙万仞、博大精深，如果仅望而兴叹，“不得其门而入”，便就

“不见宗庙之美，百官之富”。走进中华文化的殿堂，也许需要一生的求索与体悟。因为从根本上讲，国学关心社会和谐、天下大同，因而最终关注人心和顺。国学关注人本身，思考人性与人的价值，关注生命的意义。

我的大学校址在孔子故里曲阜。记得刚入学没多久，老师就利用周末的时间带我们去孔庙参观。老师在现场详细讲解其中的历史文化意义，生动透彻、令人陶醉。从老师的讲解中，我们感受到老师对于孔子的由衷敬佩和对儒学文化的深深认可。老师年轻时曾读过私塾，许多古代经典在多少年后都能出口成诵。老师对文物古迹也如数家珍，各种历史掌故脱口而出，各种知识融会贯通。有一次，南京一所大学古典文献专业的师生来曲阜参观，我们的这位老师为他们讲解了孔府、孔庙。那天晚上，两名带队老师又专程来到学校，来到老师家里当面对老师表示感谢。老师讲解时，对庙宇形制、殿堂门坊、石刻匾额等的来龙去脉娓娓道来，将古代典籍记载与历史文化相贯通，深深打动与折服了他们。当时，我恰好在老师家里，清楚地记得那两位老师流露出的感动与感激。那时我的心中，老师的这些学问也就是“国学”了。

后来，我攻读硕士、博士学位，学的都是历史文献学专业。读硕士时，我们是学校招收的首届历史文献学专业硕士生，为了给我们打好基础，导师安排了文字、音韵、训诂、校勘、版本、目录等课程，另外还有金文讲读、《尚书》选读之类的课程。为了使我们的学习更有效果，课程的安排特别用心。例如，为了学习训诂学这门课，导师找到许多著作，按图索骥般寻找老师，因而我们有幸专门到淮北煤炭师范学院（今淮北师范大学），拜师安徽著名学者吴孟复先生，甚至在先生府上上课近二十天。读书期间，我们曾走访请教了张舜徽、徐中舒、缪钺、林剑鸣、黄永年、朱绍侯、高敏等著名文献学家、历史学家。

在学习过程中，我慢慢理解了前人的治学方法。有不少清代学者论述过义理之学与实证之学的关系，如钱大昕就说“有训诂然后有义理”。与钱大昕同时期的王鸣盛论述更为形象，他把各种学术的关系以大树作比，说：“义理，其根也；考据，其干也；经济则其枝条，而词章乃其萌叶也。”考据或者实证性研究与义理的关系由此不难理解。粗壮的树干以发达的根系为基础，没有发达的根系哪来粗壮的树干？我曾指导一位研究生研究“作为思想家的左丘明”——左丘明之所以能写出规模宏富的《左传》，源于他深刻的思想。那么经由《左传》这个“干”发掘它的“根”，就成为研究“作为思想家的左丘明”的“功夫”。左丘明《左传》解经的形式甚至比《公羊传》《穀梁传》纯粹而直接的解释更有说服力。左丘明以事实表述和解释思想，与清代学者的考据之学有神似之处。必须承认，即使是清代考据学家在考据时，也有表达其思想主张的动机。

学习国学，一定要认真继承前人成果。“温故而知新”，温故是为了知新。《论语·学而》还说“因不失其亲，亦可宗也”，以前我对这句话也不太懂，解释不通顺，后来恍然大悟，原来“亲”应该是“新”的通假。“因”是继承，继承不是墨守；“新”以继承为前提，不是胡乱创新。“温故”就是“因”，就是继承，继承非常重要。创新离不开对传统文化内在精神的继承，创新是形式上的创新。

学习国学要从整体上了解中华学术的成果都有哪些。比如，关于图书的分门别类。中国较早是《汉书·艺文志》的《七略》，后来是经、史、子、集四部。按照《七略》的方法，除《辑略》作为全书总要，排在最前面的实际是“六艺略”，也就是六经。今天，目录学不属于哲学，而是属于文献学。《七略》何以把“六艺”放在前面？《四库全书》为什么把“经部”放在前面？还有《四库全书》何以把“正史”放在“史部”的最前面？其实，这样的分类方法是严谨的、科学的，是古代思想文化认识的凝结和呈现。孔子强调“攻乎异端，斯害也已”，如果正学没有学好，没有树立正确的价值观，就遽然“索隐行怪”“攻乎异端”，也是很危险的。学习国学通识，先学什么，这很重要。

二、我对“国学”的一点理解

关于“国学”，每个人都可以有自己的表述与定义，但不论怎么说，大体意涵都基本相同。广义地讲，举凡我国传统学术（或者说“固有学术”），包括天文地理、文学艺术、思想文化、典章制度乃至医术、建筑、文字、音韵、训诂等，都可以视为“国学”。中国传统学术，是相对于西学而言的中国之学，它应该涵盖各朝各代的各类文化学术。

一百多年前，中国社会剧烈动荡。那个时期，中国人思考落后挨打的原因，有的人则迁怒于中国的历史文化，归罪于孔子和四书五经，提出“打倒孔家店”等口号。但胡适等人提出“整理国故”，主张“研究问题、输入学理、整理国故、再造文明”，力图从中国传统文化中寻出中西文明的结合点，为中国新生寻找出路。1934年，章太炎在苏州创办章氏国学讲习会，对国学做了总结性的讲解。章太炎的演讲整理成《国故论衡》《国学概论》《章太炎国学演讲录》等出版，影响很大。章太炎将国学分为“小学”“经学”“史学”“诸子”“文学”五部分，可见他对于国学范围的界定。此外，胡适、顾颉刚、钱穆等人也有关于“国学”“国故”“国粹”的种种论述。

自“西学东渐”之风开启后，为了区别“西学”与“中国之学”，便产生了“中国传统思想文化学术”这个“国学”概念。新中国成立后，随着形势的变化，尤其经过文艺批判运动，“国学”作为一个口号仿佛已经过时消失。到20世纪80年代后，随着对极左思潮的纠正和传统文化热的兴起，“国学”又逐渐回到社会中，这也是中华民族开始找回文化自信的重要体现。国学是国家之学，也是国人之学；是知识精英之学，也是国民大众之学。尽管人们对国学概念理解不同，但有两点可以说是人们的共识：其一，国学是决定中国传统道德与价值信仰的学术。国学奠定了传统中国人的生命底色，它决定着中国这个国家文化的境界与品质。其二，国学的核心是以儒家六经之学为中心的学术。可以说，人们在“国学”概念上的混乱与迷失，或许正是在价值观上混乱与迷失的折射。

2008年，我所在的曲阜师范大学将孔子文化学院与历史文化学院合并，我作为新成立的历史文化学院的院长，提议在学院设立“国学班”或“国学专业”。在向学校提出的《开展国学专业本科教育申请报告》中，我们认为，培养一批对中国传统文化有较全面、深入认识的通才型、科研型人才，不仅是建设民族共有精神家园和弘扬优秀传统文化的需要，也是适应当时及其后一个时期的教育发展的要求。面对全球化和竞争激烈的国际局势，要进一步增强民族凝聚力，增强综合国力，大力培育、弘扬中华民族精神。

各国的历史实践已经证明，任何轻视、忽视乃至蔑视本国传统文化的做法都十分愚蠢而且有害，并将最终导致民族虚无主义，丧失民族自信心。曲阜师范大学设学于孔子故里、儒学发源地，而作为中国传统文化的主干，孔子创立的儒家学说影响中国历史既深且远。儒学影响了以知识分子为主体的大传统，对民间小传统也有着巨大的影响，中华民族精神的核心部分就是儒家所提倡的一系列基本理念。挖掘传统文化的正面价值、实现传统文化的现代转换，是一项十分重要而紧迫的任务。

我们当时所设想的国学本科教育目标或模式，是要借鉴当时国内高校国学专业的开展状况，结合学校自身的优势、特色等实际，希望所开展的国学专业教育，培养更多的适应新世纪的、全面发展的、对中国传统文化有较全面认识和理解的通才；借鉴中国古代书院与西方导师制的教学模式，以国学班的形式，开展以儒学与史学为主要特色的通才教育。希望能打破几十年来的教学模式，以直接面对经典文本的方式，扭转本科教育中传统文化教育薄弱、学生传统文化知识有限的局面。希望根据自身实际，结合国学教育一般规律，以经学、儒学和历史文献学为基础，以出土文献和考古学为辅翼，以融合中西为目标，以德业双修为宗旨，制定国学课程体系。

三、国学就是孔子儒学传统

有学者仔细研究过历史上的国学论争，尤其是20世纪20年代在整理国故、国学书目和读线装书的问题上的争论，看到其中的实质是：所谓“国学”“国故”，表面上是指中国古代的学术文化历史，但具体到“国学书目”及研究国学的最终目的，便可知无论传统派还是反传统派，他们心目中的“国学”实际就是以孔子为代表的儒学传统。梁启超说，中国几千年的文化

“就在儒家”，“若把儒家抽去，中国文化恐怕没有多少东西了。中国民族之所以存在，因为中国文化存在，而中国文化，离不了儒家”[1]。因此，这次国学论争的实质是反孔与尊孔之争，当时知识界把国学主要看作是以孔子为代表的儒学。

在国学就是孔子儒学传统这一点上，立足于学术文化前沿的学者意见大体一致。十几年前，正值国学大潮方兴未艾之际，关于国学、儒学与经学设置一级学科之倡议亦随之兴起。2010年暑期，我与几位同事一起拜访李学勤先生时，就此问题向先生请教。李先生认为，国学的内容应该放在中国整个传统学术文化大背景下来考察。中国自古以来就是一个多民族、多地区的国家，其文化传统长期吸收各民族、各地区，包括境外的各种文化综合而形成，这个过程是非常复杂的。我们讲国学，不能排斥各个民族的文化传统、各个地区的文化特点，所谓“三教九流”都应该包括在内，它包含的内容应该是非常广博的，也是非常复杂的。不过，具体说来，中国传统文化是有一个主流的。我们要把握中国传统文化，要看出哪些是主要的，哪些是次要的，要区分清楚。这个主流就是儒学，儒学中最核心的部分则是经学，经学在中国传统学术文化和整个儒学中具有核心地位，这也是国学研究最中心、最关键的所在。不研究经学，不了解经学，就没有把握住我们传统文化的主流和核心。

李学勤先生强调，经学研究是今天国学研究中最薄弱的环节。出现“国学热”而对作为其核心内容的经学几乎没有多少研究，这种情形必须引起重视。否则，对国学、对传统文化的认识终究是不够的。当然，近些年来，经学研究也渐渐受到重视。各种经学与经学研究著作不断出版，也有了《中国经学》这样的刊物。李学勤先生的意见很精到，国学、儒学、经学，三者是一脉贯通的。

当然，也有学者提出：传统是复数的，不能仅仅搞儒学。传统当然是复数的，但复数多元的传统之中也有主次之分。如前所说，国学作为一个

---

① 梁启超：《孔子与儒家哲学》，古吴轩出版社2019年版，第93页。

概念，它是近代的产物，是特殊时期出现的。那时，西学入侵，中国传统文化受到严重威胁，出现了“三千年未有之大变局”，于是“国学”概念针对“西学”而起，因此“国学”本应有一个中心意涵。当年，马一浮先生提出国学就是“六艺之学”，认为“此代表一切固有学术，广大精微，无所不备”[①]。对此，刘梦溪先生极力赞赏，认为这一定义“态度既俨然郑重，学理意味也极深厚”[②]。孔子与早期儒家整理并传述六经，主张修己安人，儒学的核心正是“六艺之学”，这也是中国传统学术的核心。

今天要复兴国学，在很大意义上是从历史深处寻找民族精神的基因。在现实中，不少人依然对传统文化存有一定的隔阂甚至排斥。习近平总书记指出：“无论哪一个国家、哪一个民族，如果不珍惜自己的思想文化，丢掉了思想文化这个灵魂，这个国家、这个民族是立不起来的。”[③]因此，我们要认识中华民族的文化传统，理解中国儒学的高度与深度，从民族基因深耕精神家园，从历史深处汲取智慧力量，知古鉴今，探寻传统元素的转化与新生。

四、让国学真正“热”起来

泱泱中华，五千多年的历史发展，作为一个伟大文明的存在，在世界文明史上都特色鲜明，独树一帜。尽管当代中国的学术已经和国际“接轨”“交融”，尽管有人主观上愿意给中国的学术穿上“得体的时装”，但终究消弭不了中国传统学术自己的特点。中国学术不应也不能与世界学术混为一谈，我们应该把握中华传统文化的本质与特性，多了解学术的中国、思想的中国。

国学的深层在国民信仰与价值观念，国学作为“学”的意义也在于它

① 马一浮：《泰和宜山会语》，《马一浮全集》第1册（上），浙江古籍出版社2013年版，第8页。
② 刘梦溪：《学术与传统》，北京时代华文书局2016年版，第903页。
③ 习近平：《在纪念孔子诞辰2565周年国际学术研讨会暨国际儒学联合会第五届会员大会开幕会上的讲话》，《人民日报》2014年9月25日。

指向思想义理和道德教化。为了更好地了解中国传统思想，了解作为传统文化主干的孔子儒学，在治学方法上就要从“小学”而入“经学”。研治国学自然要固基础、强根底，由表及里、循序渐进。传统的中国学人都特别主张由文字、音韵、训诂及目录、版本、校勘等“小学”入手，而后治“史学”，最后入“经学”。

在西方实证主义思潮影响下，很多人强调学术的独立性。但强调学术与社会治理、道德教化相结合，强调“治学”与“做人”相统一，不一定就会妨碍学术的独立发展，也未必意味着学术会成为道德和政治教化的附庸。近代学术史已经证明，有人期待自己进行“超然”的研究，但期待“超然”者何曾真的超然过？像“科学无国界，科学家有国界”一样，国学研究者热爱民族文化，同样也不一定就意味着缺少“求真”“求是”精神。如果脱离社会现实，脱离了世道人心，国学可能就会失去灵魂，其发展也可能是畸形的。

在新文化运动时期，人们的讨论已经涉及这样的问题。例如，傅斯年先生认为，研究国故有“整理国故”和“追慕国故”两种手段，他本人最佩服整理国故的方法，而反对拥孔派追慕国故，他认为主张“追慕国故”者“忘了理性，忘了自己”。胡适先生则批评类似观点，认为国故能“应时势之需”，便是传统儒家“通经而政治平”的梦想。胡适还提出，新思潮“研究问题”，就是要回答为什么拥护“德先生”和“赛先生”便不能不反对以孔子为代表的国粹。他认为，整理国故不也是从所谓“旧国学”里寻出一个前因后果的条理脉络来，寻出一个真意义、真价值来，以便再造中国的现代文明吗？

钱穆先生在《国史大纲》开卷伊始，正告读者凡读《国史大纲》者请先具一些基本的信念。首先，当信任何一国之国民，尤其是自称知识在水平线以上之国民，对其本国已往历史，应该略有所知。否则，最多只算一有知识的人，不能算一有知识的国民。其次，所谓对其本国已往历史略有所知者，尤必附随一种对其本国已往历史之温情与敬意。否则只算知道了一些外国史，不得云对本国史有知识。

人都是社会的人，在一定的历史文化背景下生存，都不同程度地打着本国本民族历史文化的印记。民族历史文化是连接民族共同体的重要纽带，钱先生将“有知识的人”与“有知识的国民”区别开来，区别点就在于是否了解本国的历史。他强调的是，作为国民，人人都应该明白“我所自来”和“我之所属”的问题。了解历史，培养民族自豪感，弘扬与培育民族精神，尤其需要对自己的民族文化有一个正确的态度，这种态度就是“温情与敬意”，了解民族历史文化，就是要培养民族感情，只有热爱历史文化，才能热爱民族和国家。有了“温情与敬意”，才能避免“偏激”“虚无”“狂妄”。

“国学”概念很宽泛，不能把它狭义化，不能把国学视为“纯粹的学术”而已。没有学术哪来文化？没有文化，学术意义何在？传统文化离不开学术研究成果作为基础、指导与引领。否则，传统学术的价值也就无法得到体现。西方泰勒说：“文化，或文明，就其广泛的民族学意义来说，是包括全部的知识、信仰、艺术、道德、法律、风俗以及作为社会成员的人所掌握和接受的任何其他的才能和习惯的复合体。”[①]这些也是传统学术研究的内容和对象。最近几十年来，中国社会的国学热，首先表现为传统文化热。要使中国传统文化得到复兴，就必须有相应的国学热与之相适应，这样才能对中国传统文化正本清源、去伪存真，抓住传统文化的真精神。

国学的主流是儒学，“国学热”与“儒学热”应该是相统一、互相促进的，而且儒学在不同时期也吸收了不同的文化成果，比如先秦时期吸收了除儒家之外的诸子学，像后来的道教和佛教。研究国学没有固定的套路，不过，它就像读书，一定要首先考虑读什么书，想清“读什么书”也许比“读书”本身更重要。金克木先生在《书读完了》中记录陈寅恪向夏曾佑请教，夏曾佑说自己把书读完了。金克木先生说，必须读的中国古书有《易》《诗》《书》《春秋左传》《礼记》《论语》《孟子》《荀子》《老子》《庄子》。这样的话意味很明显，读完了最关键的这些书，再读其他书，有利于理解多元的思想。儒家强调引导社会人心之“正”，《论语·为政》说“非其鬼而祭之，

---

① ［英］爱德华·泰勒：《原始文化》，连树声译，上海文艺出版社1992年版，第1页。

谄也”，树立正确的信仰，要学正学，读正经，不能“索隐行怪”“攻乎异端”。先读重要的书，先读必读的书。理解了中华文化精神，其他书读得越多越好。

我特别期待国学真正“热”起来，但距离真正的“国学热”或许还有一定的距离。研究国学要练好基本功，踏踏实实，增长见识，提升“史识”。要从读懂读通中华的基本经典入手，没有这样的功夫，就很难中正不倚，从而做到“考信”“释古”，无法从历史过往中寻找到解决现实问题的启迪。孔子“述而不作”，是对古代文明的尊重；孔子“信而好古”，是因为古代文明有漫长而高水平的发展。只有从本源上认识和理解中华民族特性，才有可能温故知新、推陈出新、返本开新。国学热不能形式化、表面化，也不能神秘化、功利化，只有积极适应时代需要，才能有益于助推中华民族的伟大复兴。

目 录

第五讲 正本清源说孔子

第六讲 孔子与六经

第七讲 《论语》的成书与整体性问题

第八讲 《孔子家语》的成书与可靠性

第九讲 时空维度下的孔子与儒学

第十讲 孔子：一个人的两千五百年

第十一讲 董仲舒在中国文化史上的地位

——王充“孔子之文在仲舒”说诠解

第一讲

当今国学教育的基本问题

当今中国的“国学热”可谓适逢其时。中国传统文化塑造了数千年来中国人的基本思维方式与行为规范，是中华民族的智慧结晶。它不仅是中华民族愈挫弥坚的精神源泉，也为人类文明的进步做出了积极贡献。在当今，重振国学与国学教育，对于唤起我们民族的文化自觉、坚定文化自信、增强中华民族文化软实力等方面，具有重要的历史意义和现实意义。而于此，最为紧要最为优先的，是要正本清源，接续文脉，培养君子贤达。

一、现状：问道国学教育之路

什么是“国学”？广义的国学，即是一国固有之学术。国学内涵丰富，如果从“学”与“术”两个方面来讲，它的范围很大很宽，可谓包罗万象。“学”“术”也就是“德”“艺”，国学自然以“学”（或称“道”）与“德”为核心，正如李学勤先生强调的：“国学的主流是儒学，儒学的核心是经学。”[①]可谓言简意赅。如果不明白这一点，就无法对中国传统文化提纲挈领。如果仅仅就概念上的定义去理解，很有可能就会以“学”为思想理论，以“术”为技艺技术。如果把“学”分开层次，则可以是古代“小学”“大学”之分。“小学”是“术”，“大学”才是“学”，二者是递进关系。小学阶段接触种种具体生活与生存事物，大学阶段则是去理解探究诸般事情背后之

① 李学勤：《国学的主流是儒学，儒学的核心是经学》，《中华读书报》2010年8月4日。

理。如朱熹所言，“小学是直理会那事；大学是穷究那理”[①]。他还说：“小学者，学其事；大学者，学其小学所学之事之所以。”[②]

比如，儒学所说的“礼”，实则含有“礼制”“礼仪”“礼义”的不同层级。如果我们自称是“礼仪之邦”，实则是对“礼”的表面化、肤浅化理解。传统中国应称为“礼义之邦”。故古代“小学”的“六艺”是礼、乐、射、御、书、数。而“大学”的“六艺”则是《诗》《书》《礼》《乐》《易》《春秋》。“小学”“大学”中都有“礼”，却不在一个层次上。当然，我们可以把它称为本体与工夫，或称礼义为体、礼仪为用。对于礼的理论探讨与思考，对礼的性质与意义的认识，就是礼义的层面；礼当然也有具体施行中的技术层面的规范与学问，这即是礼仪的层面。二者应该互为一体，有机统一，相互为用。理解本末，才能抓住根本，才不至于舍本逐末。《大学》言：“物有本末，事有终始，知所先后，则近道矣。”这个“本”“终”，就是人格养成，就是心性的成长，就是明道成德。

儒学是一个博大精深的体系，是国学的基础。近代中国，社会动荡，外敌入侵，中华民族处于危难之中，在学者们那里首先开始丧失自信。但尽管如此，近代学者依然看到本国文化的丰富内涵。例如梁启超说，国学是“世界第一个丰富矿穴”[③]。其中种类繁多，有怡人情者，有开民智者，有明事理者，有养身心者，犹有治国平天下者。这些其实没有截然的界分，有的是主次、轻重、先后的区别。今日中国要大力弘扬中华优秀传统文化，首先就要厘清国学这个概念，只有这样，才能更好地宣传和教育，进而予以传承和发扬。弄明白国学的精髓，理所当然就会清楚它的时空限制、主体限制，国学产生于特定的时空，由特定主体提出，大谈什么“局限性”，这样的人多半都是一知半解。

从事国学教育，须先有立场，先立礼义。《淮南子》说得好：“民无廉耻，不可治也；非修礼义，廉耻不立。民不知礼义，法弗能正也……法能

① 《朱子语类》卷七。
② 《朱子语类》卷七。
③ 《梁启超全集》，北京出版社1999年版，第4067页。

杀不孝者，而不能使人为孔曾之行；法能刑窃盗者，而不能使人为伯夷之廉。”[①]法也者，使法必行之法也。其法也，浅层次者也。孔曾之行、伯夷之廉，善也。浅层次的所谓“法”，只能禁邪防奸，不能使人产生崇高的道德，只能使社会有秩序，不能使社会形成充满爱的良善风气。

价值与是非的确立最为紧要。从圣人来看，“未有可是非者也”[②]。而《淮南子》又说：“是非有处，得其处则无非，失其处则无是。”[③]同样的话，不同的人说，效果就不一样，关键是格局、境界与立场。《淮南子》在这里所说的“处”，是时间、地点、条件的总和，是指特定的环境，更是价值观、信念与追求，也是学，是道。孔子儒家常说“志于学”“志于道”，就是如此。所谓“政者，正也”，方向很重要。你追求力量，要先确定方向。当前社会最大的隐忧，是人“莫知所处”，被功利所驱使，缺少坚定而正确的价值观。特定的环境下有具体的是非，“此之是，非彼之是也；此之非，非彼之非也”[④]。这是庄子“彼亦一是非，此亦一是非”的新阐发。不言而喻，这里最重要的是：我们该如何自处？

当然，从事国学教育的人都有自己特定的价值立场、国学修养、传播技能，水平不同，效果不同，国学教育的根本全在于此。国学教育要达到预期的效果，必须去思考当前还存在哪些问题，否则就一定难如心愿，乱象丛生，甚至产生负面影响。因此，要首先看清这些问题，密切加以注意，并在具体实践中努力克服。

2017 年，中共中央办公厅、国务院办公厅印发了《关于实施中华优秀传统文化传承发展工程的意见》；2021 年，教育部也印发了《中华优秀传统文化进中小学课程教材指南》，指导传统文化教育。这是社会发展到今天对传统文化认识的一个标志或高度凝结，对于人们打消顾虑，走出迷茫，具有重要的里程碑意义。在经过近代以来的曲折以后，人们对于传统文化与现代

① 《淮南子 · 泰族训》。
② 《淮南子 · 齐俗训》。
③ 《淮南子 · 氾论训》。
④ 《淮南子 · 氾论训》。

社会的关系有了一个更高层次的认知。

早在2013年11月26日，习近平总书记在参观考察山东曲阜的孔府和孔子研究院时就提到中央要出台相关的文件，要大力弘扬中华优秀传统文化，进一步推进传统文化的落地。在文件出台的过程中，国家一定进行了缜密、系统、全面的调研。要出台实施中华优秀传统文化传承发展工程的指导意见，需要对传统文化的价值有着清晰、深刻的认知。事实上可以想见，这并不是一件特别容易的事。笔者认为上述文件的出台，实际上是党中央和国务院关于中华优秀传统文化在新时代传承弘扬的重要部署，代表了党中央的明确态度。这对于推动传统文化教育，广泛开展以孔子儒学为代表的传统文化学习和教育活动，对于传统文化研究事业，都是一个很好的激励和鼓舞。

要正确理解文件的重要意义，需要站在更加广阔的历史文化背景中。在对待传统文化的态度上，我们走了一些弯路，直到今天还有人对传统文化的认识有不少模糊。可以说，这些文件就是定心丸，就是指南针，是党中央发出的明确信号，或者说是传递出的重要而明确的信息。

在传承传播优秀传统文化的过程中，同样需要解放思想。所谓解放思想，就是要实事求是，不要有那么多的顾忌。当然，在弘扬中华优秀传统文化的过程中，也必须或一定要取其精华，去其糟粕。在传承传播优秀传统文化的过程中，出现了一些对于传统文化的错误解读，但这并不意味着优秀传统文化在本质上有问题。因而，更需要在中央文件的指导下，正本清源地认识传统文化，学习传统文化，实现优秀传统文化的创造性转化和创新性发展。

我们要深刻认识到，弘扬优秀传统文化正是为了加强中国特色社会主义核心价值观建设，建构国民的核心价值体系。实际上，以五常八德为代表的核心价值，正是中国文化的根本，它和今天的社会主义核心价值观一脉相承。要想认清楚这个问题，从根本上推进文化落地，优秀传统文化弘扬“干部是主导”。相关政府文件就是指导。对于上述文件，就像我们读经典要领会真精神一样，同样需要我们认真品读，积极探索，领会其真精神。

教育的根本任务是立德树人，立德树人可以说正是传统文化教育的本然使命、天然职责。试想，如果传统文化教育没有立德树人的功能，中华民族几千年的和谐和睦来自哪里？事实上，正是因为传统文化教育有立德树人的突出优势，所以才带来了中华民族几千年的和谐和睦，带来了我们今天弘扬优秀传统文化的信心和力量。

在传统文化中，尤其以孔子之教为代表，孔子之教就是成德之教、成人之教。所谓成德，正是帮助人们树立正确的价值观，建立人之所以为人的基本价值体系。关于这一优势是怎么发挥作用的，《孔子家语》说："孔子之施教也，先之以诗书，而道之以孝悌，说之以仁义，观之以礼乐，然后成之以文德。盖入室升堂者，七十有余人。"孔子施教的过程正是成德之教落地的过程，也正是成人教育实施的过程。社会要稳定发展，必须由有德之人来引领，所以孔子常谈及"为政以德"的问题，那么为政者的德性从哪里来？传统中国的教育不就是为了教育、培养这样有德性的人吗？培养有德性的人来引领社会，实际上就是立德树人。如何使这一优势充分发挥作用？当然是要大力弘扬中华优秀传统文化。

我们对于传统文化核心价值的认知，关乎"道"和"术"的关系，关乎"德"和"艺"的关系。《礼记·乐记》云："德成而上，艺成而下；行成而先，事成而后。是故先王有上有下，有先有后，然后可以有制于天下也。"没有一流的德性，哪有一流的技术？没有一流的心性，哪来长青的事业？"德"和"艺"的关系，所表达的正是一个人的德性、心性与其所从事专业的关系。良好的德性就是一方厚土，专业知识好比是花草树木。花草树木品种繁多、千姿百态，但只要是茁壮成长，皆需肥沃之土壤。任何事业、专业，但凡想获得长远发展、健康发展，都需要以德性为根基。习近平总书记说"国无德不兴，人无德不立"，题中应有之义也包含"企无德不盛，家无德不旺"。总之，德性问题关乎事业、学业成就的方方面面。所以，正确理解"德"和"艺"的关系非常重要。

孔子儒学与传统文化进校园，现在还存在不少问题和困难。在这样的情况下，就需要立足于长远，培养一大批有志于传承传播优秀传统文化的人才，培养对于儒学价值观认同的人，培养有"中国心"的人就显得重要而必要。2014年9月9日，习近平总书记来到北京师范大学参观教师节主题展，在翻阅一些地方的教材时说："我很不赞成把古代经典诗词和散文从课本中去掉，'去中国化'是很悲哀的。应该把这些经典嵌在学生脑子里，成为中华民族文化的基因。""去中国化"是很悲哀的，要"中国化"，贵在有"中国心"，接受中国的优秀传统文化。

传统文化教育与现代学科教育的关系，实际上其所反映的正是"德"和"艺"的关系。首先，它们之间肯定是相互促进、并行不悖的。就其本质而言，二者之间还是必修与选修的关系。传统文化是必修课，因为它承载着中国底色，承载着中国心、中国意识，说到底正是中国传统的价值观。本着中国传统的价值观和新时代价值观有机融通的原则，需要充分利用中国传统文化的优势来构建我们的核心价值观，使一流的德性、心性成为一流人才的生命底色。

到了具体的小学、中学和大学优秀传统文化教育，应尊重教育的规律，由浅入深。小学可以以诗词和四书精选为主，重视兴趣培养；中学以四书及五经的部分选篇为主，重视明理正心的教育；大学设立通识课程。总之，需要处理好儒家经典学习与其他课程的关系，处理好必修课与选修课的关系。经典教育为必修，其他多种形式可选修。中华文化重视以文化人，教育的成果集中体现在人的素养、人的品格、人的道德之上。我们理想中的传统文化教育是培养出胸怀天下、明理正心、文质彬彬的君子。老师们以君子的品格要求自己，对传统文化中的价值观念有基本的认知和认同，身上承载着为师应有的道和德，真正称得上为人师表。校园里飘扬着正音雅乐，学生争做少年君子。学生的身上既保有孩子应有的天真、活泼、真实，又能对经典名言倒背如流，并能将经典中的价值观落实在具体的行动中。说到底，理想中的传统文化教育贵在培养出有素养的人，对自己的民族文化抱有温情和敬意的人。

当前学校教育中的传统文化教育遇到诸多困境和挑战，问题看似很多，归根结底还是对传统文化的认识问题，是对孔子儒学的误解问题，是对传统文化的真精神了解不够，对传统文化之于中国的价值和意义不够明达。所以，开展优秀传统文化教育、进行正本清源的工作，任务是很繁重的，如果大家没有对传统文化真正价值有统一的认识，那么各种问题就都来了。

学校是道场，应该是承载良知良能最多的地方，应该成为社会的风向标，培养社会的引领者。围绕学校的定位，要立足于“立德树人”的中心任务，反过来思考政策引导、课程设计、教师队伍建设，使之系统联动，就会促进教育工作开创新局面。

国学教育或传统文化教育，就是针对学校教育而言的，那么教育主管部门、学校与教师显然都是唱主角的。主管部门贵在出台政策，必须大力支持各个学校的常态化教育，允许学校走出自己的路子，去积极探索。教育主管部门出台什么样的政策，要看其有什么样的认识高度，唯有认识充分，才能出台真正具有指导意义的政策。主管部门需要大力支持各个学校积极探索，这样的支持包括方方面面，多组织交流互动，多树榜样。学校应该结合自己的实际，走出自己的路子。教师当以传道为第一职责。也正是因为传道为教师的第一职责，而传统文化所承载的恰是中华道统，所以全体教师都需要增强传统文化基本素养，学校对于传统文化的教育绝不仅是某个国学老师的事。

二、症结：制约国学教育的深层因素

文化自信来源于文化自知，只有深入理解中国古代文明的发展程度，对中华经典的价值有正确的认识，认清孔子儒学在中国传统文化中的地位，理解中国学术史上的疑古思潮，理解近代中国特殊的历史变动，才能树立坚定的文化自信，从而讲清楚“学术的中国”“理论的中国”，才能理解中华文化对于今天中国特色社会主义建设的重大意义。

（一）对中国古代文明的发展程度估价偏低

世人都知道春秋战国是中国社会发展的特殊时期，也是先秦诸子百家争鸣的历史时期。但它绝不是中国文化的形成期，而是中国思想与中国智慧的繁盛期、高潮期。人们常用德国哲学家雅斯贝斯（Karl Jaspers，1883—1969）的“轴心时代”理论来讲述中华文明，但这一理论没有关注中国文化在诸子时代以前的漫长发展，没有注意中国许多思想家何以那样尊崇古代“先王”。

事实上，学术研究的重要进展与考古材料的惊人发现都一再证实，尧舜以来尤其是夏、商、周三代的中国文明已经有漫长的发展历程，有较高的发展水准，百家争鸣是对历史文化的继承、总结与反思，诸子思想的形成有一个广阔的文化背景。看不清中国文明的绵延之路，就容易妄自菲薄，很难理解传统思想的高度与深度，就容易以为这不过是“老练的道德说教”而已。

（二）对经学典籍的价值认识不够

国学包罗宏富，正如文化可以分成不同的层级那样，国学也有三教九流、经史子集等很多内容。经学是训解或阐释儒家经典之学，是中国独有的学问。儒家经典以六经（或五经）为核心，及于孔子及其后学遗说，包含着深沉的价值观念与民族精神。孔子“祖述尧舜，宪章文武”，他整理的六经被视为先王“政典”，儒家经典彰显道德与价值。国学研究应以经学为中心，国学就像一棵生命之树，只有区分主次，知其本末，才能培根固元，生生不息。我国典籍经、史、子、集四部之分类以“经”为先，经部之后史部以“正史”居首，不都是出于“明教化”“佐治道”的社会价值考量的吗？弘扬儒学而弃经不读，无异于舍本逐末。

目前，在对儒家经典等文献的认识上还存在许多问题。如怀疑古书相关记载，人为后置了不少典籍的成书年代；不明古书流传的一般规律，不能动态观察古书的形成过程，造成对古书的很多误解；不能整体把握学术源流，颠倒了一些同类文献的先后顺序，甚至误判了学派属性；不能理解各学术派别之间的纵横关系，简单化地进行学派判断，如此等等，严重影响了对这些文献的利用与阐发。

（三）对博大精深的孔子儒学“莫名其妙”

孔子儒学是在继承基础上的文化创造，他们思索人性与人的价值，胸怀天下而关注苍生，思维恢宏却包蕴精微。孔子超越了他的国度与时代，只有对他的儒学思想体系有全面、综合的理解，才能把握“大体”，在“道术”的意义上理解“中国精神”与“中国气质”。如“大学之道”强调人的全面成长，倡言“修身、齐家、治国、平天下”，培养“大人”“君子”。孙中山先生说，这是“最有系统的政治哲学”，“象这样精微开展的理论，无论外国什么政治哲学家都没有见到，都没有说出，这就是我们政治哲学的知识中独有的宝贝”。[①]本来这“属于道德的范围”[②]，但“自失了民族精神之后，这些知识的精神当然也失去了。所以普通人读书，虽然常用那一段话做口头禅，但是多是习而不察，不求甚解，莫名其妙的”[③]。只有清楚孔子儒学的宏大气象，才能懂得它对于中华民族数千年和睦与和平的巨大意义。

（四）疑古思潮的消极影响依然存在

唐朝中后期以来，随着佛学影响的扩大，人们以儒家道统对抗佛学法统，由此产生了对儒学经传的怀疑。自宋代开始的疑古思潮到近代“古史辨派”时期登峰造极，所谓“辨伪学”出现了极大偏失。

疑古思潮本来为“卫道”而生，中日甲午战争以后却换成了“反古”的

① 《孙中山选集》，人民出版社2011年版，第711页。
② 《孙中山选集》，人民出版社2011年版，第711页。
③ 《孙中山选集》，人民出版社2011年版，第711页。

面目，从而一发不可收拾。学术上的“疑古过勇”以釜底抽薪的方式，除了让人感到古籍几乎“无书不伪”“无书可读”，更使得虚无主义盛行，造成了上古文化的一片空白，于是，人们非常遗憾地看到“孔夫子”似乎变成了“空夫子”。

实践证明，“大胆假设，小心求证”是说起来容易，做起来难的事情。学术研究的进展，尤其地下早期文献的不断问世，一次次“轰然打破”了既有的“成见”，也无情地揭示了疑古思潮的极大偏颇，学者们一次次地惊呼必须“重写学术史”“重写思想史”。不过，疑古思潮的负面影响极其深刻，消除这种影响尚需时日，或者说“走出疑古时代”还是一个漫长的过程。

（五）把国力升降与文化问题简单类比

文化影响力的升降浮沉密切联结着国力的变化。近代中国落后挨打，极尽屈辱，在反思落后原因的时候，不少人迁怒于本国的传统文化，强化或放大了对传统文化负面影响的认识，在对文化的认识与研究中，有些人还没有走出近代落后挨打的阴影。

中国以屈辱的方式融入世界时，人们得以“睁开眼睛看世界”，在新旧文化交汇、中西文化碰撞的夹缝中，有的激进，有的狂放，都带有文化转型时期的人格特征，也是对于当时“数千年未有之变局”的恐慌性反应。走不出近代中国社会动荡对文化的影响，于是有的人不免纠结。

实际上，在两千多年的发展中，儒学确实发生过一些变化。在先秦时期的原始儒学阶段，孔子儒家主张“修己安人”和“仁政”“德治”，强调“正名”，带有明显的“德性色彩”。而在秦汉以至清朝的“帝制时代”，虽然很多儒家学者也致力于发扬儒学精神，但儒学在走向大众与社会实际结合的过程中，为适应专制政治与皇权至上的需要，逐渐强化了君权、父权和夫权，染上了显著的“威权色彩”，呈现出为后世所诟病的一些特征。近代以来，人们反思儒学，新文化运动时期的“全盘性反传统主义”运动，在思维方式上存在着偏颇，但客观上却主要指向具有“威权色彩”的儒学，把被扭曲了的儒学主张看得更加清楚。大要别之，对孔子儒学持“保守”立场的人多看到了儒学的真精神，持“激进”立场的人则更多看到了作为“封建专制灵魂”的那个“偶像的权威”。

在纪念五四运动100周年前，习近平总书记特别强调，认识和把握五四精神要坚持大历史观，要从历史逻辑、实践逻辑、理论逻辑相结合的高度，总结历史规律，揭示历史趋势，讲清楚五四运动的进步意义与重大影响。[①]五四运动与“打倒孔家店”的口号和“批孔”“尊孔”的话题密切联系在一起，因此，我们大力弘扬中华优秀传统文化，深入研究民族精神，树立新时代精神，尤其需要对五四以来的“批孔”思潮有一个认真总结，以大历史观、以宏观视野讲清楚五四以来的“批孔”思潮的实质及意义。

三、路径：读经典是基本抓手

我们认为，国学教育首先要聚焦中国的经典，或者说，学习儒学必须先专注于经典。首先要清楚什么是“经”。经者，常也。例如《大学》，把“大学”这两个字弄明白了，儒学也就入门了。看起来，《大学》字数这么少，有什么了不起？但《大学》真的十分重要，《大学》真的很“大”。所谓大学者，大人之学也；大学者，成德之教也。孔子教书，无非就是“成德”二字，无非就是让人成为有德的人。

党中央提出到2035年建成文化强国的宏伟目标，就要全面提升国民的文化素养，培养国民的文化自信。为此，我们必须进行人格教育与心灵教育，让传统文化润物细无声地进入青少年的心中，必须高度重视中华经典的

① 参见习近平：《加强对五四运动和五四精神的研究　激励广大青年为民族复兴不懈奋斗》，《人民日报》2019年4月21日。

教育。刘强曾经谈到不读经典的流弊，说得非常深刻，值得记取。他总结的“十大流弊”如下：只知有我，不知有人；只知有己，不知有群；只知有人，不知有天；只知有物，不知有心；只知有学，不知有道；只知有贤，不知有圣；只知有利，不知有义；只知有用，不知有益；只知有家国，不知有天下；只知有生命，不知有慧命。[①]

他总结道：“经典教育不是万能的，但没有经典的教育是万万不能的！”凡对人类文化有过重大贡献和持久影响的民族，大多有自己的经典文化与经典教育。尤其是中国文化，更是以经典为中心的文化，没有经典的教育不可能培养出真正热爱中华文化的中国人。一个对中国历史和文化没有“温情和敬意”的人，充其量只能是生物学意义上的中国人，而一个全以外来文化为圭臬而绝无本土文化为参照的中国人，大概只能称为“转基因中国人”了。

2019年3月4日，习近平总书记在看望参加全国政协十三届二次会议的文化艺术界、社会科学界委员时特别指出，要坚定文化自信，把握时代脉搏，以精品奉献人民，用明德引领风尚。当代中国是历史中国的延续，是传统中国的继承与发展，社会主义核心价值观即是传统道德与文明在新时代的彰显与继承。为中华民族培根铸魂，铺染中国人的生命底色，构建强大的时代民族精神，必须高度重视中华优秀传统文化的力量。在新时代大力弘扬发展中华优秀传统文化是一项庞大的系统工程，而撬动这一系统的支点就在于中华优秀传统文化的核心经典。

（一）经典凝结着民族精神

经典，是中华民族思想文化的结晶。中华经典承载了古往今来中华儿女的传统道德与价值信仰。中华典籍体系洋洋大观，诸子、三教，俊采星驰，相映生辉，而以四书五经为核心。两千多年来，从《汉书》到《四库全

① 参见刘强：《不读经典之十大流弊》，《敬德书院学刊》2021年春刊。

书》，中国图书体系皆以儒家经典为首，正是基于其在精神方向上的引领意义与化育人心的重要功能。考古与学术研究证实，在孔孟老庄所处的所谓“轴心时代”之前，中国就已经走过了漫长的发展历程。先秦诸子代表了中华文化的成熟时代。中华核心经典就像孔子本人那样，是其前数千年中国文化的积淀，更经过了其后数千年中国历史的检验。

中国之治是中华文明长期发展、内生演化的硕果。中国多元一统的政治文化思维与组织形态创造了国家社会长期稳定的局面，创造了经济高速发展的奇迹，更推动着中华民族发展为超强包容性、超强凝聚力的命运共同体。海外的有识之士认为，历史上西方曾经形成很多大型而强悍的帝国，纵横世界雄霸一时，但在衰败之后基本都灰飞烟灭，成为历史陈迹而再没有重新崛起的可能。古代中国则不然，它总能在衰微之后不断重新崛起与复兴。从根本上讲，中华民族能够永续发展、不断传承的坚强与坚韧品格，正源于中华文明的特性与特质。龚自珍说，欲要亡其国，必先灭其史；欲灭其族，必先灭其文化。没有文化与文明的源远流长并传承不息，其后果不堪设想。

20世纪40年代，面对七七事变之后国难当头的危亡局面，学者程树德先生以风烛残年、病弱之躯，在极端艰苦的条件下编著八十万言的《论语集释》。他说:“夫文化者国家之生命，思想者人民之倾向，教育者立国之根本，凡爱其国者，未有不爱其国之文化。”[①]钱穆先生在他的《国史大纲》中说:“任何一国之国民，尤其是自称知识在水平线以上之国民，对其本国已往历史，应该略有所知……尤必附随一种对其本国已往历史之温情与敬意。”中国人的国家观念是“道德的”“文化的”国家。世界上还没有哪个民族像中国这样，总能够在最艰苦的时候发挥出道德精神来挽救危机。社会与国家，固有一时之危，但最大的危机在于信仰的危机，中华经典是中华民族的信仰基础，始终起着为中华民族培根铸魂、引领方向的根本作用。

① 程树德:《论语集释·自序》。

（二）走出迷茫，超越纠结

长期以来，由于历史的、学术的种种原因，我们对于本民族的传统经典陷入了漠视状态。有人认为，孔子“只有一些老练的道德说教”，或认为他提出的原则与方法很简单。但中华文化强调“道不远人”，其中的“不简单”正隐藏在“简单”背后，饱含着比第一眼看去更多的智慧。突如其来的新冠肺炎疫情，对于我国来说既是危机，也是一场大考，向我们提出了重大挑战与思考。要提升防范化解重大风险和提高应对危机的能力，就要继续大力完善各项制度，切实将制度优势转化为治理效能。国家治理体系体现于制度，治理能力体现于制度的执行力。《孔子家语·执辔》中记孔子说“冢宰之官以成道”“司徒之官以成德”，所强调的即是由周公所奠定的《周礼》“六官”治理体系，最重“道”与“德”，把道德建设放在首位。这一架构深刻影响了自北周、隋唐以来的六部制度。后代选官常考试经义，以经学取士，培养和任用明是非、能担当、敢引领、有格局的“大人”。辜鸿铭翻译《春秋》，将其中的“名分大义”翻译为“荣誉和责任的重要原则”，强调了“荣誉与责任”是决定民族兴衰的道德因素这一主旨。这同样也是四书五经等中华经典的“大义”，是中华文明存在的基础，是中国国家观念的基础。治理体系的构建和治理能力的落地都“为政在人”，我们特别需要通过中华优秀传统文化与中华经典培养承载中国气质、中国精神、中国力量的新时代奋斗者。

中国近代的社会动荡与民族屈辱使人们在学校尊孔读经问题上曾有着很大纠结。一百多年前，蔡元培先生主掌当时的教育部，邀请马一浮担任教育部秘书长。马一浮先生建议学校不要废止读经，他还劝设通儒院“以培国本”，他特别希望能够培养“可与世界相见”的“中土学者”，以使“国本初张，与民更始”，然而时势不济，确如蔡元培所言“时间尚早”。今天，中国已今非昔比，应该满怀自信，走出迷茫，超越纠结，由中华经典而中华思想，由中华学术而中华精神，用传统经典润泽当代价值，唤醒与激发民族文化精神和道德意识，更好呈现“人之所以为人”的高贵因子，使人的理性光辉得到自觉与发扬，激活荣誉感，产生责任感。

当今时代，要像了解“舌尖上的中国”那样，去热情了解“文化的中国”和“思想的中国”，让经典中的文字“活”起来，唤醒博物馆中的文物、大地上的文化遗产。荣誉与责任体现在对国家和民族的情感，履行自己的责任可进一步润泽荣誉感，我们务必要让“为中国人民谋幸福，为中华民族谋复兴”的荣誉生发为“不忘初心、牢记使命”的崇高责任，让满载“荣誉与责任”的思想成为民族之学、国家之教。

（三）培根固元，弘道明德

清代学者王鸣盛将传统学问的不同门类比作大树：“义理，其根也；考据，其干也；经济则其枝条，而词章乃其萌叶也。”[①]义理像大树的根，根深才能够枝繁叶茂。中华经典深深扎根于中华文化的土壤，滋养了中华学术，影响着各个学科，指导着百家众技、各行各业。做任何事情，都要看准立足点；立得住，方能行得远。

弘扬中华优秀传统文化，同样要把握这一精髓，找准根脉才能固本培元，不然往往是“大起小落”，劳而无功。中华优秀传统文化的主流是儒学，儒学的核心是经学，经学的义理在经典。物有本末，事有终始，弘扬中华优秀传统文化如果弃经不读，无异于舍本逐末。“吾生也有涯，而知也无涯”[②]，任何人的精力都是有限的。先读哪些书，必读哪些书，如何读这些书，必须弄明白、讲清楚。

经典首先要精读。经典大都言简义丰，意涵饱满，经典的价值在于指示人生之路，使人明道修德。读经典不能浅尝辄止、泛泛而谈。经典要反复研读，最好默记成诵。由经文而经义，感知经典的神韵，体会在文字背后的根本精神。不精读，就可能望文生义；不精读，就很难知人论世。通过精读，真正进入历史语境之中才能够与圣贤对话、同行，形成个人人生的

① 王鸣盛:《西庄始存稿》卷25《王戆斯先生文集序》，乾隆五十三年（1788）刊本，见《续修四库全书》第1434册，上海古籍出版社2003年版。
② 《庄子·养生主》。

镜鉴。

经典要整体地读。每部经典都是一个有机的整体，不能支离破碎，不可断章取义。经典篇章之间有其内在的逻辑联系，“选读”“节录”“新编”经典，就有可能割裂这些联系，削弱经典意义的完整呈现，造成意义流失或主旨偏离。如果经典的“编者”有其初心与用意，那么，我们发现和体会这种“编撰动机”和“编辑用心”的追求就非常重要。唯其如此，方能把握经典的整体性。

经典结合实际读。经典是对生命意义的述说，是“生命面向生活”的思考。经典基于现实社会的实际，读经典，要用心，深入进去，才能找到感觉，才能慢慢“品味”出关于人生的“品位”。面对生活的各种状态，每个生命都应有自我的理性认知，就好像沏茶，有道者懂“茶道”，无道者是“倒茶”；好像习武，有道者成“修行”，无道者是“比画”。因而要致力于“明明德”，慎思明辨，自觉奉行，躬身实践，从而活出生命的精彩！

（四）点燃生命，启迪智慧

文化自信源于文化自知，看清来时的路，才能坚定脚下的路。在新时代，中华儿女应该超越历史的迷茫，坚定地走进民族文化经典的世界，回望两千五百年前，静心聆听圣哲先贤的教诲，以生命点燃生命，以智慧启迪智慧。

干部读，学者读。中华经典有对社会与人生的深刻认知，包含着丰富的中国式管理智慧。这是大智慧，是理性思维，是科学方法。领导干部修政德，知识分子成正见，都应沉下心来读经典，而不只是碎片化学习、经验式理解。孔子强调“士志于道”，即着眼于社会精英群体的方向引领。更多的人有传世之心，有弘道追求，才会有传世之文、经世之事、不朽之业，才能以明德引领风尚，形成蓬勃向上、奔涌向前的巨大合力，从而引导整个社会的进步风尚。

教师读，学生读。中华优秀传统文化的弘扬，学校是主场。中华经典构成一个圆融自洽的文化体系、价值体系，绝不可以仅仅看成是一个知识体系。孩子是一张白纸，可以画出最新最美的图画，因而要让中华文化精神浸润心灵，铺染生命底色。必须适时而教，下大气力，综合施策。教师先学好，先践行，融会贯通后才能因材施教，躬身实践才能润物无声。经典教育进入学校教育体系后，应特别突出是非观、价值观教育，注重自我修养与道德实践。最终要培育青少年有爱心、有情怀、有担当、知敬畏、求上进的君子人格，强调修身、齐家、治国、平天下的整体格局与人生追求。“君子如欲化民成俗，其必由学”，从幼儿养性、童蒙养正到少年养志、成年养德，要立足于学校、师生，进而带动家庭与整个社会。

家家读，人人读。中华优秀传统文化的弘扬，要形成风尚。有诺贝尔奖获得者指出，人类要生存下去，就必须回到二十五个世纪之前，去汲取孔子的智慧。中国的圣贤智慧为人类所需要，因而也是家家需要、人人需要的，正如《大学》所说：“自天子以至于庶人，壹是皆以修身为本。”在传统中国，经典的价值是世人的共识。人们相信“二字箴言惟勤惟俭，两条正路曰读曰耕”“祖宗虽远，祭祀不可不诚；子孙虽愚，经书不可不读”“忠厚传家远，诗书继世长”。孔子说“君子有三畏”，其中之一就是“畏圣人之言”；曾国藩说，家族兴败的重要表征之一是子孙是否“读圣贤书”。经典之重要，在于它是先王之道、圣贤教诲，是一个民族兴旺发达的力量源泉，是经过历史检验的中国经验；它更是人心和睦和顺之道，也是人类和谐和平之道，是中华民族奉献给世界的伟大礼物。

四、瞻望：以师道尊严挺立民族信仰

尊师重教、师道尊严是中华民族的优良传统。改革开放以来，随着经济高速发展，社会竞争日趋激烈，传统文化遭到了一定冲击，在一些地方形成了“反传统的传统”，“师道尊严”不再被重视，造成了严重的后果。今天，我们弘扬优秀传统文化，就必须尊师重教，重振师道师德，因为“师道尊严”所挺立的是广大人民的价值与信仰。

（一）创新形式让孩子了解何谓尊师重教

谈到老师，谈到师德，相信很多人首先会想到孔子。孔子最重视“修道”“立德”的问题，他说：“夫道者，所以明德也。德者，所以尊道也。是以非德，道不尊，非道德不明。”[①]这话说透了“道”与“德”的关系。只有遵道而行，才是好的德行。

师道，指师者所承载之道；师德，指为师的德行。“道”与“德”合成一个词为“道德”，二者本来也有分别。“道”无言无形，却承载一切，只能用思维意识去感知；德昭示道，有德的人顺应道，按自然、社会、人生需要去做人、做事。

笔者所在的孔子研究院经常能看到学生的身影，他们来到孔子故里曲阜研学旅行，在这里研读经典、体验传统文化、感受儒家文化的博大精深。例如，山东省泰安市迎胜小学结合本校实际教育教学计划，设置了相应的活动。孩子们在“至圣先师”孔子像前行拜礼，并立下了“尊师重教，立志行道，终生面北，永恒不渝”的誓言，声声气势恢宏，展现了坚定的信念。之后，泰安市迎胜小学的学生们向学校老师行拜师礼。“生身父母，师教德能”，这就是告诉学生要跟随老师好好学习道德礼仪和文化知识。此活动的目的在于通过优秀传统文化中仪式性内容，让学生在学年之初树立尊重老师、热爱学习的观念。相信对学子们的未来人生意义重大。拜师礼之后，全体师生齐声诵读拜师帖，心潮澎湃。孩子们也都被这样的仪式感深深吸引，对尊师重教有了更深的理解。

① 《孔子家语 · 王言解》。

（二）教师首先要“传道”

中国古代思想家重视“道”，是因为它实在太重要了！国家有治理之道，个人有处世之道，就像无论什么事都有“好”与“不好”的标准。“道”是人们时刻都离不开的东西。

谁来“传道”？当然主要是教师。无论是谁，不论做什么，大家都要从学生时代走来。青少年是人生的关键时期，是信念与价值观的形成时期，作为教育教学的主导者，教师的地位极其重要，他们应该是“道”的载体，他们的一举一动、一言一行都可能在学生心中深深扎根。教师承担着让每个孩子健康成长、办好人民满意教育的重任。“道之所存，师之所存也”，教师不讲“师道”，后果不堪设想。正因如此，“师道”必须尊贵、庄严。教师学为人师、行为世范，他们有爱有敬，尊重人性，严谨为学，社会的信仰体系就能牢固树立起来。

荀子曾明确谈到“为师”的深层意蕴，他说：“师术有四，而博习不与焉。尊严而惮，可以为师；耆艾而信，可以为师；诵说而不陵不犯，可以为师；知微而论，可以为师。”[①]在他看来，教师必须具备四个条件，但即使如此，具有广博知识这一条还不包括在内，可见这些条件比学识还要重要。这就是：教师要有尊严，能使人敬畏、佩服；教师要有威望，能让人尊仰、信服；教师深明义理，让人觉得条贯、顺畅；教师要深刻，让人觉得精微、明晰。这就是说，教师知识广博固然重要，但与之相比，以身作则、言传身教更为重要。

（三）尊师的实质是尊道

尊道必须尊师，尊师的实质是尊道。韩愈说：“师者，所以传道受业解

① 《荀子·致士》。

惑也。”[①]教师要传授知识，更要塑造理想人格。青少年不能缺少高级的灵性，但首先要有高尚的德性。教师传道，承载价值观的传承，进行“成德”之教，培育孩子正确的行为方式，教师理应受到全社会的尊重。老子说:“道生之，德蓄之，物形之，势成之，是以万物莫不尊道而贵德”[②]；孔子说:“冢宰之官以成道，司徒之官以成德。”[③]这就要求在国家层面上、在管理层面上，要积极营造尊师重教的风尚，针对当前的社会实际，从根源着手，综合施策，在这样的基础上，大力倡树师道，培育师德，重振师道尊严。《学记》说得好：“凡学之道，严师为难。师严然后道尊，道尊然后民知敬学。”“严师”内涵丰富，不仅是指严厉的老师，更是有尊严的老师，是值得尊敬的老师。教师知善恶、明是非、能担当、有格局、有境界，这样的老师也才无愧于许多美好的赞誉。

在五千多年的社会历史中，中国一直传承着伟大的梦想精神。例如，作为至圣先师的孔子是民族形象与民族精神的代表，他常“梦见周公”，因为他十分向往“郁郁乎文哉”的周公之治。从孔夫子到孙中山，“大道之行，天下为公”的政治理想、社会和谐与人心和顺的大同追求，是中华民族一以贯之的梦想。进入新时代的中华民族，吸吮五千多年积累的文化养分，大力重振师道尊严，使尊师重教成为社会风尚，必然更加能创造、敢奋斗、善团结，就会使核心价值观更深入人心，从而在凝聚各民族走向中华民族伟大复兴中舞台更广阔、底蕴更深厚、定力更强大。

---

① 〔唐〕韩愈:《师说》。
② 《老子》第五十一章。
③ 《孔子家语·执辔》。

第二讲
认识中国儒学的“三段论”

这里所说的“三段论”，不是逻辑学中的三段论，而是说认识中国儒学，可以分为先秦时期、秦汉以至清朝、近代以来三个时段。对中国儒学进行这样的划分，有助于人们对儒学价值的认识。应该关注原始儒学，分清“真孔子”和“假孔子”，澄清误解，明辨是非，正确对待儒学与中国传统文化。

一、何谓认识中国儒学的“三段论”

从儒学形成到今天，对儒学价值的认识历来就存在一定分歧。为了更好地理解孔子思想与儒学，把握儒学与中国社会的关系，更好地弘扬优秀传统文化，有必要结合中国社会的实际，放眼整个中国历史文化的长河，宏观而整体地观察儒学孕育、形成、发展、演变的过程。如果把中国儒学比作一棵树，那么，我们就不能仅仅看到孔子以来儒学的树干与枝叶，还应看到孔子以前儒学发达的根系。否则，如何理解这棵大树的生生不息？怎样去施肥浇水、培根固元？不要忘了，孔子以前，中国文化已经有了一个漫长的发展与积累过程，孔子学说的特点恰恰在于“祖述尧舜，宪章文武”，“述而不作，信而好古”。因此，跳出儒学本身来看儒学，从而对其进行适当的阶段性划分很有必要！

中国儒学当然有不同的发展阶段，学术界也有不同的分期方法。这里所说的“三段论”，是说认识中国儒学可分为先秦时期、秦汉以至清朝、近代以来三个时段。先秦时期是“原始儒学阶段”。这一时期尤其是夏、商、周三代，是儒学创生与萌芽阶段，最终在春秋战国时形成了早期儒家学派。秦汉以至清代是“儒学发展阶段”，此间，中国历经两千多年的皇权时代，儒家学者宗师仲尼，致力于探索儒学精义，使之形成了多样化的发展形态，同时儒学与政治结合，并且走向民间，与皇权社会及专制政治产生了密切关联。近代以来是“儒学反省阶段”。清朝灭亡以后，皇权政治结束，进入民权时代，中国被动地融入世界，人们开始了对儒学与社会关系的反思与反省。如果放眼儒学的全部历程，可以说，直到今天，反思依然在路上，仍处在这一反省阶段。

二、帝制时代专制政治的负面影响

对儒学发展阶段进行如此划分，有两个时期就显得非常关键：一是秦汉之际，二是清末民初。秦汉是中国专制政治的建立时期，与先秦时期不同的是，此时强调皇权至上，为适应专制政治的需要，逐渐强化了君权、父权和夫权，儒学由此发生蜕变，逐渐具有“威权色彩”，呈现出为后世所诟病的“缺乏平等意识和自由理念”，也与现代社会的理念格格不入。

近代以来，尤其中日甲午战争后，由于中国社会的特殊变动，人们开始反思自己的民族文化。在帝制时代，孔子被推崇到极高地位，儒学是主流意识形态，所以，新文化运动的矛头自然直接指向孔子，借以打倒儒学和传统文化。这种“全盘性反传统主义”的运动，其思维方式存在偏颇是显而易见的。然而，在客观上，它却主要指向具有“威权色彩”的儒学，使得人们把被扭曲了的儒学主张看得更加清楚。

相比之下，认识理解儒学在秦汉之际的境遇及变化最为根本、最为紧要、最为关键。先秦时期，作为百家争鸣的重要流派，儒学在与各派的互相驳斥、争鸣与融合、吸收中得以发展，其各代表人物都强调自觉修身，以人为本，崇礼明德，重视教化。而到汉代，儒学却发生了质的变化，由民间学术上升为官方学术，儒学与政治紧密结合起来，呈现出明显的纲纪观念与浓重的“威权政治”色彩。

秦代施行暴政，特别是“焚书坑儒”使儒家经典受到了重创，影响了儒学的发展。但是秦二世而亡，这种深刻教训使得继起的汉朝统治者不能不深刻反思，他们看到了“纯法”之治“严而少恩”的弊端，认为“仁义不施”是造成强秦覆灭的根本原因。以此为鉴，汉初统治者倡导黄老之学，与民休息。但“清静无为”“因循为用”的道家学说并不能有效适应封建社会大一统的政治需要。相反，儒学在“列君臣父子之礼，序夫妇长幼之别”[①]方面的优长则有利于封建宗法与专制统治的加强。于是，在经过反复辨析、权衡利益得失后，汉代统治者最终还是选择了儒学。

西汉统治者选择以儒学治国，却改变了原始儒学德性政治思想浓郁的特色，这一点，在汉高祖刘邦那里就已经露出端倪。而刘邦对于儒生与儒学态度的转变也意味深长、发人深思。刘邦即位称帝之初，对儒学缺乏基本的了解，对儒家的《诗》《书》等典籍没有丝毫兴趣，对其教化作用一无所知。可是，后来刘邦与先前判若两人。他在《敕太子书》中说：“吾遭乱世，当秦禁学，自喜谓读书无益。洎践阼以来，时方省书，乃使人知作者之意。追思昔所行，多不是。”后来，在路过鲁地时，他甚至还以太牢祭祀孔子。可见，他对孔子和儒学的态度发生了根本性转变。

刘邦对孔子和儒学由谩骂、蛮横转为敬重、尊崇，主要缘于汉初残破现实的逼迫。当时，经济极度凋敝，政治混乱，民怨沸腾。历史的曲折多难和巨变给新兴的汉王朝提出了时代的主题，他们不能不思考如何建立自己的统治秩序，改变当时的残破局面，正视这突如其来的国家学说的空缺。当战争的烟尘散尽，他们首先思索的是秦二世而亡的教训。汉初思想家一针见血地指出，汉代不能再如同秦朝那样“用刑太急”“仁义不施”“不知教化”，于是，他们试图用儒家礼仪建立汉朝的统治秩序。然而，直接引导刘邦态度

① 〔汉〕司马谈：《论六家要旨》。

转变的则是叔孙通、陆贾等汉初儒生。他们顺应时势，注重实际问题的解决，在探索和选择治理国家指导思想的过程中，更加看重学说的实证性。因此，被司马迁称为“汉家儒宗”的叔孙通制定汉代朝仪，对刘邦的影响可能会更大一些。当时，朝廷仪法混乱，“群臣饮酒争功，醉或妄呼，拔剑击柱”①，刘邦为此大为伤神。当叔孙通提出“与臣弟子共起朝仪”时，刘邦还不怎么相信，说“可试为之”，并且特意指出不要搞得太复杂，要适应汉初君臣的理解能力。当礼仪施行于朝廷后，刘邦才由衷地感到“为皇帝之贵也”，并拜叔孙通为太常，“赐金五百斤”，连他的弟子也都做了郎官。这一事件肯定对刘邦转变对孔子和儒学的态度起了重要作用。

司马迁称叔孙通为“汉家儒宗”，在他身上就十分鲜明地体现出汉代儒学的转变。读《史记》《汉书》中有关叔孙通的传记，给人留下印象最深的是他“知当世之要务”，精通“时变”，审时度势，能在秦汉之际的动荡岁月中出入自由，游刃有余。在秦末汉初的动荡岁月中，叔孙通多次易主，实际上是在选择可事之君。他跟随刘邦后，仍然不忘灵活变通，去就取舍“与时变化”，他甚至把“不知时变”的儒士称为“鄙儒”。

秦汉时期已不同于春秋战国之时。孔子时代，社会政治多元，人们关心和参与社会政治，可以像“择木之鸟”那样在列国之树中进行选择。而秦汉时，多元的世界归于一统，此时只有一棵皇权大树，儒者别无选择。像孔子那样的儒学大师，尽管一生到处奔走，仍然没能找到适合的栖身之所。如果再像孔子那样“道不同，不相为谋”，便意味着永世不用。叔孙通显然也是在寻找可栖之树，几经选择，他终于归从了即将取得天下的刘邦。后来，叔孙通就极力寻找儒家与皇权的结合点，以求儒学和儒生受到重视。如果没有叔孙通等人的“变通”或者“圆通”，儒家或许将永远摆脱不了孔子那种“丧家之狗”的命运，儒学成为官学也无从谈起。

儒学的这种转变当然存在一个过程。到汉武帝“罢黜百家，独尊儒术”，儒学上升为“独尊”的官学，自然也不可避免地演变为政治统治的工

① 《史记·刘敬叔孙通列传》。

具。但是，尽管儒术已经“独尊”，儒者中的某一个人如果违背了统治者的一己之欲，仍然会遭到统治者的严惩，甚至危及生命。儒生为了更好地适应社会的发展，也变得唯唯诺诺，唯君主是从。自儒学被定于一尊后，儒学也就成为国家全部思想与政治生活的重要组成部分。

西汉时期，经学兴盛，其原因正在于此，正像班固所言：“自武帝立五经博士，开弟子员……百有余年，传业者寖盛，支叶蕃滋……盖禄利之路然也。”[①]可见传经的目的已不仅在于弘道，而且将着眼点放在了现实政治上，与当时的政治紧密结合起来。于是，经学博士为了满足统治者的需要，有时甚至不得不改变经文原意，例如，在强调民本的同时，他们会自觉不自觉地抛弃孟子的“君轻”论，放弃荀子的“从道不从君”论，而代之以突出君权的“尊君卑臣”“君为臣纲”等，从而强化君主专制的理论。

成书于西汉时期的《礼记》《大戴礼记》，作为儒家的重要经典，就体现出了显著的威权政治的特色。在这两部书中，有大量与《孔子家语》相同的材料，只是《礼记》与《大戴礼记》都进行了一定的改动。如果将其详加比较，就可以看出《孔子家语》的用词更为近真。也就是说，仅仅从儒生改造儒家经典所透露的信息，我们就可以明显感受到汉代儒生价值观念的转变。与先秦经典相比，汉代儒学典籍色调有了明显改变，读汉儒改造后的儒家论述，处处闪现着帝制时代所特有的纲纪观念，散发出浓重的汉代威权政治的气息。在这些典籍里，先秦儒家提倡的以修身、重民及君臣之间互尽义务、彼此信任为特征的“德性儒学”被遮蔽起来，在君臣、上下之间，要求更多的是臣对君的忠诚，至此，儒学蜕变而成为两千多年帝制时代君主独尊的威权政治学说。

---

① 《汉书·儒林传》。

三、“三段论”的意义：正本清源

对中国儒学进行这样“三阶段”划分，有助于对儒学价值的认识。作为思想文化，孔子儒学的影响之大可以说罕有匹敌，而对其价值认识的分歧之大竟然也不相上下。孔子学说影响之大，在于它的形成有一个十分广阔的文化背景，因此，才成就了孔子学说的博大与高深。不难理解，文明的发展是加速度的，无论是文献记载还是出土资料都证明了我们以往对中国古代文明发展程度的估价严重偏低了，如果我们再不能走出迷惘，就很难对中华文明的发展有正确的理解与评价；如果不能理解孔子等早期儒家学说的博大，就很难对后儒的“宗师仲尼”有准确的理解。近代的学者们说得好，“孔子以前的中国文化差不多都收在孔子手里”[①]，“自孔子以前数千年之文化，赖孔子而传”[②]。如果没有对孔子思想“集大成”特点的准确认知，或者思维仍停留在疑古思潮盛行的那个时期，科学认识孔子儒学就无从谈起。

了解这一点十分重要！在中国不断遭受外敌欺凌，民族面临生死存亡之时，关注民族命运的人都希望中华民族尽快走出低谷。面对本民族传统文化，持“保守”传统的人看到了原始儒学的真精神，而对孔子儒学与传统文化持“激进”立场的人，则更多地看到了作为“专制政治灵魂”的那个“偶像的权威”。这就不难理解，新启蒙运动时，有学者提出要“‘打倒孔家店’，‘救出孔夫子’”[③]。我们确实应关注原始儒学，分清“真孔子”和“假孔子”，澄清误解，明辨是非，正确对待儒学与中国传统文化。

---

① 梁漱溟：《东西文化及其哲学》，商务印书馆1999年版，第150页。
② 柳诒徵：《中国文化史》，上海古籍出版社2001年版，第263页。
③ 张申府：《什么是新启蒙运动》，生活·读书·新知三联书店2014年版，第6页。

对儒学分为三个阶段进行认识，当然绝不是简单地“回到孔子”。如果“正本清源”“返本开新”意味着否定历代学术的发展，那将是极大的误读。我们当然不是也不能抹杀历代学者的贡献，只是为了更好地理解儒学在当代社会的境遇，从而更好地认识儒学。谁也没有并且不会无视儒学发展过程中呈现出的流变与阶段性特征，不会无视历代学者的贡献。元武宗即位时命翰林起草诏书，其中有一句话说得好：“先孔子而圣者，非孔子无以明；后孔子而圣者，非孔子无以法。”[①]如果也这样理解后儒之于孔子的关系，就会减少很多误解。如果我们不能尽可能全面、整体地认识孔子和早期儒学，就说不清孔子以后的儒学发展与孔子的关系。事实上，还有不少人似乎无视众多“孔子遗说”的存在，不能理解孔子所处时代的中华文明已有漫长发展，凭着零星片段的孔子言论，进行“老道的”“经验式”解读，难以了解孔子思想“全体”，不能把握中华文化精髓。

从儒学自身的发展看，“反思”与“反省”仍在进行。随着学术事业的进步，人们对儒学的变化看得更加清楚。正如有些西方学者所看到的，因为有了孔子的学说，“伟大的中华民族比世界上别的民族更和睦和平地共同生活了几千年”[②]。过去了两千多年，虽然社会已经发生了巨大变化，但人们仍然需要立足于孔子所确立和阐述的那些价值观念。可以说，这样的认识已为越来越多的学者所接受和认同。不过，从总体上看，当前人们对于孔子儒学的理解还带有明显的过渡性特征。不言而喻，研究儒学如果不能把握“精髓”，就有可能竞相树旗立帜，标新立异，各执己见；推广儒学如果不能抓住要领，就有可能舍本逐末，事倍功半，乃至南辕北辙。“说者流于辩，听者乱于辞”[③]，如此下去，儒学怎能发挥经世化民的作用？而只要走近孔子，认真借鉴先圣先贤的智慧，就能看清通向大同世界的理想之路。只有深入走进孔子与儒学的世界，世界儒学的天地才能更加澄净，儒学才能照亮人心、温暖世界。

---

① 《加封孔子制》,《元文类》卷十一。
② ［英］贡布里希：《写给大家的简明世界史——从远古到现代》，张荣昌译，广西师范大学出版社 2003 年版，第 84 页。
③ 《孔子家语 · 观周》。

第三讲

周文王遗训与儒家中庸思想

中庸思想是孔子儒家学说的精髓，也是中华文化博大精深之所在。但是，长期以来人们对于“中庸”还有很多不同理解甚至误解。目前，收藏于清华大学的战国竹简（即清华简）正在陆续整理面世之中，第一批简文已公开出版面世，其中第一篇名曰《保训》。经李学勤先生释读介绍，发现这是一篇周文王的遗言，而且该篇中关于“中”的记载，引起学界的热议。通过该篇，人们对“中庸”学说有了新的认识。现谨将个人对清华简《保训》研读的一点心得总结如下。

一、周文王“宝训”的发现

清华简《保训》篇记载的是周文王遗训。其中说：

> 惟王五十年，不瘳。王念日之多鬲，恐述宝训。戊子，自靧。己丑，昧（爽）……（王）若曰：“发，朕疾适甚，恐不汝及训。昔前夗传宝，必受之以诇（诵）。今朕疾允病，恐弗念终，汝以书受之。钦哉，勿轻！”

在竹简整理之初，李学勤先生根据第一句“惟王五十年”就断定其中的“王”指的是周文王。[1]经过研究，大家一致认为这就是周文王的遗言。从简文记载可知，周文王晚年病重，感觉自己来日不多，恐怕来不及给太子“宝训”，于是就将他的儿子姬发（周武王）叫到跟前，对他进行了一番语重心长的训教。

周文王主要向周武王讲了两件事。

其一，是舜得帝位。

> 昔舜久作小人，亲耕于历丘，恐求中，自稽厥志，不违于庶万姓之多欲。厥有施于上下远迩，迺易位迩稽，测阴阳之物，咸顺不扰。舜既得中，言不易，实变名，身滋备惟允，翼翼不懈，用作三降（隆）之德。帝尧嘉之，用受厥绪。呜呼！发，钦之哉！

这讲的是由尧到舜，舜得帝位的史事。其中，舜“自稽厥志”，不懈努力，“求中”而“得中”，最终获得帝尧的称赞，继承帝位。

其二，是上甲微“复”仇。

> 昔微矵（假）中于河，以复有易，有易服厥罪。微无害，乃归中于河。微志弗忘，传贻子孙，至于成唐（汤），祗备不懈，用受大命。

上甲微是商汤的祖先，微的父亲王亥被有易氏之君绵臣杀害，微要报仇，因此“矵（假）中于河，以复有易”。从这一事件看，微在复仇之后，又“归中于河”，并“传贻子孙”，从而“用受大命”。

可以看出，文王临终所恐坠落的“宝训”当为“中”。什么是“中”？文王为什么对此念念不忘？可见，这个“中”一定不是一个简单的东西，因为它关乎周邦的安危，以至在文王看来，他必须认真郑重地告诫太子，使之

① 参见刘国忠：《走近清华简》，高等教育出版社2011年版，第44—45页。

成为合格的邦主。

《保训》整理问世后，人们进行了很多研究，出现了各种各样的说法。我们认为，李学勤先生所说是正确的，即这里的“中”就是儒家所倡言的“中道”①。或者说，这里所谓的“中”就是处事之“中”。

文王遗训具有特殊的意义，因为文王临终所教给儿子的，一定是他认为最重要的东西。按照这样的思路，这两个故事之间还应有内在的联系：前者通过舜的事迹，文王告诫太子发要勤苦努力，增长才干，了解民情，知民之性，尽快成长，使自己具备应有的能力；后者则是通过上甲微解决历史遗留的矛盾，使太子发学会如何处理纠纷，应对复杂事务，以使社会安定。这两个故事，一个是如何掌握治理国家的本领，使自己通达；再一个是如何运用治国本领，更好地统御天下。

二、周代的“中道”传承

对于“中道”，人们的理解有很多不同。其实，这个“中”与儒家所倡言的“中庸”也是一致的。只是“中庸”曾经被深深地误解。

关于“中庸”之“庸”,《说文》曰:“庸，用也。”在古代典籍中,“庸”有“用”意的很多，如《书·尧典》“畴咨若时登庸”,《诗·王风·兔爰》“我生之初尚无庸”,《诗·齐风·南山》“齐子庸止”等。“庸”本义就是“用”。从《易经》来看,“庸”在先秦时期与“用”字相通。“中庸”应该叫“中用”即“用中”，也就是如何“使用中道”。借助郭店楚墓竹简《五行》和文献学的帮助，不难考辨出“中庸”的原意就是“用中”。“用中”也就是“用心”，用心之道就是“诚”。

---

① 参见李学勤:《周文王遗言》,《光明日报》2009年4月13日。

在一个历史时期里，“中庸”曾备受误解，甚至时至今日，还会听到一些似是而非的论调。例如，有人说中国近代落后的根源就在于中国人“太中庸”了，以为中国人因为“中庸”而缺乏锐气，“中庸”思想竟成了中国落后的替罪羊！其实，孔子就非常反对无原则的“折中”与“调和”，他认为这种“和稀泥”的人就是“乡愿”，而这种“乡愿”乃是“德之贼”①，是道德的敌人和败坏者。

关于“中庸”，郑玄其实已经解释清楚了。郑玄《目录》云：“名曰《中庸》者，以其记中和之为用也。庸，用也。孔子之孙子思伋作之，以昭明圣祖之德也。”“中”就是处理事情时要把握分寸，将事情处理得恰到好处。

如何在实践中用“中”？如何把握“中”道？这可是说起来容易做起来难的事情。它需要具备知识与境界，具备认知水平，了解事物的内在属性，把握事物的发展规律。孔子说：“舜好问而好察迩言，隐恶而扬善，执其两端，用其中于民。”“用其中”，这不是一个简单的数理概念。“中”是不断变化的，就如同我们平常用的“称”，物体重要的增减，平衡就被打破，要保持平衡，秤砣就应进行相应的移动。舜把握“中”也一定是这样，因此，孔子感叹道：“舜其大知也与！”②真正到位的“用中”需要大智慧。

在《保训》中，周文王所说的“中”与上述“中”是一致的。该篇记载文王最后说：“呜呼！发，敬哉！朕闻兹不久，命未有所延。今汝祗备毋懈，其有所由矣。不及尔身受大命，敬哉，勿轻！日不足，惟宿不详。”

文王对太子发提出的要求是严格的，而且他希望太子发认真遵行，不要松懈。为了周邦安宁与发展，要他保持一个诚敬的态度。从文献记载看，文王以后，周人对文王谆谆告诫的“中”是认真执行了的。

据记载，武王临终时，对辅佐成王的周公谆谆嘱托，要他以“中”训教，使年幼的成王不仅地位稳定，而且要使其尽快成长。《逸周书·五权解》载：“维王不豫，于五日召周公旦，曰：‘呜呼，敬之哉！昔天初降命于周，

---

① 《论语·阳货》。
② 《礼记·中庸》。

维在文考，克致天之命。汝维敬哉！先后小子，勤在维政之失。’”

在这些话之后，周武王还希望周公：“克中无苗，以保小子于位”，“维中是以，以长小子于位，实维永宁”。所谓“克中无苗”，就是做到适中无邪。所谓“维中是以”，就是“唯中是用”。由此不难察见武王对于“中”的重视。

西周时期，“中道”思想很受重视。《逸周书·武顺解》记周人之言说：“天道尚左，日月西移；地道尚右，水道东流。人道尚中，耳目役心。”这种朴素的“人道”主张与“天道”“地道”合观，将人放在天地之间，没有孤立地看待人的问题。人道尚“中”被认为像“日月西移”和“水道东流”那样自然而然，理应如此。所谓“耳目役心”，实际是“耳目役于心”，人们看到的、听到的信息，要用心去思考、分析、把握，要有透过现象看本质的能力，这才能达到“中”。

那么，这个“中”的标准是什么？这个“中”就是“礼”。符合“礼”的为“中”，否则就不是“中”。所以《逸周书·武顺解》又记：“天道曰祥，地道曰义，人道曰礼。”这里的“礼”符合天理、人情。西周职官中有“师氏”，职掌邦国事情是否合乎法度、礼制。《周礼·地官·司徒》说：师氏“掌国中、失之事，以教国子弟。凡国之贵游子弟学焉”。郑玄注曰：“教之者，使识旧事也。中，中礼者也。失，失礼者也。”

三、孔子所谓刑罚之“中”

周代的“中道”传承还有一个非常值得注意的方面，那就是所谓刑罚之“中”。刑罚之“中”是在执行刑律或者狱讼判决时的最佳效果，因为刑罚不应是为处罚而处罚，而是为了惩戒他人，杜绝类似狱讼再度出现。或者说，刑罚的执行应追求最佳的教育效果。

除了舜“求中”而“得中”，《保训》篇的另一个故事与刑罚之“中”有关。关于上甲微“复有易”，古本《竹书纪年》记曰：“殷侯子亥宾于有易而淫焉，有易之君绵臣杀而放之。故殷上甲微假师于河伯，以伐有易，灭之，遂杀其君绵臣。”夏之中叶衰而上甲微复兴，故《国语·鲁语上》曰：“上甲微，能帅契者也，商人报焉。”古代文献中很多“杀”字并不一定是今天意义上的“诛死”，而有“流放”的意思。《说文解字》：“杀，戮也。”“戮”还有一个解释，即“羞辱”“侮辱”。如《孔子家语·始诛》曰：“余今戮一不孝以教民孝。”《山海经·大荒东经》记载说：“河念有易，有易潜出。”郭璞注：“言有易本与河伯友善，上甲微，殷之贤王，假师以义伐罪，故河伯不得不助灭之。既而哀念有易，使得潜化而出，化为摇民国。”将这些材料合观，便可以看出《保训》何以说“微无害，乃归中于河”了。上甲微以“中”“复有易”，可能对商朝先人树立威信及部族兴盛起到了重要作用，所以《保训》篇说“微志弗忘，传贻子孙，至于成唐（汤），祗备不懈，用受大命”。

周代重视社会教化，西周有“以刑教中”的说法。周代司徒是教民、治民之官，其分大、小司徒与师保之属。据《周礼》，“大司徒”的职责有所谓“十二教”，“以刑教中”就是其中之一：“一曰以祀礼教敬，则民不苟；二曰以阳礼教让，则民不争；三曰以阴礼教亲，则民不怨；四曰以乐礼教和，则民不乖；五曰以仪辨等，则民不越；六曰以俗教安，则民不偷；七曰以刑教中，则民不暴；八曰以誓教恤，则民不怠；九曰以度教节，则民知足；十曰以世事教能，则民不失职；十有一曰以贤制爵，则民慎德；十有二曰以庸制禄，则民兴功。”

孔子所说的刑罚之“中”与《周礼》一致。《论语·子路》记载：

> 子曰：“……名不正，则言不顺；言不顺，则事不成；事不成，则礼乐不兴；礼乐不兴，则刑罚不中；刑罚不中，则民无所措手足。”

在孔子思想中，刑罚之“中”与“圣人”之治相互统一。孔子认为政治治理的最高境界是“圣人之治”。他说：“圣人之治化也，必刑政相参焉。太上以德教民，而以礼齐之；其次以政焉导民，以刑禁之，刑不刑也。”[①]刑罚是德政的补充，刑罚只对付那些“化之弗变，导之弗从，伤义以败俗”的人。刑罚之用就应当能够惩戒世人、彰显是非。

在政治实践中，力求做到刑罚之“中”十分重要，它关系到社会的公平正义与否，关系到人心的向背。社会上有公平正义，才有可能做到刑罚之“中”，反之，如果“礼乐不兴”，社会风气败坏，就往往“刑罚不中”。“刑罚不中”，则“民无所措手足”，百姓就往往是非混乱。从某种意义上说，社会能否稳定、和谐、发展，往往取决于能否做到刑罚之“中”。

孔子的思维深度往往令人惊叹不已。例如，在现代司法实践中，“举证责任倒置”“疑罪从无”乃是一个重大进步。从“人性善”的人本主义出发，体现的是对人的尊重。我们初读《孔子家语·刑政》篇时，竟然发现孔子在两千多年前就已经明确地说：“疑狱则泛与众共之，疑则赦之，皆以小大之比成也。”

儒家特别重视为政者的品质与道德。从本质上讲，儒家思想是关于社会管理的学说。作为社会管理的主体，为政的“君子”应具有较高的道德素养。孔子说：“其身正，不令而行；其身不正，虽令不从。”[②]孟子说：“其身正而天下归之。”[③]正因为如此，周代才有“刑不上大夫，礼不下庶人”[④]的规定。以往，人们对《礼记》的这一说法颇有微词，好像这是对贵族特权的规定。其实，关于这个问题，孔子的弟子专门请教过孔子，孔子的解说也十分清楚，只是这一讨论记录在了被认为是伪书的《孔子家语》中，没有引起人们的重视。该书的《五刑解》篇记述：

---

① 《孔子家语·刑政》。
② 《论语·子路》。
③ 《孟子·离娄上》。
④ 《礼记·曲礼上》。

冉有问于孔子曰："先王制法，使刑不上于大夫，礼不下于庶人。然则大夫犯罪，不可以加刑；庶人之行事，不可以治于礼乎？"

孔子曰："不然。凡治君子，以礼御其心，所以属之以廉耻之节也。……是故大夫之罪，其在五刑之域者，闻而谴发，则白冠厘缨，盘水加剑，造乎阙而自请罪，君不使有司执缚牵挚而加之也；其有大罪者，闻命则北面再拜，跪而自裁，君不使人捽引而刑杀之也，曰：'子大夫自取之耳，吾遇子有礼矣。'以刑不上大夫，而大夫亦不失其罪者，教使然也。所谓礼不下庶人者，以庶人遽其事而不能充礼，故不责之以备礼也。"

刑法之"中"关涉着"君子"之教。对于为政的"君子"不应当等闲视之，他们应为民表率，在他们身上承载着是非，彰显着荣辱。如果这样的人犯罪，就应当自我裁断，自我惩处，以更好地警悟世人。

孔子所在的鲁国，其法律对为政者要求特别严格。如张家山汉简《奏谳书》"柳下季断案"引《鲁法》云："盗一钱到廿，罚金一两；过廿到百，罚金二两；过百到二百，为白徒；过二百到千，完为倡。"又曰："诸以县官事訑其上者，以白徒罪论之。有白徒罪二者，驾（加）其罪一等。"[①]《奏谳书》记载了"柳下季断案"的案例，在断案过程中，柳下季按照这个律条，严格执行《鲁法》，他没有将目光停留在表面犯罪上，其论处的重点在于"诛心"，惩处那些欺世盗名的人，其效果不难想象。

孔子也是如此，他评人论事，往往着眼于社会大局。《孔子家语·致思》记载："鲁国之法，赎人臣妾于诸侯者，皆取金于府。子贡赎之，辞而不取金。孔子闻之曰：'赐失之矣。夫圣人之举事也，可以移风易俗，而教导可以施之于百姓，非独适身之行也。今鲁国富者寡而贫者众，赎人受金则为不廉，则何以相赎乎？自今以后，鲁人不复赎人于诸侯。'"

《吕氏春秋·察微》有一个相类似的例子："子路拯溺者，其人拜之以牛，

① 李均明、刘军：《简牍文书学》，广西教育出版社1999年版，第252页。

子路受之。孔子曰：‘鲁人必拯溺者矣。’孔子见之以细，观化远也。”

子贡与子路做法不同，孔子有不同的评价，但都是着眼于社会的整体，着眼于执行《鲁法》的社会效果。不难理解，如果处理得好，就有利于敦化社会风气，而处理得好，也就意味着执行《鲁法》时做到了“中”。

四、孔子的“时中”智慧

孔子在鲁国曾担任大司寇，主管司法。然而，这样一位“司法部长”，留给人们的印象却更像“教育部长”，他似乎更像周朝主管道德教化的大司徒。其实，司徒之职与司寇之掌乃殊途同归。前者教化人心社会，使人更好地立身处世，使社会真正“讲信修睦”，和谐安宁；后者则是“以刑教中”，用刑罚这一特殊的形式树立为人处世的标准。这正如周文王临终时训导太子时，既讲到了舜帝“求中”而“得中”，也说到上甲微“假中”又“归中”。在教化社会人心的意义上，大舜与上甲微的故事内涵是相同的。

孔子善于总结历史经验，他常常谈到“古之为政”的经验，有这样的言论：“古之御天下者，以六官总治焉：冢宰之官以成道，司徒之官以成德，宗伯之官以成仁，司马之官以成圣，司寇之官以成义，司空之官以成礼。六官在手以为辔，司会均仁以为纳，故曰：御四马者执六辔，御天下者正六官。”[①]孔子所说的“六官”即《周礼》中的冢宰、司徒、宗伯、司马、司寇、司空。《周礼》载太宰执“六典”，其中，“五曰刑典，以诘邦国，以刑百官，以纠万民”。秋官司寇的职责就在于“以刑教义”，在孔子看来，司寇的职责是“使帅其属而掌邦禁，以佐王刑邦国”[②]。孔子认为，司寇

① 《孔子家语·执辔》。
② 《周礼·秋官·司寇》。

执“刑”应该“成义”，他说：“刑罚暴乱，奸邪不胜，曰不义。不义则饬司寇。”[1]“义”，事之宜也。事情“应当”如此做，这显然就是“中”。

孔子依据《周礼》而言，说的正是“以刑教中”。在《周礼》太宰所执的六典中，其二为“教典”，任务是“以安邦国，以教官府，以扰万民”。地官司徒以德安国，用《周礼》的说法，就是“使帅其属，而掌邦教，以佐王安扰邦国”。孔子也谈到古代为政的方式，说：“地而不殖，财物不蕃，万民饥寒，教训不行，风俗淫僻，人民流散，曰危。危则饬司徒。”[2]

与其他各家各派的学说一样，儒家思想的宗旨也在于“治”，用司马谈的话说，就是“务为治”。治理天下，有“德政”与“法治”两途，二者缺一不可。然而，正如《孔子家语·执辔》所载，在孔子看来，治国就像驾车，古代善于驾驭天下的天子，乃“以内史为左右手，以德法为衔勒，以百官为辔，以刑罚为策，以万民为马”，从而“数百年而不失”。孔子认为：“夫人君之政，执其辔策而已。”这是治理的最高境界。孔子认为用刑应当十分慎重，在他看来，刑罚仅仅是德政的补充，或者说是“教中”的手段，人君切不可“弃辔而用策”。孔子在该篇中分析：“不能御民者，弃其德法，专用刑辟，譬犹御马，弃其衔勒而专用棰策，其不制也，可必矣。夫无衔勒而用棰策，马必伤，车必败；无德法而用刑，民必流，国必亡。”

孔子“祖述尧舜，宪章文武”，按照朱熹的解释：“祖述者，远宗其道；宪章者，近守其法。”从尧、舜至文王、武王，儒家所大力尊崇的“圣王之道”实际就是“中道”，或称为“中庸之道”。在孔子整理过的《尚书》中，有被后人极力推崇的“十六字心传”：“人心惟危，道心惟微，惟精惟一，允执厥中。”[3]清华简《保训》篇的问世，印证了从尧、舜到文、武、周公以至于孔、孟的“道统”传承。

在孔子儒家思想体系中，“中庸”占有极重要的地位。在宋代，阙里孔庙的大门称为“大中门”，可见时人对孔子“中庸”学说的理解。《礼记·乐

---

① 《孔子家语·执辔》。
② 《孔子家语·执辔》。
③ 《尚书·大禹谟》。

记》曰："人生而静，天之性也；感于物而动，性之欲也。物至知知，然后好恶形焉。好恶无节于内，知诱于外，不能反躬，天理灭矣。夫物之感人无穷，而人之好恶无节，则是物至而人化物也。人化物也者，灭天理而穷人欲者也。"人在外物的诱导下产生了"好恶"的感情，外物不停地"感人"，人心的好恶变化不断发展，如果无所节制，不能反躬自省，就会乱象丛生。因此，中国历代特别是宋代，学者们围绕一个核心问题在苦苦思索，这便是"天理"与"人欲"的关系。如何使自然的人变为社会的人，如何处理好"天理"与"人欲"的关系，达到人"自然性"与"社会性"的协调统一。于是，"天理"被格外地强调出来，处理"天理"与"人欲"的"度"便是"中"。

人处在社会中，时时处处都需要"中"。但真正要做到"中"并不容易，长期做到"中"则更难。孔子说："中庸其至矣乎！民鲜能久矣！"又说："人皆曰予知，择乎中庸，而不能期月守也。"[①]可谓意味深长！孔子在很多场合都谈到"中"，比如认识人、对待人时，他认为都应把握"中"，孔子说："敬而不中礼，谓之野；恭而不中礼，谓之给；勇而不中礼，谓之逆。"[②]他也希望自己的弟子们能够做到"中"，他说："夫回能信而不能反，赐能敏而不能诎，由能勇而不能怯，师能庄而不能同。兼四子者之有以易吾，弗与也。此其所以事吾而弗贰也。"[③]如此等等，不一而足。

在具体的行为实践中如何理解"中"？怎样才能做到"中"？孔子说应当以礼制"中"。孔子评论弟子："师，尔过，而商也不及。子产犹众人之母也，能食之，不能教也。"子贡越席而对曰："敢问将何以为此中者也？"子曰："礼乎礼！夫礼所以制中也。"[④]"过犹不及"是对"中"的一种把握。"中"的标准就是"礼"。如果做到"中"，就能"天地位""万物育"，前者是稳定和谐，后者是成长发展，这也是礼的要求。可见，所谓"礼"就是

---

① 《礼记 · 中庸》。
② 《礼记 · 仲尼燕居》。
③ 《孔子家语 · 六本》。
④ 《礼记 · 仲尼燕居》。

“理”，所以孔子说：“礼也者，理也；乐也者，节也。君子无理不动，无节不作。”[①]《礼记·礼器》也说:“礼也者……理万物者也。”简单地说，以“中”的要求理事就是依礼行事。

当然，“中”的要求却不是简单地循礼而动。孔子主张用“中”，但“中”绝不是静态的，不是静止不变的。孔子说：“君子之中庸也，君子而时中。”孔子又说：“愚而好自用，贱而好自专，生乎今之世，反古之道：如此者，灾及其身者也。”[②]一个“时中”道出了“中”的奥妙。就像人生礼仪中的冠礼，它作为“成人礼”，正如《国语·晋语六》所说：“戒之！此谓成人。成人在始与善，始与善，善进善，不善蔑由至矣。始与不善，不善进不善，善亦蔑由至矣。”冠礼的举行符合“适时而教”的原则，不然就会如《礼记·学记》所说的那样：“时过然后学，则勤苦而难成；杂施而不孙，则坏乱而不修。”孔子儒家的“时中”智慧在于因时行止，在于“进退无恒”，在于“知至至之”“知终终之”[③]。所以,《淮南子·人间训》说：“终日乾乾，以阳动也；夕惕若厉，以阴息也。因日以动，因夜以息，唯有道者能行之。”

从孔子的“祖述尧舜，宪章文武”，我们可以反观孔子“中道”思想的广阔背景和深刻来源；从周文王临终时对太子发的反复叮咛，我们可以进一步去体会孔子“中道”思想的博大精深。

---

① 《礼记·仲尼燕居》。
② 《礼记·中庸》。
③ 《易·乾·文言》。

第四讲
元圣周公与“前儒学时代”

孔子所处的时代距今两千五百多年，但他却是中华文化五千多年的代表，用钱穆先生的话说：“在此五千多年，中国历史进程之指示，中国文化理想之建立，具有最深影响最大贡献者，殆无人堪与孔子相比伦。”[①]然而孔子所处的时期绝不是中国文化的发轫期、形成期，而是中国思想的繁盛期、高涨期。孔子以前，中华文明已有数千年以上的积累，已有较高的发展水准，这就不能不让人关注孔子儒家思想形成的广阔背景，思考以周公为代表的“前儒学时代”。如果追问对孔子学说影响最深、贡献最大的人，当然非周公莫属。孔子晚年说：“甚矣吾衰也！久矣吾不复梦见周公！”[②]他好久没有梦见周公，就以为自己衰老得厉害了，周公在他心中可谓魂牵梦绕，以至后人尊孔子为“至圣”，而尊周公为“元圣”，可见周公对孔子的影响至切至深！

一、孔子“梦周公”的历史解读

周公，姓姬，名旦。他是周文王的儿子、周武王的弟弟、周成王的叔父，是西周初年地位相当尊贵的人。

姬旦被称为“周公”，是因为周朝以周原这块周人龙兴之地为其采邑。在周朝发展史上，周原具有特殊重要的意义，直到后世，他们的子孙依然眷

① 钱穆：《孔子传》，生活·读书·新知三联书店2002年版，序言。
② 《论语·述而》。

恋这块土地。姬姓部族的这一支居住在周原地区，从此，他们就被人称为“周人”。后来以这里为周公采邑，也可以看出周公在周朝的特殊地位。

周公与周武王为同母兄弟，都是太姒之子。太姒之子十人，他们之中最有资格继承文王的是伯邑考，但不幸被殷纣王烹杀，次子姬发便继承了王位。在同母兄弟中，周公排行第三。除了即位为王的武王姬发，周公的地位最为尊隆。据记载，在同母兄弟之中，武王发和周公旦最贤，他们是文王的左膀右臂，共同辅佐文王。

周公以恭顺与谨慎闻名。他独处时也非常严谨，连夜里走路都注意自己的影子要正直。他年轻时渴求上进，谨慎交友，注意学习别人的优点。他想要兼学历代圣王，实践他们的勋业。他反复思考，甚至夜以继日，想通了便付诸实施。周公的努力使他具有了出众的治国才能。周公一生辅国安邦，是武王的得力助手。

克殷后第四年，武王去世，年幼的成王即位。周公以冢宰的身份摄政辅王，全面处理各方面的事务。他殚精竭虑，日理万机，亲自率军平叛，消除了武庚以及管叔、蔡叔、霍叔等“三监”的祸患，又率军大举东征，经过艰苦卓绝的战争，彻底稳定了东方。

为进一步巩固周王朝的统治，周公进行了大分封，将宗室懿亲分封到各战略要地，以王室重臣、近亲把守要塞，作为王室屏藩。周公又营建洛邑（今河南洛阳东），修建王城（今洛阳市内），将殷遗民迁到洛邑，驻军加以监守。周公还着手建立了典章制度，使周王朝的政治统治彻底走上正轨。

周公摄政，经略天下，对稳固统治起了至关重要的作用。《尚书大传》载：“周公摄政，一年救乱，二年克殷，三年践奄，四年建侯卫，五年营成周，六年制礼作乐，七年致政成王。”基本概括了周公的主要历史功绩。周公归政之年的岁末，成王感念周公的辛勤，于是在洛邑举行了封命“周公后”的仪式，将周公之子伯禽分封到泰山之南，建立了鲁国，周公也就成了鲁国始祖。

孔子常常“梦见周公”，正在于周公有其崇高的历史地位，尤其是周公经天纬地、制礼作乐的历史功绩。梦是睡眠中某阶段意识状态下自发性心理活动，属于正常心理现象。在典型的夜睡中，梦境在睡眠的各个阶段循环出现。也许是孔子“梦周公”的缘故，或许殷末周初那个时期已经有不少关于文王、武王、周公梦境的记录，后世竟然出现了“周公解梦”之说，形成了影响很大的梦文化。

殷商末年，政治动荡，文王、武王都曾谈“梦”,《逸周书》就有不少这样的篇章。如《程寤》篇，记载文王在程地时，太姒梦商庭生棘，文王以为是吉兆，于是召太子发拜吉梦；《文儆》篇中，文王疾，告梦，惧后祀无保，告太子发民之多变，命其敬之；《寤儆》篇则记载武王梦见灭商的计划泄露；《武儆》篇则记载武王告梦，遂命召周公旦立后嗣，属太子诵文及《宝典》。

这些记载很有价值，因为从这些事实中不难看出，文王、武王、周公正处在由夏、商“尊命”“尊神”向西周“尊礼”文化的过渡时期，已不同程度地开启了人文思潮和理性主义的大门。

历史上，所谓的“著名梦境”还有很多，比如，文王梦熊、庄生梦蝶、黄粱一梦、梦笔生花、南柯一梦等。而所谓《周公解梦》，不过是流传在民间的解梦之书，是后人借周公之名而著。孔子生于乱世，凝念注神，日思周公之德，夜即梦之，属于后人所谓“意精之梦”。周公成为后世占梦文化的形象代言人，不能不说是梦、周公与孔子结缘的结果。

二、怎样理解周公“制礼作乐”

人们说周公“制礼作乐”，这可不是一句空话。说到“周礼”，你可能会想到它是一部著作，是作为古代“三礼”之一的《周礼》；也可能会想到它是一种规范，是西周初年周公制定的礼乐制度。应当承认，至今人们对于“周礼”的理解还有许多模糊不清之处。其实，《周礼》与“周礼”实际内在相通，密切关联。《周礼》属于周代文明的核心内容，“周礼”影响中国既深且广。

《周礼》成书很早，人们却争论很多。《周礼》是儒家所尊奉的经书，是中国最重要的典籍之一。《周礼》记述国家治理的框架，是社会管理的体系。《周礼》所记为“周之官政”，即周代典章制度。

《周礼》本称《周官》，它把全国的官僚机构分成天官、地官、春官、夏官、秋官、冬官六个部分，各有职责。天官冢宰主管朝廷及宫中事务；地官司徒主管土地与民事；春官宗伯主管祭祀与礼仪；夏官司马主管兵战与军事；秋官司寇主管刑事与诉讼；冬官司空主管手工与建设。六官各分设官属，形成系统的官僚机构。

《周礼》是先秦典籍，传统以为该书成于周公。后来，人们不相信《周礼》成书这么早，遂出现了许多说法，从西周晚期说、战国儒士说、战国策士说，到成于西汉说、刘歆伪造说，前后时间竟长达千年。这也是中国典籍成书与作者研究的奇观了！

问题的实质还是“周公作《周礼》”是否可靠。疑古思潮盛行时期，不少人力图说明《周礼》不出于周公。但使用的方法存在问题，他们的“疑”往往带有较大的主观性，甚至捕风捉影。清代以前，人们认为“周之官政未次序，于是周公作《周官》”[①]，许多典籍也说“周公制礼作乐”，这应该不是空穴来风。《论语・八佾》记孔子语：“周监于二代，郁郁乎文哉！吾从周。”十分耐人寻味！《周礼》不是凭空产生的，它集合了夏商以来的文明成果，这里涉及对三代历史文明发展水平的估价，不可小觑，不可不慎，不可习焉不察。周公确立了周代的典章制度和礼乐，其中也包括制作《周礼》。

殷周鼎革之际，天下的稳固之要在建章立制，周公在营建洛邑、分封诸侯之后，着眼于周朝的长治久安，于是会通前世各代，损益殷商礼制，制定了周朝的政治体制，确立了官职结构，这应该就是今天看到的《周礼》了。《周礼》有严密的体系、严谨的逻辑。《周礼》天地四时的职官设计，反

① 《史记・鲁周公世家》。

映了设计者的宇宙观，这是朴素的自然哲学。六官的设定，天官象征天所立之官，地官象征地承载万物，四时之官反映自然界春生、夏长、秋收、冬藏在政治中的运用，是农业思想文明的结晶，是早期农业文明的反映。六官职责明确，体系完备，是一个不可分割的整体。《周礼》记载政治和礼仪制度，论述国家体制和官吏职掌。所以后人称其为"古文先秦旧书"，认为是周公"为成王所制官政之法"，是"周公致太平之迹"。

三、周公与鲁国的历史文化

孔子出生、成长在鲁国，鲁国文化是孔子思想的母体。只有了解作为周公封国的鲁国，才能把握孔子思想的来源，才能更好理解孔子思想的特质，更好地认识"前儒学时代"。

自西向东，在陕西岐山、河南洛阳、山东曲阜都有历史遗留下来的周公庙。这三处周公庙都是为了奉祀周公。

相比之下，曲阜周公庙在中国文化上可以说具有更重要的意义。第一，周公被后世尊为"元圣"，追封为"文宪王"。曲阜周公庙全称"文宪王庙"，主殿为"元圣殿"，曲阜周公庙棂星门内两侧石坊名称是"经天纬地""制礼作乐"以及其他门坊名称，都是赞颂周公的丰功伟绩。第二，周公是鲁国的始祖，鲁国是周公封国。曲阜的周公庙因此又被称为"鲁太庙"，以鲁国历代国君从祀周公。曲阜周公庙在这点上更具有祭祀和彰显周公主体的意义。

鲁国是周代众多邦国中的诸侯国，但地位非同寻常，是诸侯"望国"、姬姓"宗邦"，之所以如此，是因为鲁国是周公的封国，分封之地在"少昊之虚"曲阜。鲁国真正意义上的第一代国君是伯禽，周公对伯禽要求十分严格。关于周公教子，《孔子家语 · 曲礼子夏问》《荀子 · 尧问》《论衡 · 谴告》都有记载。

周公教育伯禽要注意礼贤下士，具备谦德。据《史记 · 鲁周公世家》，周公戒伯禽曰：“我文王之子，武王之弟，成王之叔父，我于天下亦不贱矣。然我一沐三捉发，一饭三吐哺，起以待士，犹恐失天下之贤人。子之鲁，慎无以国骄人。”周公所言，无非是为了让伯禽能够任贤使能，治理好鲁国。伯禽年富力强，精力充沛，勤奋努力。到鲁国后，他利用自己的优势，对当地“商奄之民”的固有习俗进行了改革。伯禽一支所带来的周文化与殷遗民及当地土著固有的文化相互交汇、影响，共同形成鲁国的文化。

鲁国为周公封国，因此，鲁国初封时，所受封赐格外丰厚，相对于他国来说，得到了不少特权，比如可为褒周公之德，特许鲁国享有天子礼乐，这就是史籍所说的“世世祀周公以天子之礼乐”[①]。因此，像祭祀之中的禘、郊、大雩等“重祭”礼仪，本为周天子独用，而鲁国也得以拥有这些“殊典”。

春秋时期，王室衰微，礼坏乐崩，但许多小国依然纷纷朝鲁，还至鲁观礼。鲁国较完整地保存着周礼，周代的礼乐传统深深影响了鲁国社会的方方面面，有“周礼尽在鲁矣”这样的说法。虽然礼制遭到破坏，但时人视礼为国家的根本，周礼是周王朝统治的象征，这样，鲁国作为宗周东方代表的形象更加突出。

春秋时期，“政由方伯”，但在诸侯国会盟等的班次上，鲁国却位居前列，在诸侯位次序列中有“班长”之称，列为首席。例如，春秋初年齐遭北戎侵犯向各国求助。战后答谢诸侯，在馈送粮饩给各国大夫时，齐国人请鲁国按班次代为分派；晋文公主持“践土之盟”时，在各会盟国参加的歃血仪式次序上，除主盟的晋国外，鲁国也被排在各国的最前面。

鲁国为东方的宗周模式，担负着传播宗周礼乐文明的使命，如在周王朝治国政策的贯彻上，鲁国堪为典范，周公的保民思想、明德慎罚、勤政任贤等似乎都在鲁国当政者身上有明显体现。当然，说鲁国为“宗周模式”，绝不是说鲁国完全排除其他的文化因素，使鲁国全盘周化，而是在政治统治

---

① 《礼记 · 明堂位》。

上为周王朝的东方代理人，在鲁国上层贵族中完整地保存着周代礼制。

四、孔子“梦周公”与《周礼》

曲阜周公庙元圣殿有楹联曰：“官礼功成宗国馨香传永世，图书象演尼山统绪本先型。”这揭示了孔子与周公的关系，彰显了周公对孔子的影响。在孔子生活的国度，“先君周公制周礼”几乎是人们的口头禅，尊奉周礼的人们心向周公；在孔子的时代，周代典籍尚在，孔子能看到更多的周代遗制，这使得他有条件“法则周公”。

《论语》中，有两次记述孔子“入太庙，每事问”。“太庙”即鲁周公庙。对于不懂的礼制、礼仪、文物，孔子实事求是、虚心求教。孔子还到洛邑参观访问，游历了重要政治文化设施，流露出对周朝制度的无限向往，他对周公倾心仰慕，经常引用周公名言，对周公的赞美常常溢于言表。他熟悉周公事迹和“周公之制”，认为“周公之典”就是后世行事的法度。

我们推测，孔子“适周问礼”，至洛邑向老子请教“礼”的问题，很可能就是学习了《周礼》。作为职官制度的记载，《周礼》是一部极其特殊的典籍，它不像《仪礼》那样的仪节需要很多人关注，也不像《礼记》那样的思想典籍需要人们研读思考。《周礼》是国家制度设计，不需要一般人研习阅读，它只为天子以及王公大臣所明所知即可，因此流传一定不广。不过，它可能通过孔子的论述与传播流传下来，也有可能影响到汉代。

孔子博学，他所在的鲁国本来就文化积淀丰厚，尽管如此，他还专程至周都洛邑考察学习。《孔子家语·观周》记载了孔子此行的收获：“观乎明堂，睹四门墉有尧舜之容、桀纣之象，而各有善恶之状、兴废之诫焉。又有周公相成王，抱之负斧扆，南面以朝诸侯之图焉。”孔子思考最多的是“周之所以盛”的问题。

值得特别注意的是，孔子观周，是为了研究周公德业，研究“周之所以王”的根本原因，因此他之所观乃“先王之遗制”。《孔子家语·观周》又载孔子：“问礼于老聃，访乐于苌弘，历郊社之所，考明堂之则，察庙朝之度。于是喟然曰：‘吾乃今知周公之圣，与周之所以王也。’”孔子向当时作为“周守藏室之史”的老聃请教。司马贞《史记索隐》曰：“藏室史，周藏书室之史也。”据《孔子家语》载，孔子观周，“观先王之遗制，考礼乐之所极”。

这些记述给我们三点启示：其一，“周公之圣，与周之所以王”可以在“先王之遗制”中得以体现。其二，“先王之遗制”的关键处在于“礼乐之所极”。“极”就是标准，标准在于制度，制度应该就是《周官》（即《周礼》）。其三，一般人注重礼仪（《仪礼》），不会关注作为设官分职、董正治官的礼制（《周礼》），《周官》这样的文献为王室所藏。而老子为周守藏史，因他的特殊职位得以掌握《周官》。由此，我们就理解孔子何以“适周问礼”后感慨至深、变化之大了。

据《孔子家语·执辔》记载，孔子将治国与驾车作比，说：“古之御天下者，以六官总治焉。”经细心比较，我们发现孔子此处的论述与《周礼》完全呼应。值得注意的是，孔子言其“古”，应该是关于《周礼》成书时代问题的极重要信息。孔子说的“六官”，正是《周礼》中的冢宰、司徒、宗伯、司马、司寇、司空。将《周礼》六官以及太宰一职的职掌与孔子的论述进行对照，孔子所说的六官的管理体系，正是《周礼》所记载的六官系统。

孔子主张“道之以德，齐之以礼”，在他看来，用缰绳驾车是驾车的最好方式。用刑法做规范，就好比驾车时用鞭子，驾车时不能不用缰绳引导而只用鞭子抽打。怎样“齐之以礼”？孔子的回答是“以德以法”。孔子认为，“善御马”与“善御民”道理一样，古代圣王“以内史为左右手，以德法为衔勒，以百官为辔，以刑罚为策，以万民为马”，故能“御天下数百年而不失”。[①]

---

① 《孔子家语·执辔》。

关于“以六官总治”，《孔子家语·执辔》记孔子言：“冢宰之官以成道、司徒之官以成德、宗伯之官以成仁、司马之官以成圣、司寇之官以成义、司空之官以成礼。”孔子所说治国思想与方略，正隐含在《周礼》一个个职官分设的背后。这些思想内涵丰富、包蕴精微，纤细缜密，具体生动，令人惊叹不已！

五、孔子“取法”周公创儒学

周礼中的那些理是中华文明的基础。孔子尊周公，重周礼。周礼具有别嫌疑、济变、弥争的功能。《左传·隐公十一年》载：“礼，经国家、定社稷、序民人、利后嗣者也。”孔子说，“夫礼者，理也”，“君子无理不动”①；孔子又说：“坏国、丧家、亡人，必先去其礼。”②

孔子推崇周公，典籍记载比比皆是。《论语》就直接记载了周公的言论，这些应该是孔子经常引用的周公的名言。如《论语·微子》篇记载周公谓鲁公曰：“君子不施其亲，不使大臣怨乎不以。故旧无大故，则不弃也。无求备于一人。”孔子十分重视为政治国之人的德行与榜样作用，他推尊圣王“化成天下”的力量。如《孔子家语·致思》篇记孔子言，能称王的人就好像万物生长的季节一样正确，他认为，文王有季历做父亲，有太任做母亲，有太姒做夫人，有武王、周公做儿子，有太颠、闳夭等做大臣，所以他的根基很好。这话体现了为政治国之人的德行榜样作用。孔子在该篇中还说：“周公载己行化，而天下顺之，其诚至矣。”其中对周公的赞美溢于言表！

① 《礼记·仲尼燕居》。
② 《礼记·礼运》。

《论语新绎》

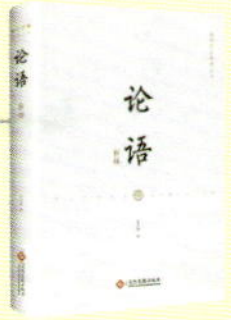

作者：吴天明
书号：978-7-5142-3597-5
定价：78.00 元

- 本书作者吴天明，武汉大学文学院教授，国家人力资源和社会保障部特聘中国文化专家。主要从事中国古典文学、经学、民族学与人类学的教学研究工作。
- 《论语》主要记述了孔子及其部分弟子的言行，是对尧舜夏商周春秋六代思想文化、治国平天下政治实践和理论的科学总结，是中国思想史文化史哲学史上伟大的著作。《论语新绎》参考数种通行版本，从原文、题旨、注释、译文、简析等五个方面，对《论语》作了全新注释、全新翻译、全新评析，旨在帮助读者更轻松地读懂《论语》。

《唐鉴新绎》

作者：刘韶军
书号：978-7-5142-3682-8
定价：68.00 元

- 本书作者刘韶军，师从文献学大师张舜徽先生，华中师范大学历史文献学研究所教授、博士生导师（今已退休），主要从事中国古代典籍的整理与研究、中国古代思想与文化研究等。
- 《唐鉴》是北宋史学名家范祖禹的史论代表作，记录了唐代近三百年的历史，从政治、经济、历史、文化、军事等方面总结唐朝治乱兴衰的经验教训，被誉为“深明唐三百年间治乱”的史学名著。本书作者依据珍贵的宋代刻本，精选《唐鉴》中的 144 篇，进行全新解读：根据各篇的内容拟出标题，在原文前面添加“题解”，说明这一篇的主要内容与主旨，再列出《唐鉴》原书中的有关记载和范祖禹的评论，对原文中的人名、地名、官名及人们感到陌生的字词进行注释，并在此基础上译成现代汉语，最后进行评析，对相关的历史事件、人物、制度及范祖禹的评论等做出分析解读。

《宋论新绎》

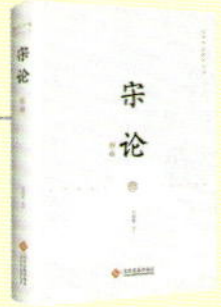

作者：刘韶军
书号：978-7-5142-3509-8
定价：58.00 元

- 本书作者刘韶军，师从文献学大师张舜徽先生，华中师范大学历史文献学研究所教授、博士生导师（今已退休），主要从事中国古代典籍的整理与研究、中国古代思想与文化研究等。
- 清代学者王夫之的史论著作《宋论》，共十五卷，以宋代帝王的顺序分章，通过对每位帝王在位时的人物、事件的功过得失的评述，以及对诸多历史细节的考察，探讨宋王朝由盛转衰最终灭亡的原因。本书从已有的整理本中选择部分内容进行现代式的解读，并作出要旨阐释与精华评析，使广大读者都能读懂此书，并由此更深刻地理解历史。

《资治通鉴精选新绎》（全四册）

作者：张大可
书号：978-7-5142-3683-5
定价：368.00 元

- 本书作者张大可，历任兰州大学、北京外国语大学、中央社会主义学院教授，现任陕西师范大学人文社会科学高等研究院特聘研究员、中国史记研究会会长。
- 本书把握《资治通鉴》全书脉络，精选秦汉、隋唐两个历史时期，跨周、秦、西汉、隋、唐五个朝代，对所选史事做简洁明快的今注与今译，附录重大史事人物的评说。本书的新绎体现的是宏观与微观相结合的读史方法，可谓“致广大而尽精微”，既让读者了解到历史全貌，又把握了重要历史细节，从而汲取历史智慧，启迪当下。

《三国志精选新绎》（全二册）

作者：张大可等
书号：978-7-5142-3619-4
定价：128.00 元

- 本书作者张大可，历任兰州大学、北京外国语大学、中央社会主义学院教授，现任陕西师范大学人文社会科学高等研究院特聘研究员、中国史记研究会会长。
- 本书选取《三国志》中主要人物纪传四十五篇，以人物为中心，按三国鼎立形成的历史演进分为六编，讲述了东汉末年的军阀、曹刘孙三家的兴起、魏蜀吴三国名臣武将和一统三国人物。通过剖析代表性人物的人生经历，展示三国兴衰史以及背后的历史观和历史发展规律，史料丰富，思想性强。

《孙子兵法·三十六计新绎》

作者：侯振龙
书号：978-7-5142-3686-6
定价：48.00 元

- 本书作者侯振龙，曾在《历史档案》《国学季刊》等刊物上发表论文多篇，主编《资治通鉴少年简读版》。
- 本书从题解、原文、注释、译文和评析五个方面，分别对《孙子兵法》《三十六计》进行了全新注译评析，内容丰富，语言平实，注译准确，解读精当，观点新颖，论述深刻，为广大读者提供了一个研习《孙子兵法》《三十六计》，轻松阅读国学经典的可靠版本，可以帮助读者充分领略中国传统军事思想的博大精深，汲取为人处世的智慧，提升组织领导能力。

知名专家学者联袂打造高端智慧丛书

（共 12 种，23 册，锁线精装、印刷精美、厚重典雅）

《诗经全本新绎》（全三册）

作者：吴宏一

书号：978-7-5142-3057-4

定价：198.00 元

- 本书作者吴宏一，曾任台湾大学中文系教授、中正大学筹备处顾问、香港中文大学中文系讲座教授等。
- 《诗经全本新绎》对《诗经》进行了全新注译评析，注释力求简明精确，翻译贴近原文韵味，新绎诠解，兼采众说、折中异同，同时，还收录了《诗经》品物图，涵盖动植物、器物、宫室、天文等，使得这部传诵两千五百多年的诗集增添不少阅读的兴味，不论是欣赏或研究，都极具参考价值。

《四书读本新绎》

作者：赖明德等

书号：978-7-5142-3056-7

定价：98.00 元

- 本书作者赖明德，曾任台湾师范大学教授，授文字学、史记等课程。
- 本书以朱熹《四书章句集注》为蓝本，对“四书”进行全本新绎，每章分章旨、注释、语译，并采用新式标点、注音。内容简明扼要，深入浅出，语言通俗流畅，让庄严厚重的经典变得易读易懂，为当下学习“四书”并运用经典解决现实问题提供有益启迪。

《昭明文选全本新绎》（全五册）

作者：张葆全等

书号：978-7-5142-3055-0

定价：398.00 元

- 本书作者张葆全，广西师范大学文学院教授，广西师范大学前校长。现受聘为广西师范大学国学堂专家委员会主任，桂林学院终身教授。
- 《昭明文选》是我国现存最早的一部赋、诗、文选集，收录先秦至齐梁间 130 位（无名氏不计）作者的 700 余首作品，按照赋、诗、骚、诏、册、令、教等 38 类文体编排，具有极高的文学资料价值。本书与一般整理古籍只限于圈点、注释、语译不同，还加以评析，以应读者深入解读之需。注译力求简明，译文既忠实原文又清楚畅达，评析恳切，时出新意，极便读者赏阅。

《古文观止新编新绎》（全二册）

作者：高明等

书号：978-7-5142-3058-1

定价：158.00 元

- 本书主编高明，知名学者、教育家。抗战期间，先后在中央政治学校、西北大学、政治大学任教。
- 清康熙三十四年（1695）浙江绍兴人吴楚材、吴调侯合编《古文观止》十二卷，上起二周，下迄明末，共收作品二百二十二篇。为了打造一部更适合现代人阅读的全新的古文读本，本书编者取前人行之有效的编辑经验，以唐宋八大家的作品为核心，元明清各家的清新小品为羽翼，精选久经传诵、有高度文学价值的文章二百篇，并对其进行题解、注译、赏析，纲举目张，体例明备，有相当的可读性，同时可作为读者欣赏和写作的范式。

《贞观政要新绎》

作者：韩昇 王艳

书号：978-7-5142-3684-2

定价：48.00 元

- 本书作者韩昇，复旦大学历史系教授、博士生导师，现代人类学教育部重点实验室学术委员，中国魏晋南北朝史学会副会长。
- 本书作者简择《贞观政要》中的经典篇章，辅以注释、译文，并结合唐朝典章制度、史实事例等加以评析。从《贞观政要》相关原文切入，全面分析贞观君臣在治国理念、治国路线、官吏队伍、政治制度、法制、经济、人才、思想道德、文化、民族及外交关系等十个方面的建设理路。

《颜氏家训全本新绎》

作者：唐翼明

书号：978-7-5142-3678-1

定价：58.00 元

- 本书作者唐翼明，华中师范大学国学院院长、长江书法研究院院长，享誉海内外的魏晋文化史专家、书法家。
- 《颜氏家训》是我国历史上第一部内容丰富、体系宏大的家训，全书阐述立身治家之法，内容涉及教育、儒学、佛学、历史、社会、文学、伦理等诸多领域。本书在继承前辈和当代学者研究成果的基础上，采用对每个句子进行解读的注解方式，除了对典故和词语的解释努力做到清晰明了之外，必要时也讲解文言的句法和语法，以帮助读者提高阅读古文的能力。

《法治通识课》

作者：卓泽渊

书号：978-7-5035-7073-5

定价：58.00 元

- 本书作者卓泽渊，中共中央党校（国家行政学院）副教育长、教授。
- 本书系统梳理了法治一般原理、中国法治实践、世界法治发展历程，从理论到实践，从历史到现实，从中国到世界，助力领导干部熟悉和掌握基本的法律知识，提升法治素养，运用法治思维开展工作。

《音乐修养通识课》

作者：江柏安

书号：978-7-5035-7386-6

定价：78.00 元

- 本书作者江柏安，武汉大学艺术学院教授、硕士研究生导师，武汉大学大学生艺术团交响乐团艺术指导教师，主要从事音乐教育、电影音乐、音乐学的教学与研究。
- 该书秉承通识、博雅教育理念，追求文化品位与审美灵光兼具，以多维视角观照音乐，既讲析音乐审美基础知识，又考察中外音乐文化演进历程。全书内容通俗易懂、涉猎广泛，总计 627 次片段地引用了不同时期不同风格的音乐作品，便于读者更好地应用与体会，有助于广大读者提升艺术修养。

《心理学通识课》

作者：莫雷等

书号：978-7-5035-7324-8

定价：68.00 元

- 本书作者莫雷，华南师范大学文科资深教授、博士生导师、学术委员会主任，中国心理学会终身成就奖获得者。
- 本书是一本帮助普通大众尤其是党政机关和企事业单位的领导干部，学懂弄通心理学是什么以及如何运用心理学的相关知识解决学习、实际工作中的难题的通识读物。
- 该书从澄清对心理学的种种误解、伪心理学知识入手，以心理学体系为基本框架，介绍了基础心理学、社会心理学、健康心理学、发展与教育心理学、管理心理学等主要分支的核心内容，深入阐释心理学研究理论和实践经验在日常生活、管理与领导中的重大指引作用。

《写作通识课》

作者：胡森林　王思思

书号：978-7-5035-7283-8

定价：48.00 元

- 本书作者胡森林，著有多部写作领域畅销书，本书专为满足领导干部提升写作能力的需要而著，从如何认识写作、写作的哲理思考、写作的学习方法、写好文章的标准、写作的基本要求、写作中的核心要素、写作的基本步骤、写作要处理的若干关系、写作中常见的困惑、写作中的逻辑运用、常见问题与修改要旨、写作通则的运用和写作中的实用方法等方面，系统总结了其长期实践的写作经验和技巧，通过精准剖析难点并给出技巧，解决了怎样培养写作意识，提高写作能力，成为写作高手。

《逻辑学通识课》

作者：杜国平

书号：978-7-5035-7349-1

定价：68.00 元

- 本书作者杜国平，中国社会科学院哲学研究所研究员，智能与逻辑实验室主任，二级教授，博士生导师，主要从事逻辑学和人工智能基础理论研究，研究方向为人工智能逻辑、符号逻辑、逻辑思想史和逻辑应用等。
- 本书结合大量生动有趣的案例，系统地阐述了逻辑学的基本知识和基本方法，从逻辑学的概念到判断，从逻辑规律到推理论证，层层深入，并罗列各种逻辑谬误和诡辩。通过本书的学习，将有助于读者做到概念清晰、判断准确、推理有效、论证合理，并能提高读者识别和破斥各种谬误和诡辩的能力，可以帮助读者提高逻辑思维能力，使其思维更加符合逻辑，使其思维“更讲逻辑”。

《西方美学通识课》

作者：凌继尧

书号：978-7-5035-7126-8

定价：59.80 元

- 本书作者凌继尧，美学大师朱光潜的关门弟子，曾于 20 世纪 80 年代初追随朱先生读书三年。
- 本书从早期希腊美学和苏格拉底、柏拉图、亚里士多德到叔本华、黑格尔和尼采。根据西方美学历史发展脉络，选取其中具有代表性、影响深远的各美学流派及其代表性人物和观点，系统论述了早期希腊美学、罗马早期的哲学美学、罗马文艺美学、中世纪美学、文艺复兴美学、法国新古典主义、英国经验主义、法国启蒙运动、德国启蒙运动、意大利美学等内容，该书内容系统全面，论述清晰完整，对数千年西方美学史进行了概括而不失深入的介绍，是一部有新意的美学史文本。

新时代领导干部通识读物

《中华文化通识课》

作者：王蒙
书号：978-7-5035-7013-1
定价：56.00 元

- 本书作者王蒙，当过文化部部长、写过著名小说《青春万岁》、获得过“人民艺术家”国家荣誉称号，称得上当代中华文化的一个标志性文化名人。
- 本书基于作者近 40 年来关于文化问题的文章、演讲、对谈，进行整理、辑录而成，是对中华文化深入思考后的智慧结晶，是帮助读者读懂中华文化的通俗佳作。

《中国哲学通识课》

作者：周桂钿
书号：978-7-5035-7011-7
定价：58.00 元

- 本书作者周桂钿，北京师范大学教授、博士生导师，现任董仲舒国际儒学研究院名誉院长、中国政法大学国际儒学院副院长，对中国哲学研究精深。
- 哲学是人们认识世界、改造世界的重要工具。本书从以民为本、为政以德、仁义之道、义利之辨、尊贤使能、和而不同、知行合一、盛世治理、大同理想等方面，深入分析中国古代先哲的哲学思想，系统论述了中国哲学中的政治智慧，探讨中国哲学对我国政治经济文化发展所产生的重要影响。

《国学通识课》

作者：杨朝明
书号：978-7-5035-7396-5
定价：58.00 元

- 本书作者杨朝明，山东大学特聘教授、国际儒学联合会副理事长、中华孔子学会副会长。
- 本书围绕作为国学主流的儒学、作为国学核心的经学展开讲述。尤其针对社会对国学价值认识的现状，说源头、重源流、讲通识、抓重点，正本清源、解疑释惑，明目标中华国学铺染了中国人的生命底色，影响了中国人的理想信念、价值理念、道德观念，有助于读者理解国学精神，把握国学要义。

《中国古代军事通识课》

作者：钟少异
书号：978-7-5035-7222-7
定价：59.80 元

- 本书作者钟少异，军事科学院战争研究院研究员、博士生导师。
- 本书讲述主要历史时期内的国防军事大事，如秦汉时期重要国防大事：分封制和汉代削藩，抗击匈奴等，史料翔实，立意深远、论据充分，又讲述军事技术、地理环境、古代国家对军事的影响及中西对比，横纵向多维度比较，剖析了中国古代军事文化的历史局限，深入探讨中国古代军事的成败得失、经验教训，为领导干部思考国防军事问题提供有益镜鉴。

《马克思恩格斯经典著作通识课》

作者：阮青
书号：978-7-5035-7225-8
定价：68.00 元

- 本书作者阮青，中共中央党校（国家行政学院）教授、博士生导师，长期从事马克思主义经典著作、中国特色社会主义理论体系、党的建设重大理论问题的教学与研究工作。
- 本书精选了包括《共产党宣言》《1844 年经济学哲学手稿》等在内的 8 部著作和 5 封书信进行解读，剖析了这些著作和书信的写作背景、主要内容以及当代启示，意在通过重温经典，提高领导干部运用马克思主义基本原理解决当代中国实际问题的能力和水平。

《马克思主义哲学通识课》

作者：韩庆祥　邱耕田等
书号：978-7-5035-7125-1
定价：59.80 元

- 本书作者韩庆祥系中央党校原校委委员、一级教授，中央党校专家工作室领衔专家，主要从事马克思主义哲学、马克思主义理论、习近平新时代中国特色社会主义思想研究。
- 本书从辩证唯物论、唯物辩证法、实践认识论、历史唯物主义、马克思主义人学、西方马克思主义的基本观点及其方法论等方面，系统论述了马克思主义哲学的本质、价值、产生、发展与创新，说理透彻，行文流畅，既具有学术厚度又具有可读性。

孔子非常熟悉周公事迹，动辄引述“周公之制”“周公之典”。例如《孔子家语·冠颂》记孔子谈论天子、诸侯的冠礼，就援引“周公之制”；据《孔子家语·正论解》载，季康子想以井为单位征收赋税，派人征求孔子的意见。孔子对这种做法很不满意，对冉求说：“子孙若以行之而取法，则有周公之典在。”在孔子心目中，“周公之典”是周公后世子孙行事的法度，这种法度不能违背。

作为政治家、思想家，中国儒学的先驱，周公被尊为“元圣”。周公“敬德保民”的思想是儒家学说的基础。周公去世后，鲁人自不忘祖述“先王之训”，追忆“周公之礼”。鲁国因是周公长子伯禽的封国而成为周代的“文物之邦”，儒学则因鲁国为“文物之邦”而兴而盛。孔子之学源于周公，汉代以后常常以“周、孔”并称，“周孔之学”几乎成为儒学的代名词。

孔子学习古代文化，钟情于周公开创的“礼乐文明”，把“为东周”作为人生追求，为了得君行道，他颠沛流离，周游列国。所谓日有所思，夜有所梦，何况孔子对周公倾心诚服，夙夜思考恢复周代礼乐文明之伟业，因此才会经常梦见周公。孔子晚年，自己的理想几近破灭，遂退于洙泗之滨，教授生徒，整理六经。此时，他的心志不同于以往，但也表明自己确然衰老，是以浩叹：“甚矣吾衰也！久矣吾不复梦见周公！”朱熹在《论语集注》中阐释：“孔子盛时，志欲行周公之道，故梦寐之间，如或见之。至其老而不能行也，则无复是心而亦无复是梦矣，故因此而自叹其衰之甚也。”孔子发此慨叹，一则确是实情的描述，但更是孔子对“道”之不行的隐喻性表述。

第五讲

正本清源说孔子

自孔子至今，两千五百多年过去了，孔子仍旧是一位说不完、道不尽的历史人物。由孔子思想的特征所决定，他总是不断地被人们说起，他总是活在战国以降历朝历代的现实中。不过，人们对孔子的看法却有很大不同。尽管在传统中国的很长历史时期里他受到世人的尊崇与膜拜，但也有很多时候，受到了评论与指责，甚至是谩骂和揶揄，极端的看法明显对立，势同水火。时至今日，人们对孔子的模糊认识依然存在，甚至分歧很大。

这种“特殊文化景观”的形成，其原因当然是多方面的。但是，今天的中国是历史中国的延续与发展，要“剔除其封建性的糟粕，吸收其民主性的精华”，必须认清这种“特殊文化景观”形成的原因，说清楚其发展演变的“历史过程”。只有这样，才能更好地继承和弘扬我国优秀的传统文化。

其实，在对待孔子与我国传统文化方面，人们的态度形成明显的两极还是近代以来的事情。经过几十年的学术研究，尤其是地下早期文献的问世，使我们对相关的学术问题看得比以往任何时候都要清楚。原来，秦汉以来儒学出现过一个显著的变化，即原始儒学（先秦时代）具有明显的“德性色彩”，而汉代以后的儒学则具有显著的“威权色彩”。

如将有关文献进行认真比较，就能够清晰地看出来。例如，汉代整理先秦儒家论说，遇有时忌或不合时势时往往会改动或调整字词语句，这种情况非常普遍，其中尤以《礼记》《大戴礼记》这种官学文献的纂辑最为典型。如果将《孔子家语 · 哀公问政》与《礼记 · 中庸》的相应部分进行比较，就能看出前者中的“尊贤”“笃亲亲”“敬大臣”“子百姓”“来百工”，分别变成后者中的“劝贤”“劝亲亲”“劝大臣”“劝百姓”“劝百工”，动词“尊”“敬”等皆改写为“劝”，透露出尊君卑臣的意涵。将《孔子家语 · 王言》篇与《大戴礼记·主言》篇进行比较，马上可以看出孔子所说的“王言”

乃指言“明王之道”，亦即王道；而《大戴礼记》易为“主言”，则与西汉时期尊崇君权、忌讳诸侯王有关。将《孔子家语》与“二戴”《礼记》进行比较，类似的例子俯拾即是。这样，仅仅由孔子遗说，就能将儒学的这种演变看得一清二楚。

对孔子儒学传统持“保守”立场的学者多看到了原始儒学的真精神，而对孔子儒学持“激进”立场的人则更多看到了作为“专制政治灵魂”的那个“偶像的权威”。近代以来，不论是守护传统还是反对传统，分歧或许仅是其心中“传统”的重心不同。我们要看到“帝制中国”片面强调“君权”“父权”“夫权”，也必须看到后来反对“封建性糟粕”时对文化中“民主性精华”的扫荡，以至于往往简单粗暴地对待博大精深的孔子思想与传统文化。厘清脉络，是为了补偏救弊，在继承与弘扬传统时能做得更好。

对孔子儒学“正本清源”难度很大，但孔子儒学的认识需要正本清源不言而喻。我们应该知道这一工作的难度，不能自以为是。不过，对孔子儒学进行正本清源其实代表了一种理念。要继承和弘扬优秀传统文化，要中国文化走出去，提高文化的开放水平，首要的工作就是在认识上正本清源。就文化的现状而言，我们“认识自我”甚至比“介绍自我”更为紧要。

说起来，许多研究者所从事的都是“正本清源”的工作，每个人心中也都有一个孔子思想学说的真面目。从理论上讲，研究者的工作都是为着“求真”“求是”，都希望通过研究和探索历史本来“有什么”“是什么”，进而追问其中的“为什么”。但现实的境况却是不少“学者”将经典置之高阁，束书不观，其犹《庄子》所谓“百家众技”，往往只是得其“一察”而“不该不遍”。

从很早的时候起，我国就形成了足以令国人骄傲的文化，有了丰富生动的文献记载。我们都期待正本清源，还原根植于深厚传统中的文化真相。要做到这些，理应从对孔子事迹与思想的正确认识入手。

一、“学而时习之”该如何理解

古有“半部《论语》治天下”之说，研究孔子更离不开此书，可人们对此的理解却见仁见智。实际上,《论语》出于孔子裔孙子思之手，他对相关材料进行了精心编排。在理解该书意义时，开篇的一章特别值得重视，可以说，它是理解整部《论语》的一把“钥匙”。

《论语》为语录体著作，其中的许多言论缺少语言环境，理解起来往往会产生分歧,《论语》的开篇就是如此。“学而时习之，不亦说乎……”几乎人人耳熟能详，但我们认为传统的理解可能存在明显问题。

传统认为，“学而时习之，不亦说乎”说的是“关于学习的问题”；“有朋自远方来，不亦乐乎”说的是“关于交友的问题”；“人不知而不愠，不亦君子乎”说的是“关于胸怀的问题”。但是，在该书中，不论哪一篇的哪一章，不论其字数多少，似乎都在集中论说一个主题，为什么偏偏首章主题显得散乱而不集中？

《论语》所收录的孔子言论，都是他应答弟子及当时人的言语，属于弟子“接闻于夫子之语”，是从孔子那里听来的。当时弟子们各有所记，孔子去世后，他们相与“辑而论纂”，在众多孔子言论中择录而成《论语》。

以往，不少人认为《论语》材料只是随意地堆砌，各篇之间没有联系。那么,《论语》是谁编辑而成?《论语》编者为什么要编辑孔子言论？这些“善言嘉语”难道没有任何顺序？

以《论语》首篇首章举例，细致解读会发现《论语》确实有顺序，并非随意堆砌。理解《论语》首篇首章，关键在于其中的第一句，即“学而时习之”。传统解读都是把它当作学习方法，认为“学”即学习,“时”为时时、常常，“习”为复习、演习。全句意思是学习了知识而能常常复习、实践。仔细分析全章三句，对照孔子一生活动，参考《论语》其他关于学习方法的论述，似乎这并不是讲什么“学习方法”，而是概括了学者可能碰到的三种不同境遇，勉励学者端正态度，做坚持真理的君子。

我们认为，这里的“学”应当不是动词，而是名词，指的是孔子的“学说”或者“道”。“时”不应解作“时常”或“按时”，而应解作“时代”，也可引申为社会。“习”不应作“温习”讲，而应作实践、采用讲。下面的两句与之相应，第二句中的“有朋”其实就是朋友，指的是志同道合的人。这样，《论语》首章孔子表达的就是这样的思想：如果我的学说被时代（或社会）所行用，那不就太令人感到喜悦吗？退一步说，如果时代没采用，可有人能够理解我的追求，赞同我的学说，或者从远方来与我一同讨论问题，不也很快乐吗？再退一步说，不但社会上没人能采用，甚至没有人能够理解我的学说，我也能够坦然面对，不愠不恼，正确对待，不也是一位有道德修养的君子吗？

关于这样的理解，早已经有学者提出。清初毛奇龄《四书改错》说：“学者，道术之总名。”民国时期，程树德先生在《论语集释·学而上》中也明说：“‘学’字系名辞。”前些年，还有学者专门撰文进行了认真研究，遗憾的是并没有引起人们的注意。

“学而时习之”中的“学”与《庄子·天下》篇“百家之学”的“学”相同。学，有作动词用的“学习”之意，有作名词用的“学说”之意等，这里应为后者，指思想主张，对社会、人生的总体认识。《论语》中有“士志于道”的句子，也有“士志于学”的说法，“道”与“学”乃是同位词。这种新的解释符合前后连贯的体例，符合首篇首章开宗明义的惯例，也与孔子的思想一致。

对于《论语》开篇第一章，近年来有不少学者专门加以研究，凸显了这一篇的极端重要性。我们对《论语》的重新理解，突出了《论语》首章的思想中心，也与《学而》整篇的主旨更加吻合。如果我们与《孔子家语》《史记》等相关文献认真比对，同样会发现《论语》开篇隐含着十分重要的学术信息。

对今人而言,《论语》开篇是认识整部著作的钥匙,是整部《论语》的“秘密”所在!由孔子的“自道”,我们可以认识孔子思想的整体面貌。我们由此回到《论语》文本时,不难发现《论语》其实有内在的严密逻辑。《论语》首篇围绕做人这一中心问题展开,以下各篇分别谈为政以德、守礼明礼、择仁处仁等,层层剥离,依次展开。宋朝吴寿昌说:“今读《论语》,且熟读《学而》一篇,若明得一篇,其余自然易晓。”[①]这是通读《论语》掌握其真谛的中肯之言。

二、孔子西行见老子

历史上,学者间的雅集与会晤不计其数,但孔子与老子的洛邑相会意义非同寻常。孔子“学无常师”,曾西行向老子请教,孔子的“博学”正源于他的“好学”,孔子的“好学”成就了他的“博大”。典籍中记载了孔子“闻诸老聃”的许多材料,他们的相会是仁者间的沟通,是智者间的激荡。孔子四十五岁那年(前508),孔子西行洛邑拜见老子,中国历史上两位思想巨人的此次相会,具有极其非凡的意义。

以往,“孔、老相会”曾是久议难决的“疑案”。在很多人看来,不仅“孔子是否曾问礼于老子”“老子生活时代”存在争议,就连“老子有无其人”也是个问题。好在学术在不断发展,早期思想史材料纷纷出土问世,许多珍贵的典籍文献得以有效利用,历史的真相逐渐显现出来。例如,原来被视为“伪书”的《孔子家语》极具史料价值,其中不仅专篇记载了相关史实,而且还有孔子“闻诸老聃”之类的很多材料。难怪先秦著作有不少都记

① 《朱子语类》卷二十《论语二》引。

载了孔子问礼于老子的故事，汉代艺术造像中也有许多这种题材的作品。

从文献透露的信息看，孔子与老子相见可能不止一次，两人很可能在鲁国有过交流，还可能曾经在宋国相见，这或许正是历代学者对孔、老相见确切时间聚讼纷纭的原因之一。而最重要的是孔子主动“适周问礼”，这在《孔子家语·观周》和《史记·孔子世家》都有明确记载，言之凿凿，具体细腻，其真实性应无问题。据研究，孔子与老子的此次相会是在公元前508年，这一年，孔子四十五岁。[①]

孔子此次拜见老子，对孔子人生境界的提升具有重要意义。孔子听说老子博古知今，懂得礼乐的根本，明了道德的宗旨，于是与弟子南宫敬叔一道去拜见老子。敬叔是鲁国贵族孟僖子的儿子，受父嘱而师从于孔子。他们得到鲁国国君的支持，一辆车，两匹马，有童仆和驾车的人，赶赴东周洛邑。

正如南宫敬叔对鲁君所说，孔子访问东周，是要学习先王政教制度，考察礼乐文化境界。在洛邑，孔子除问礼于老聃，还访乐于苌弘，历郊社之所，考明堂制度，了解宗庙、朝廷法度。孔子感慨地说：“我现在终于知道周公之所以圣明和周朝之所以取得天下的原因了。”

孔子的收获是多方面的。参观明堂时，孔子看到四门口墙上画有尧、舜和桀、纣的肖像，昭示了善恶、兴衰。还有周公辅佐成王，抱着年幼的成王接受诸侯朝拜的图像。孔子徘徊走动，不停地观望，他对身边的人说：“这就是周朝兴盛的原因了。”在周人始祖后稷庙，他看到右边台阶前立有铜人，嘴巴被封了三层，背上有慎言藏智、温恭卑己的长篇铭文，孔子认为这些言论“实而中，情而信”，教育随从弟子要这样立身行事。

孔子困惑自己所执守的大道难于实行，遂请教老子。老子认为问题的症结在于“说者流于辩，听者乱于辞”。实际上，优秀思想学说得不到真正的贯彻实行，往往是由于“学者”们的论说过于宏阔、浮华、巧辩，使“听

---

① 参见杨朝明、张向向：《孔子“适周问礼”时间考辨》，《中和学刊》第二辑，陕西师范大学出版社2010年版，第99—101页。

众”一头雾水，不知所云。所以孔子在《中庸》中说“道不远人”，认为“道”实际上就在每个人的日常坐卧之间，行道者首先应该着眼于“人”。

孔子见老子时，老子告之以“良贾深藏若虚，君子盛德容貌若愚”[①]的道理；离开洛邑时，老子为他送行，特意告诫孔子，认为人聪明深察却不可“好讥议人”，博辩闳达却不可“好发人之恶”[②]。老子“深远”的“虚无”之道，其特点是“因应变化于无为”[③]，孔子感慨老子就像“乘风云而上天”[④]的蛟龙，认为老子难“知”！

孔子此次西行，可谓意义重大。《史记·孔子世家》说：“孔子自周反于鲁，弟子稍益进焉。”《孔子家语·观周》说：孔子“自周反鲁，道弥尊矣。远方弟子之进，盖三千焉”。孔子曾“严事”多人，从而积淀形成了孔子的智慧，而老子却是对孔子影响最大的一位。

三、孔子杀少正卯了吗

作为鲁国的大司寇，孔子负责司法，他上任之初而“诛”乱政大夫少正卯，这是孔子事迹中的重要一节。是真正杀了少正卯，还是本无其事？两千多年来，人们争论不休。然而，纷争是我们对于古籍的误读！还有，中国的历史记载哪有那么多的“伪造”？

孔子提倡“为政以德”，主张“仁者爱人”，他是人们心目中体恤民情、重视道德教化的典范。然而，史书上却存在这样的记载：“孔子为鲁摄相，朝七日而诛少正卯。”[⑤]真的是这样吗？孔子真的在他为鲁国司寇的第七天就

① 《史记·老子韩非列传》。
② 《孔子家语·观周》。
③ 《史记·老子韩非列传》。
④ 《史记·老子韩非列传》。
⑤ 《荀子·宥坐》。

杀死了当时的大夫少正卯吗？这件事的真相到底是什么？

《荀子》《孔子家语》《史记》《论衡》等传世文献对此事均有记载，对比相关文献，我们看到，虽然各种文献对该事件的语言描述不尽相同，但都大同小异，在“诛卯”事件的真实性上并未出现分歧。

然而，从南宋的朱熹开始，对孔子是否“诛卯”的问题有了争议。朱熹首先对此事的真实性产生怀疑，他说：“若少正卯之事，则予尝窃疑之。盖《论语》所不载，子思、孟子所不言，虽以左氏春秋内、外传之诬且驳，而犹不道也。乃独荀况言之，是必齐鲁陋儒愤圣人之失职，以夸其权耳。”[①] 朱熹之后，著名学者叶适、崔述、梁玉绳等也对此事的真实性表示怀疑，出于对孔子的崇拜与尊敬，他们认为孔子作为一代圣人，一向主张“为政以德”，反对“齐之以刑”，绝不可能出现乱杀人的情形，更何况是在他刚刚上任大司寇的第七天。因此，他们认为此事并不存在，又因为此事最早出现于《荀子·宥坐》篇，所以有学者认为，此事是荀子一派伪造出来的。

另一种观点与之相反，认为孔子诛杀少正卯确有其事，现代有不少学者这样认为。在他们看来，《论语》等书不载的事情未必没有发生，文献记载不尽相同，只能说明传说不一，并不能怀疑其真实性，反而应该看作是真实性的反证。如果正如孔子所说，少正卯身俱“心逆而险”“行僻而坚”“言伪而辩”“记丑而博”“顺非而泽”等“五恶”，那么他就是孔子眼中的“佞人”“小人”，孔子“诛之”也就不足为奇了。

实际上，后面的说法有一定道理，“诛少正卯之事”应有所本，确有其事。但是，问题的关键在于，“诛”少正卯并不一定意味着杀了少正卯。

在古代，“诛”可以理解为“责、讨”之意。这正是一直以来对此事产生误解的根源所在。在朱熹那里，“诛”被理解为“诛杀”，而朱熹认为圣人是不会随便杀人的，基于对道统和孔子的维护，朱熹便顺理成章地对此事提出质疑。然而“诛”的含义却并非为“杀”。据《说文解字》：“诛，讨也。

---

① 〔宋〕朱熹：《舜典象刑说》，《朱熹集》第6册，四川教育出版社1996年版，第3520—3521页。

从言，朱声。”“诛”可以理解为“责、讨”，即谴责、声讨、惩罚。

《孔子家语·始诛》载：“于是朝政七日而诛乱政大夫少正卯，戮之于两观之下，尸于朝三日。”正确的理解应是，诛，惩罚、讨伐。戮，羞辱。尸，代祭的人。这件事可理解为：孔子为鲁司寇的第七天，惩罚当时的乱政大夫少正卯，在宫门前两边的望楼下公开羞辱他，把他绑缚着像代祭的人那样示众。而对大夫当众羞辱，在当时已经算是不小的惩罚了。

先秦时期，“诛”为“责、讨”的用法非常广泛，如《论语·公冶长》“于予与何诛”表达的是孔子对弟子宰予的责罚。而《荀子·富国》：“诛而不赏，则勤属之民不劝”中的“诛”也是“责成、惩罚”的意思。“戮”在当时为“羞辱”之意也很常见，如《荀子·宥坐》篇在记载少正卯一事之后，对“父子争讼”的记载，“今杀一人以戮不孝”便是很好的例证，“戮”就是“羞辱、耻辱”的意思。

孔子“诛”少正卯只是对其进行了谴责和惩罚，并没有杀掉他，这与孔子的一贯思想也是相辅相成的。孔子主张仁爱，但也不否定刑罚，刑罚是德政的必要补充。孔子说：“圣人之治化也，必刑政相参焉。”[①]孔子对少正卯的处罚，体现了孔子严厉的一面，也是孔子刑罚思想的典型例证。

看来，“孔子诛少正卯”之事确实存在，只是一直以来对个别字的误读造成了重大分歧。现在看来，孔子对少正卯只是进行谴责与惩罚，并没有杀掉他。通过这一事例，我们看到了一个更加真实的孔子：一位既注重仁爱礼治，注重道德教化，又不排斥刑罚，以刑罚辅助德政，宽猛相济的公正的大法官。

---

① 《孔子家语·刑政》。

四、孔子无奈的“周游”

孔子曾“周游列国”，但他的“周游”更像是“政治流亡”。他长期漂泊、流浪，目的是寻找可以施展政治抱负的理想国度。良禽择木而栖，但孔子恓恓惶惶，到处奔走，却未找到合适的栖身之所。

说到孔子，首先浮现出来的往往是一个恓恓惶惶到处奔走的身影。他曾经长期漂泊在外，算起来，他在世的七十多年中，有五分之一的时间离开鲁国在外漂泊。孔子年轻时曾适周问礼于老聃，至晋学琴于师襄，在齐闻《韶》乐，到宋得《坤乾》，至杞得《夏时》。孔子的最后一次“出游”是从公元前497年到公元前484年，“周游”期间他可能也曾返鲁，但时间不会太长。人们通常说他“周游列国”即指此次出游。

孔子“周游”之说见于《孔丛子·记问》。原文载，孔子遂为《操》曰：“周道衰微，礼乐凌迟，文武既坠，吾将焉师？周游天下，靡邦可依。”孔子感叹王道废弛，没有施展政治抱负的国度。他自称“周游天下”，《吕氏春秋·孝行览》则称“孔子周流海内”，《孔子家语·七十二弟子解》称“孔子周行”。

孔子生于乱世，心怀救世之心。他五十一岁时做了中都宰，显示了杰出的政治才干，不久即升任司空，由司空又升任大司寇。鲁定公十年（前500），齐鲁夹谷之会，孔子相礼，为鲁国赢得了尊严和利益。孔子还要改变鲁国公室衰微、“三桓”专权、陪臣横行的现状，着力推行“堕三都”的计划，希望毁掉季孙氏、叔孙氏、孟孙氏三家的采邑。这与三家的根本利益相冲突，他最终失去了当政者的支持。

齐国认为“孔子为政必霸”[①]，于是向鲁赠送了美女、骏马，以离间鲁国当权者与孔子的关系。结果鲁国执政的季桓子多日不朝，怠于政事，疏远了孔子。孔子大失所望，不得不离开鲁国，开始了“周游列国”的生涯。孔子的这次“周游”带有很多的被动与无奈。

孔子年轻时就“志于道”，他说：“道不行，乘桴浮于海。”[②]而孔子的“周游”远没有这般洒脱，与现在所谓游学、旅游、游说也不可同日而语。孔子充满矛盾，他依恋“父母之邦”，但为了实现“道”，只能去更广阔的天地中，寻找一个能实行王道的国度。

十四年间，在弟子们的陪伴下，孔子在卫、曹、宋、郑、陈、蔡、楚等国之间颠沛流离，饱尝艰辛。有人不解，有人讽刺，有人揶揄，甚至有的弟子也不理解，但他还是“知其不可而为之”[③]。被困于匡时，他慨叹：“文王既没，文不在兹乎？天之将丧斯文也，后死者不得与于斯文也；天之未丧斯文也，匡人其如予何？”[④]《史记·孔子世家》记载，孔子在宋国习礼于大树之下，宋司马桓魋竟命人将树伐倒，欲加害孔子，孔子说：“天生德于予，桓魋其如予何？”

孔子看到诸侯的私欲私利像滔滔大水一样到处流淌，但他没有消极避世，没有退居山林，而是继续不知疲惫地传承斯文。一天，孔子与弟子在郑国失散，孔子独立在郑国都城东门。有人说孔子瘦弱疲惫得像“丧家之狗”[⑤]。要知道，在那个“争于气力”[⑥]的年代，更容易成功的是野心勃勃的狼，而不是忠心耿耿的狗。良禽择木而栖，孔子说：“鸟能择木，木岂能择鸟乎？”[⑦]

孔子可能也苦闷过，但他不曾消沉。他认为：“芝兰生于深林，不以无

① 《史记 · 孔子世家》。
② 《论语 · 公冶长》。
③ 《论语 · 宪问》
④ 《论语 · 子罕》。
⑤ 《史记 · 孔子世家》。
⑥ 《韩非子 · 五蠹》。
⑦ 《史记 · 孔子世家》。

人而不芳；君子修道立德，不为穷困而改节。”[①]弟子颜回说：“夫子之道至大，天下莫能容”[②]，越是不容于世，越能看出他的君子品格。他“周游列国”是无奈的，但孔子认为也是幸运的，孔子说：“夫陈蔡之间，丘之幸也。二三子从丘者，皆幸也。吾闻之，君不困不成王，烈士不困行不彰。”[③]艰难险阻历练了孔子，激励了孔子，也提升了孔子。他的孙子子思说他“屈于陈蔡作《春秋》”[④]，司马迁在《史记·孔子世家》中说他“晚而喜《易》”，都与他的这一经历有关。

孔子“周游”彰显了一种情怀和境界，代表的是一种人生态度。

五、“女子难养”论是否轻视妇女

孔子说，“唯女子与小人为难养也”，这似乎是孔子“轻视妇女”的铁证。在这里，“女子”与“小人”并言，容易产生误解。西周春秋时，“小人”一般指地位低下的人，周初有“小人难保”的观念，与孔子所说“小人难养”一致，都是周初以来“敬德保民”的传统观念。

《论语·阳货》记孔子之言曰：“唯女子与小人为难养也，近之则不孙，远之则怨。”孔子此语可谓影响极大。这里将“女子”与“小人”并言，皆被视为“难养”。于是，人们遂以之为孔子“轻视妇女”的证据。

孔子轻视妇女？他竟然将占人口半数的女性给一口否定了？有人会说这可以理解，因为孔子处在父权家长制时代的春秋之末，女性的地位已经很低了，被歧视也很正常，孔子无法超越历史的局限。

---

① 《孔子家语·在厄》。
② 《孔子家语·在厄》。
③ 《孔子家语·困誓》。
④ 《孔丛子·居卫》。

然而，早期儒家特别是孔子的思想具有浓重的人本主义色彩，孔子说“仁者爱人”，难道不包括女性在内？现实中，还真有不少人认为事实正是如此。孔子的话也影响到人们对孔子思想的整体认知，近代以来，它被视为传统中国妇女地位低下的根源，是“男尊女卑”观念的始作俑者，这也自然成了孔子难以推卸的“历史罪状”。但事实却不是如此！

从思想来源上讲，周文王、周武王、周公对孔子影响很大。孔子自称“述而不作”，而是“祖述尧舜，宪章文武”。孔子时代，周初文献尚存较多，孔子得以了解与效法“周政”。他晚年说：“甚矣吾衰也！久矣吾不复梦见周公！”周公在孔子那里可谓魂牵梦萦。他的言论应与文、武、周公的言论属于同一“话语系统”。

周初“小人难保”的观念十分值得注意！西周初年，周武王曾说：“呜呼，敬之哉！无竞惟人，人允忠。惟事惟敬，小人难保。”[①]这里的“小人”同样指小民、百姓。周武王将灭商，在商郊“明德于众”。武王要求众人重视小民，不能与小民争利。因为“小人难保”，故应“惟事惟敬”。小民很难护养，就要事事施之以敬，这正是周人传统的“敬德保民”思想的体现。

无独有偶，周公分封卫国时也说“小人难保”。他说：“呜呼！小子封，恫瘝乃身，敬哉！天畏棐忱，民情大可见，小人难保。往尽乃心，无康好逸豫，乃其乂民。”[②]当时，周公刚刚平定管叔、蔡叔、霍叔与殷人勾结的叛乱，在这种背景下，周公嘱告康叔，“小民不易安”，应当在治理时保持敬畏之心。欲安其民，就应当重视他们，就要尽心尽诚，而不能苟安逸乐。因为“小人难保”，就应当重视“小人”。

所谓“小人难保”，其实就是“小人难养”。《说文解字》明确解释说：“保，养也。”在周代文献中，“小人”的基本意义是相对于为政者、大人、君子等的统称，指从事农业等体力劳作、地位较低的平民，也就是普通百姓。显然，孔子强调“小人难养”，其中的“小人”并不指我们惯常所言

---

① 《逸周书·和寤解》。
② 《尚书·康诰》。

“道德低下的人”，实际上是他秉承周人思想，针对各级统治者而言。在《论语》等书中，“小人”当然有与“道德高尚的君子”相对的意义，但更多却指的是“平民”或“普通百姓”。如孔子说“小人哉，樊须也”[①]，就不是对弟子的道德谴责。

周初，周文王、周武王、周公主张“敬德保民”影响了整个周代，也影响了孔子。孔子思想与其一脉相承。孔子说“小人难养”不仅不含有轻视“小人”的意义，反而是对这一群体的重视。

在孔子的表述中，无论是“女子”还是“小人”，所谓“难养”，具体在于“近之则不孙，远之则怨”。这是说，在管理中，对“女子”“小人”应当把握好分寸、尺度。“不孙”就是不驯顺，“怨”则是埋怨、怨愤。孔子曾说：“君子莅民，不可以不知民之性而达诸民之情，既知其性，又习其情，然后民乃从命矣。故世举则民亲之，政均则民无怨。”[②]孔子的弟子曾子也说：“狎甚则相简，庄甚则不亲，是故君子之狎足以交欢，其庄足以成礼。”[③]为政者应当尽力做到“政均”，其管理就像君子之交，不能过分亲近，也不能过分庄重，过分亲近就会简慢，过分庄重就显得疏远。孔子此语，或许正包含有对“女子”和“小人”的重视、关注与深切体察。

六、孔子与“愚民”说

曾几何时，孔子被认定是“轻视劳动人民”的人，因为他说过“民可使由之，不可使知之”[④]。事实上，孔子的这句话应该断句为“民可使，由之；

---

① 《论语 · 子路》。
② 《孔子家语 · 入官》。
③ 《孔子家语 · 好生》。
④ 《论语 · 泰伯》。

不可使，知之”，他实际是强调重民、“知”民。对于这样的理解，已有前人指出过，但若不是新的材料出土问世，仿佛对孔子的误解永远也得不到彻底澄清。

所谓“愚民”思想，指的是统治者为了满足其统治需要而采取的一系列愚昧民众的思想措施，属于典型的阶级压迫。儒家思想是中国传统社会的主流思想，往往被认为是愚昧民众的根源。《论语》中明确记载孔子说：“民可使由之，不可使知之。”这句话一般理解为：只能让老百姓按照统治者指引的道路走，不需要让他们知道这是为什么。这难道不是典型的“愚民”言论?!

其实，孔子的本意还真不是如此!

事实上，单就孔子此语，古今就存在很大争议。争议的焦点集中在对该句如何句读上。长期以来大都沿用“民可使由之，不可使知之”的句读方式，古人何晏、邢昺，今人杨伯峻等都这样认为。如果真是如此，后来许许多多的学者对孔子此语采取批判态度就完全可以理解了。

然而，古代文献材料的出土问世，这一似乎铁定的理解终于得到了重新认识。1993年，湖北荆门出土郭店楚墓竹简，其中有《尊德义》一篇，对正确理解孔子思想具有重要价值。该篇简文记载说：“尊仁、亲忠、敬庄、归礼，行矣而无违，养心于子谅，忠信日益而不自知也。民可使，道之，而不可使知之。民可道也，而不可强也。”[①]这里强调，为君者要培养爱人之心，尊重贤人，亲近忠信之人，行为不违背人的本性，是教君向善之举。

值得注意的是，这里强调的是对“民”的引导。在句式上，“民可使由之，不可使知之”应该与之相同，既然这里不可能是教君如何愚民，那么，“民可使由之，不可使知之”也应该作“民可使，由之；不可使，知之”。楚简中所谓的“道”与《泰伯》中的“由”相对应，“道”即是“由”之意。这里，我们看不到孔子有任何愚民的思想，相反却看到了孔子教民、爱民、以民为本的思想。

---

① 《简帛书法选》编辑组编：《郭店楚墓竹简·尊德义》，文物出版社2002年版，第41页。

孔子爱民，主张对“民”采取进行教化的方式，如孔子说：“道千乘之国，敬事而信，节用而爱人，使民以时。”[①]治理大国，应当恭敬从事，诚信无欺，节约用度，爱护百姓，征用劳动力应当不违农时。由此可见孔子具有爱民之心，强调国家在使用民力时要照顾到百姓的生产生活。孔子还主张藏富于民，主张在富裕的基础上对民众进行教化。透过《论语》等典籍中孔门师徒的问答，处处可见孔子对民众的关爱，这与所谓“愚民”丝毫不搭界。

诚然，孔子以民为本的思想并不是与生俱来的，它是孔子基于对民情、民性的认识而提出的。在孔子看来，君子治理百姓的前提是要做到知民情、懂民性，即要了解百姓疾苦，从百姓实际出发，由此制定的国家政策才能得到百姓拥护。如果执政者想为民所想，急为民所急，百姓自然会听从其命令；相反，如果背离百姓意愿，则会招致百姓的怨恨，即便表面上顺从，内心也将产生憎恨，长此以往，必将产生邪僻行为，最终导致国家败亡。

其实，文献中还有不少材料可以作为旁证，例如，在《孔子家语·入官》中记载了孔子这样的话：“君上者，民之仪也；有司执政者，民之表也……故仪不正则民失，表不端则百姓乱……君子莅民，不可以不知民之性而达诸民之情。既知其性，又习其情，然后民乃从命矣。”这里强调的是为政做官者的表率作用，同时也十分注重了解百姓，“知民之性”“达诸民之情”，即所谓对民众的“知之”。

从西周初年以来，“敬德保民”思想就已经是政治思想的主流。孔子“宪章文武”，崇拜周公，重民、保民的思想在孔子头脑中可谓根深蒂固。综观孔子的政治思想，他的确特别强调国家治理中的以民为本，他真正看到了民众对国家的价值作用，从而认为执政者要引导百姓发挥他们的善性，以保证社会的和谐与安宁。

---

① 《论语·学而》。

七、“亲亲相隐”合理吗

父亲偷藏了别人家的东西，儿子是去告发还是隐瞒？有人认为向官府告发是“直”，孔子却不以为然。从现代法制观念的角度来看，孔子的观点似乎是现实生活中徇情枉法、任人唯亲等腐败现象滋生的根源。殊不知，父子之“亲”恰恰是整个中国传统伦理大厦的根基。

《论语·子路》记载：“叶公语孔子曰：‘吾党有直躬者，其父攘羊，而子证之。’孔子曰：‘吾党之直者异于是。父为子隐，子为父隐，直在其中矣。’”无端地将他人的东西据为己有，任何时候都是不应该的，即使是父亲做了这样的错事，子女也不应该支持与鼓励。在这一点上，孔子难道真的是非不分?!

其实，孔子主张“亲亲相隐”，恰恰是孔子的高明之处。要知道，儒家伦理思想是一个完整的体系，“亲亲”是最根本的环节。

孔子主张仁爱，仁爱最基本的就是“亲亲”，也就是孝亲，所以孔子说：“仁者，人也。亲亲为大。”[①]人只有“孝亲”，才具备了最基本的素养，才能做到推己及人。孔子说，“立爱自亲始”[②]，人只有“亲亲”，才能“不独亲其亲”[③]，而是“老吾老以及人之老”[④]，进而“泛爱众”[⑤]，“仁厚及于鸟兽昆虫”[⑥]，孔子儒家所提倡的仁爱，就是这样一个立足于“亲亲”不断扩充，

① 《礼记·中庸》。
② 《孔子家语·哀公问政》。
③ 《孔子家语·礼运》。
④ 《孟子·梁惠王上》。
⑤ 《论语·学而》。
⑥ 《孔子家语·五帝德》。

从而“爱人”“爱物”的逻辑推衍过程。

传统中国具有家国同构的特点，国即是家的扩大，只有家庭和睦了，良好的社会秩序才能形成。孔子在《论语·为政》中说得很明白：“书云：‘孝乎惟孝，友于兄弟，施于有政。’是亦为政，奚其为为政？”“孝悌”是为政的根本，人们由孝悌而守礼、敬上，有助于社会的稳定。在本质上，“亲亲”就是以“孝敬父母”为核心，处理好家庭内部各成员之间的关系。人如果连最起码的亲情都没有，就谈不上忠君，更谈不上整个社会的安定。

当然，孔子绝不片面强调“亲亲”。他认为“亲亲”要符合“义”。孔子儒家往往“仁”“义”并称，例如，孔子说“仁者，人也。亲亲为大”，同时还说“义者，宜也。尊贤为大”。家庭成员之间、君臣之间、臣与臣之间，都要讲究差等、礼让、秩序，都要符合一定的道义和原则。

孔子对“亲亲相隐”表示理解，但不意味着孔子力主“亲亲相隐”。孔子看重的恐怕是隐含在“相隐”之后的亲子之“爱”，他所说的“容隐”不是一般的包庇、窝藏，而是指不称扬亲人的过失。孔子是从人性、人情出发，在对待人与人之间最基本的情愫——孝亲时，呵护父子间的自然亲情，希望通过家庭的小忍以实现社会的大爱。所谓“体仁足以长人”，人要健康成长，体味仁爱之情不可或缺。孔子认同“亲亲相隐”，乃着眼于社会长远利益，把牢固的亲情看成是社会稳定和谐的根基，这是孔子思想的深层内涵所在。

孔子赞成“亲亲相隐”，也有其特定的适用范围。孔子儒家分清了私人领域与公共领域的差异，正所谓“门内之治恩掩义，门外之治义断恩”[①]，针对不同境况，其处理原则也互不相同。如《左传·昭公十四年》载，叔鱼借职务之便贪赃枉法，其兄叔向则多次指出叔鱼的罪恶。叔向“大义灭亲”，孔子给予赞扬。可见，孔子并非不分主次轻重地主张“容隐”，尤其是对于为民表率的执政者，认为他们的道德品行应当更高。

孔子之后，容隐制度被继承下来。“亲亲相隐”及容隐制体现了维护家庭稳定的人文关切。实际上，人情之实才是立法之本，法律中的容隐制将亲

① 《礼记·丧服四制》。

人从亲人的证人席上拉下来，其出发点显然不是为了“隐恶”、窝藏罪犯或是制造腐败，而是对亲情的呵护，对人权的维护，是出于对人类社会长远发展和长治久安的考虑。

八、孔子主张贵族特权吗

在当今中国，“官本位”意识不可谓不强！人们追溯其根源时，往往找到儒家，甚至找到孔子，因为儒家典籍中明确记载着“刑不上大夫，礼不下庶人”这样的话。此话何意？如果真正弄清了它的本意，就不难发现孔子不仅没有主张什么贵族特权，反而对这些人要求更高。

孔子出身于没落贵族家庭，一直被认为是“奴隶主贵族阶级的代表”。传统观点认为，孔子一生席不暇暖，就是站在他特定的阶级立场上，想通过恢复周礼来维护贵族阶层的特权。在具体论证时，人们还常常引用“刑不上大夫，礼不下庶人”作为论证的主要根据。现在看来，这种认识是有严重问题的。

所谓“刑不上大夫，礼不下庶人”，通常被解释为礼仪不对下施行于平民，刑罚不对上施行于大夫。这句话见于《孔子家语》和《礼记》，只是二者表述略有不同。长期以来人们都认为“礼不下庶人”是说庶人没有礼仪，同时也是对庶人的蔑视；认为“刑不上大夫”是贵族享有特权，大夫可以免于刑罚。

鲁迅在《在现代中国的孔夫子》中说：“孔夫子曾经计划过出色的治国的方法，但那都是为了治民众者，即权势者设想的方法，为民众本身的，却一点也没有。这就是‘礼不下庶人’。”其实，鲁迅可能没有认真看或没有认真想，就在“礼不下庶人”这句话的后面紧接着还有一句话，就是“刑人不在君侧”，这句话已经暗示了大夫没有什么免刑的特权，因为在君侧的只能是大夫，而受过刑罚的大夫就没有资格留在国君身边了。《周礼》就有所谓“八议”制度，大夫犯法治罪通过“八议”定其轻重，所以孔颖达在《礼记正义》中就此阐释：“大夫罪未定之前则皆在八议，此经注是也；若罪已定，将刑杀，则适甸师氏是也。凡王朝大夫以上及王之同姓，皆刑之于甸师氏。”《礼记·檀弓下》则说：“君之臣不免于罪，则将肆诸市朝。”在儒家看来，只要是人就要讲礼仪，《礼记·曲礼上》说：“今人而无礼，虽能言，不亦禽兽之心乎？夫唯禽兽无礼，故父子聚麀。是故圣人作，为礼以教人，使人以有礼，知自别于禽兽。”结合以上材料，儒家自然不会认为庶人不讲礼仪。

关于“刑不上大夫，礼不下庶人”的问题，孔子弟子冉有就专门请教过孔子，这一记载就在《孔子家语·五刑解》中。

孔子认为，大夫有罪，当然不是不可以加刑。但作为治理国家的“君子”，他们是国家栋梁，自然应该明于礼义，承载是非。因此，对这部分人要靠礼乐教化，“以礼御其心”，使其明于“廉耻之节”。如果他们犯罪，就应该让大夫“自请罪”“跪而自裁”，以让更多的人引以为戒。士大夫与一般的民众不同，他们应自觉按照礼的要求严格约束自己，礼应该内化为自觉的道德观念。所以，所谓“刑不上大夫”还是大夫不失其罪。而且，这不仅不与后世“王子犯法与庶民同罪”及近现代的“法律面前人人平等”的观念一样，甚至隐含了对大夫品质的更高要求。至于“礼不下庶人”，那时“仪礼三百，威仪三千”，庶民忙于劳作，当时的观念是“使民以时”，不应当也不可能责求庶人礼仪完备，所以孔子在《孔子家语·五刑解》中说：“所谓礼不下庶人者，以庶人遽其事而不能充礼，故不责之以备礼也。”

长期以来，人们以《孔子家语》为“伪书”，以至于人们根本没有顾及孔子的合理解释。20世纪70年代以来，地下出土的早期思想材料使人们开始逐渐认识到此书的极高价值，看到了该书的真实性、可靠性，使得包括这一历史疑问在内的许多问题得到了正确理解。

孔子主张“为政以德”，认为正人先正己。实质上，“刑不上大夫”是对知识阶层和社会精英的尊重，有利于广开言路和保护“士节”，所以司马迁在《报任安书》中说："此言士节不可不勉励也。"孔子主张重民，要求为政者"修己以安百姓"，最好能够"博施于民而能济众"。所谓"礼不下庶人"恰恰也是重民的表现，这样的礼制规定，其实也是从实际出发，从庶民忙于劳作的现实出发。长期以来，人们受封建专制思想的束缚，误解了孔子，还以之为"吃人的礼教"。现在看来，应该予以及时纠正。

第六讲
孔子与六经

“孔子与六经”是中国思想史上一个非常重要的题目。因为六经与孔子的特殊性，这个题目中包含了许多关乎中国文化大本大用的问题。提及孔子，我们每个人都对他特别熟悉，而透过六经，我们更能理解孔子思想的高度与深度。

一、六经的历史渊源

大家都知道中华文明足足有五千多年，孔子则生活在两千五百多年前。但是，许多学者都认为孔子代表了整个中华文明的五千多年，而不只是两千多年。学者们有这样的看法，并非他们搞错了一个数学问题，而是因为孔子把他出生以前两千五百年的中国文化都集中在他手里，孔子之后的两千五百多年文化又从孔子手中流传出来。站在一个历史制高点上，孔子才形成了他的学说，历史制高点赋予了孔子思想以深度、高度。

孔子对过往历史文化有着充分把握，其体现就是他对六经的整理。六经即指：《诗》《书》《礼》《乐》《易》《春秋》。此六者的原始内容代表着中国文化发展至孔子时的最高成就。在孔子以前，中国的文明已有了漫长的发展。以儒家文化的视角看，孔子思想的形成实则拥有着整整两千五百年文明的广阔背景。孔子称自己是“述而不作，信而好古”，表明自己只是传承古代文化，并不是刻意自创，由此我们便可以了解到孔子思想的形成是对其之前文化的深刻总结、提炼。

孔子主张“祖述尧舜”，尧是司马迁作《史记》时，以为有确切记载的中华信史的开始。实际上，中国文化在尧之前已有充分发展。以往限于技术原因，我们拿不出切实证据，而今天通过考古工作使我们得以看到七八千年前的中华文明的发展状况。

孔子主张继承尧以来的传统，但对于之前的传说时代，孔子的了解亦超出常人。据《孔子家语·五帝德》记载：孔子和他的弟子讨论尧之前的事，其中一个弟子宰我问孔子：“我听闻历史上曾有黄帝，有人说他活了三百年之久，这是真的吗？黄帝是人还是神？”对此，孔子回答说：“过往的传说久远，到今天我们只能看到模糊的影子。所谓‘黄帝三百年’是指在黄帝在世的时候，人民依靠他勤于政事而能生存，这个过程大概有一百年；黄帝去世后，人们敬畏他留下的政治制度、刑罚条例，又安定了一百年；而第三个一百年间，人们依靠黄帝留下的教化理念、人伦准则，继续保持安定。”“黄帝三百年”的故事，展现了孔子对以往历史的思考认识。孔子认为黄帝之时，“其文不雅驯”，雅是正，驯就是顺。一般人从历史传说中不能清楚认识事实情形。真正“雅驯”是自尧以后的事，所以孔子论历史便以尧舜为开端。

现在许多人对于尧舜之时的事，也多持怀疑的态度。其实不仅是考古发现，许多传世典籍的记载也可以证明尧舜以来历史的可靠性。例如，春秋时代楚国有一个史官“左史倚相”，左史是职位，古代史官有左、右之分，“左史记言，右史记事”，倚相是他的名字。左史倚相据说是《左传》作者左丘明的祖父。左史倚相曾讲古代的典籍有《三坟》《五典》《八索》《九丘》，这些都是从三皇五帝那里流传下来的。曾有人怀疑左史倚相的说法不可靠，其实大可不必。我们在其他典籍记载中可以印证左史倚相的说法。例如，周公就曾论说：“惟殷先人，有册有典。”典、册就是文献。这样的说法还有很多，比如有人曾质疑墨子：“你整天谈论古代先王，那么你和古代先王又没有同时并世，你何以知道这些的呢？”墨子说：“我虽然没有与他们同时并世，但是古代有很多的典籍，书写在竹帛上，雕在金石上，刻在盘盂器皿上来留给后世子孙。”这就是说古代的典籍很多，有的记载在盘盂上，有的记载在竹帛上，还有的记载在金石上。所有的这些资料都透露出，在孔子以前，中国的文化已经有了一个漫长的发展过程，而且已有很好的记载记录。孔子以前的中国文化发展促使我们必须把关注的目光同样投向孔子以前的中国文化。孔子说自己“述而不作”，也正是秉持的这样的继承观、历史观。

中国被称为礼乐之邦，实际上，在中国古代文明中，礼乐传统的形成非常之早。在周代的时候，人们就特别注重对于往古的礼乐文化的总结，孔子曾说周代是“郁郁乎文哉”，这是十分了不起的。有弟子曾向孔子请教，问：“老师，再过十代人，人与人之间相处的那个礼，还能不能知道？”孔子回答说：“别说十代，再过一百代都能知道。”孔子这样回答，是因为人与人相处的原则是稳定的。在深层次上，只要人们生活在一起，人必须去思考人和人如何相处。对这个问题的回答，就是中国的礼。考古学家已经发现早在龙山时代，中国就有礼制的存在，这种礼制一直延续到夏、商、周。三代的礼之间是损益关系，损益是形式上的损、益，损就是去掉一些，益就是增加一些，这些都是说礼的形式，而礼的内涵不会变。也就是说，人与人之间的相互尊重、人与人之间的相互理解、人与人之间的相互关怀，这一点是不会变的。所以，孔子用了“损益”一词。时代发生了变化，礼中有不合时宜的要去掉一点，有些时代需要的，再增加一点，这便是通过损益而取得与时代的动态平衡。

孔子所处的那个时代，天下无道，礼坏乐崩。以前的礼制虽然发展得非常好，但现在大家却都不遵守这种规则。于是，孔子就思考人们为什么不遵守礼的规则，人们该不该遵守礼的规则？那么我们社会下一步应该怎么办？在思考这些问题时，孔子特别注重人心与社会的关系。

这个时候，孔子就关注到了在他以前文化的漫长发展。孔子一生崇拜周公，周公是周代礼乐文明的奠基人，周代是礼乐文明的集大成时期。所以可以说，周公是中国礼乐文明奠基人，是周代文明的制定者。在曲阜的周公庙，有牌坊叫“经天纬地”“制礼作乐”，周公奠定了中国的礼乐传统，也奠定了中国人文文化的基础。

中国人文文化自周代以来特别注重对于人的教育。那个时候中国的教育有大学和小学的区分。在周代，人到了八岁，就入小学，学习洒扫、应对、进退之节及礼、乐、射、御、书、数之文。这就相当于我们现在的小孩到了一定年龄要入学，学习课程与技艺，学习具体行为规范与礼仪。到了十五岁，则就要学习穷理、正心、修己、安人之道。穷理其实就是了解人心、了解社会，甚至了解自然。这些是礼的基础，如此才能正心，才能修己安人。这便是六艺之教。

六艺之教，就是周代的六门课程，即《诗》《书》《礼》《乐》《易》《春秋》。有人会问，提到六艺的时候，不应是礼、乐、射、御、书、数吗？实际上，此六艺对应的是孩子八岁入小学所学的洒扫、应对、进退之节。洒扫，即打扫卫生、整理内务；应对，就是和别人交往；进退之节，就是在处世中如何去做。节，就是如何动作。礼、乐、射、御、书、数之文的“文”是表层的东西，就是我们看得见的东西，礼就是如何行礼，如何去做；乐就是如何弹奏，如何演唱；射就是射箭；御就是驾车；书就是书法的书，其实就是认字、写字；数就是算术。书、数其实就是语文、数学，这就相当于我们小学那些课程。这里的礼乐是礼的表层。而到了大学，到了十五岁以后，就要明理正心，就要学六艺，其中也有礼乐，六艺就是《诗》《书》《礼》《乐》《易》《春秋》，这些礼乐和小学礼乐相比，更进了一层。

礼的内涵是人与人之间相处的原则，这些准则都包含在礼中。乐是通伦理者也，即是说乐的功能可以感通人心、施行教化。《诗》《书》《礼》《乐》《易》《春秋》，以及小学礼、乐、射、御、书、数，在典籍里面分别称为大六艺和小六艺。小学学小艺，履小节；大学学大艺，履大节。所以《大戴礼记·保傅》里记载：“古者年八岁而出就外舍学小艺焉，履小节焉。”这是八岁学小艺、履小节；到了十五岁，便“束发而就大学，学大艺焉，履大节焉”。“学小艺，履小节”与“学大艺，履大节”便是小学大学之分，当然这个“小”“大”之间是相互联系的，不是截然二分的。从小到大有一个自然过程，小学学得好，到了大学明理正心才能做得更好。

说到这里，我们想到在《论语·述而》篇中有一句非常有名的话：“自行束脩以上，吾未尝无诲焉。”传统解释中许多人误解“束脩”就是一束干肉，也就是十条干肉。有人说这是孔子收学费，还有人开玩笑说自行束脩以上，少了还不可以。其实，束脩它是束发修饰。小孩子可以不修边幅，但是到了十五岁以后慢慢长大，越来越懂事，就应该穿得整齐，把头发盘起来，这就是束脩。束脩所指的十五岁，意味着开始穷理、正心，开始了解社会和人生，这个时候就开始学大艺、履大节。中国古代教育一直注重《诗》《书》《礼》《乐》。《诗》《书》《礼》《乐》在周代是用来培养社会的担当者、社会精英。《礼记 · 王制》记载："顺先王《诗》《书》《礼》《乐》以造士。"《诗》《书》《礼》《乐》最初属于王官之学，王官之学也就是周王室官方之学，教育重点在社会管理与人心教化。

大学学大六艺，大六艺就是六经。"经"与"艺"的关系，就类似于课本与课目。在周代，《诗》《书》《礼》《乐》《易》《春秋》就被称为六艺，用此六科目培养人心，就需要相应教材。孔子对原先内容进行了整理，这便是六经。

二、孔子整理六经

有人怀疑在孔子以前，就已有了称《诗》《书》《礼》《乐》《易》《春秋》为六经的这种说法。比如，《庄子 · 天运》中记载孔子与老子的对话，孔子说："丘治《诗》《书》《礼》《乐》《易》《春秋》六经，自以为久矣，孰知其故矣。"孔子说我来治《诗》《书》《礼》《乐》《易》《春秋》六经，那么是不是意味着这六经在此之前就有了呢？老子回答说："幸矣，子之不遇治世之君也！夫六经，先王之陈迹也，岂其所以迹哉！"这就是说六经这个概念可能在孔子以前就已有，只是到了孔子时出现了一些问题，即所谓的诗书缺，礼乐废。于是，孔子就对六经进行了整理。孔子有没有整理六经，学术界曾有不同的看法。而现代学术界基本上没人再去争论了。这是因为孔子整理六经的事实已不成问题了。

孔子不仅整理了六经，而且还把六经作为自己的教本。在《孔子家语》中记载了一个很重要的内容，反映了孔子和他的弟子曾经讨论《诗》《书》《礼》《乐》，孔子弟子也把这些内容传播到四方。比如，子贡来到卫国，卫国有人向子贡询问，他说听闻孔子施教是“先之以诗书，而道之以孝悌，说之以仁义，观之以礼乐，然后成之以文德”。笔者觉得这句话非常重要。这里说到了孔子教学的起点，又说到了教学内容、教学逻辑、教学重点、教育目标。其中，“先之以诗书”代指的就是诗书礼乐之教。《史记·孔子世家》记载：“孔子以诗书礼乐教弟子，盖三千焉，身通六艺者七十有二人。”“身通六艺”就是《诗》《书》《礼》《乐》《易》《春秋》。孔子不仅整理了六经，而且还用这六艺来教育自己的弟子。在孔子以前虽然也把六艺视为一种经，但是却有“诗书缺，礼乐废”的严重问题。当时之经，良莠不齐，重点不清，是孔子进行了整理。《史记·孔子世家》就这样说：“孔子之时，周室微而礼乐废，诗书缺。”《孔子家语·本姓解》言：“孔子生于衰周，先王典籍，错乱无纪，而乃论百家之遗记，考正其义。祖述尧舜，宪章文武，删诗述书，定礼理乐，制作春秋，赞明易道，垂训后嗣，以为法式，其文德著矣。”这些材料就清楚地说明了孔子对六经进行过整理。

孔子整理六经的过程，也是阐发他学说的过程。孔子将其思想注入对六经的整理中。首先，孔子论次诗书。论次的“论”，在古代典籍里常通用“抡”字，抡是挑选的意思。比如说《论语》，笔者觉得《论语》这个“论”其实就是“抡比其材”的“抡”，就是挑选。《论语》就是挑选出来的孔子言论。孔子去世以后，孔子后学希望继续学习孔子思想，就把孔子言论挑选出来，进行了精心排比，于是形成了《论语》。而论次诗书就是挑选、排比、论定次序。论次的“次”是等第或顺序的意思。《史记·孔子世家》明确记载了孔子和《诗经》的关系，“古者诗三千余篇，及至孔子，去其重，取可施于礼义，上采契后稷，中述殷周之盛，至幽厉之缺”。就是说古代的时候，《诗》有很多，但是到了孔子之时，就已经比较混乱。于是，孔子把一些重复的、冗杂的、没条理的，甚至一些价值不是很高的内容删去。孔子对

《诗》进行了精心挑选排序，于是就有了现在的《诗经》三百篇。

《书》就是《尚书》。在孔子以前有很多典籍记载了夏朝以来圣王为政的事迹，这些典册得以保留下来，与孔子对这些典册进行了整理、编次有关。所以《史记·孔子世家》说："（孔子）追迹三代之礼，序书传，上纪唐虞之际，下至秦缪，编次其事。"从这里来看，孔子对于《尚书》整理所做主要工作有两个方面：一是编次，一是断限。断限从尧以来，因为尧以来，其文雅驯。尧以来的记载足够清楚，因此由此编次。编次要分清楚哪些在前、哪些在后。今天我们看到现存《尚书》里面主要记载了一些圣王，有尧、舜、皋陶、商汤、文、武、周公等，但孔子整理出的《尚书》原有百篇，今天的《尚书》已经丢失了一些孔子最早整理的内容。所以，中国历史上关于《尚书》还有很多的争论。这也是因为《尚书》很重要，在中国历史上才引起了学者们的特别关注。在孔子的教学实践中常常用到《诗》《书》，典籍中也记载了大量孔子引用《诗》《书》的情形。孔子常说《诗》曰如何、《书》曰如何。这也是孔子删订《诗》《书》的缘由之一，即让其具有作为教材的价值。现在我们多谈到《诗》《书》传家，《诗》《书》就是孔子整理以后的《诗经》和《尚书》。

对于《礼》和《乐》，史载孔子修齐礼乐。从某种意义上讲，礼和乐是中国文化的特性。"礼者，理也"，道理的"理"，正是礼所体现的。《礼记·礼器》载："礼也者，合于天时，设于地财，顺于鬼神，合于人心，理万物者也。"与礼相悖，便是与理相悖。礼既然是按照人心制定社会准则，那么我们当然要遵守礼，礼就是人之为人的分。《乐记》载，"乐，通伦理者也"，礼主分，乐主合，乐所起的便是感通人心、沟通人我的作用。

周公奠定的周代礼乐文明到了孔子时出现了礼坏乐崩，孔子做的工作就叫修齐礼乐，"缀周之礼"。缀周之礼就是对周代的礼进行总结、整理、恢复。《史记·孔子世家》载孔子言："夏礼吾能言之，杞不足征也；殷礼吾能言之，宋不足征也。足，则吾能之矣。"孔子还曾观殷、夏所损益而说："后虽百世可知也，以一文一质。周监于二代，郁郁乎文哉！吾从周。"这几句话同时说明了一个问题，即孔子是怎样修齐礼乐的。孔子认为，周代的礼是损益夏、商两代而来，因此，孔子学习周礼也要了解夏、商的礼。孔子到过杞国、宋国，杞、宋奉祀的就是夏、商的祖先。孔子到了杞国和宋国，学习夏商之礼，进而深入地去研究周礼。通过这种研究，孔子发现“郁郁乎文哉！吾从周”。周礼是文明的高峰，它是损益夏、商两代而来的。孔子是鲁国人，鲁国恰恰是周公封国，由此鲁国成为先秦时期文化积淀非常丰厚的国家。周成王即位后，允许鲁国用天子礼来奉祀周公。因为鲁国的特殊地位，所以有“周礼尽在鲁矣”的说法，鲁国是周代文明的东方样板，是周代礼乐文明传承最好的地区。孔子是鲁国人，因而非常有条件学习、演习礼乐。

今天我们讲“礼经”，实际包含有三礼：《周礼》《仪礼》《礼记》。《周礼》就是《周官》，它是对于周代国家整个政治架构的记载，具体而言就是周代的职官。《礼记》是汉代人编辑的先秦时期儒家学者对于礼的论述。《仪礼》才是孔子所整理的《礼经》。今本《仪礼》记载了十七种礼，有士丧礼、士婚礼、士相见礼等。《礼记·杂记下》记载：“哀公使孺悲之孔子学士丧礼，士丧礼于是乎书。”意思即是说，当时鲁哀公要学习周礼，所以他让孺悲向孔子请教，孔子叙述，孺悲把它记载下来，进行整理，这就是见于《仪礼》中的士丧礼。这说明了《仪礼》实际上经过了孔子整理才形成文本。《仪礼》的内容来自当初周公制礼作乐，孔子对其进行了发掘、整理，形成了我们现在所看到的《仪礼》。《仪礼》就是我们通常所说的《礼经》。

《乐经》，我们现在已看不到，所以六经又有五经之说。清代学者邵懿辰在《礼经通论》中说，“乐本无经也……乐之原在《诗》三百篇之中，乐之用在《礼》十七篇之中”，他说这个“乐经”和别的经不同，可能本来就没有这本书。乐之用在《仪礼》之中，乐之原在《诗经》之中。《诗》分为《风》《雅》《颂》三个部分，《风》是各地的一种民乐或者民歌，《雅》是宫廷雅乐，《颂》是宗庙祭祀的乐歌，所以《诗》本身都是可以演唱的，《诗》三百篇都可以入乐，这就是乐之体。乐之用就是乐的使用，许多礼仪活动都需要配乐，所以说礼就是乐之用。邵懿辰的说法只是前人观点之一，我们在典籍里能看到一些关于乐的论述，比如《礼记·乐记》篇。有《乐记》，那么可能就会有《乐经》。如果有《乐经》，那么《乐经》或是关于乐理论的记载。

六经中的《春秋》相传是孔子所作。《春秋》是鲁国的历史，在孔子之前其实就有，孔子把原有的春秋史重新进行编排，形成了《春秋》。在整理的过程中，孔子特别注意属辞比事，即用哪一个词来表达、用什么样的表述方式来表达事情，都非常讲究。具体而言，就是寓褒贬、别善恶，把体现自己政治理念的微言大义注入其中。孟子评述《春秋》云："世衰道微，邪说暴行有作，臣弑其君者有之，子弑其父者有之，孔子惧，作《春秋》。"[①]孟子所描述的天下太可怕了，这就是孔子所理解的天下无道。天下无道就是是非观、价值观扭曲，君不君，臣不臣，父不父，子不子。孔子就通过春秋时期的历史事实表达他自己的政治理念。孔子的政治理想、政治主张全都在《春秋》之中，所以孔子自己说："知我者其惟《春秋》乎！罪我者其惟《春秋》乎！"意思是人们了解我、人们不喜欢我，可能都是因为《春秋》吧，可见《春秋》和孔子的关系极其密切。

孔子自己说"述而不作"，但又说他作《春秋》，这就形成了一种矛盾。从根据旧历史进行编排的角度来看，孔子只是修《春秋》，不是作；但从对《春秋》赋予了更多意义的角度，孔子当然是作。而从今天来讲，孔子当然是作，而且是非常了不起的作。孔子说："我欲载之空言，不如见之于行事之深切著明也。"[②]意思是我与其空口来说道理，不如通过历史事实来揭示道理。后人对《春秋》评价很高，甚至有人说："一字之褒，荣于华衮，一字之贬，严于斧钺。"夸一句就像穿上华丽的服装，高贵荣耀；贬一个字就好像加之斧钺受刑那么可怕。这些都彰显了孔子作《春秋》的意义。《春秋》的内容非常简略，《春秋》记载鲁国两百多年的历史，但只用了一万五六千字。因此，孔子的微言大义需要用心去发掘。后来有了春秋三传：《公羊传》《穀梁传》《左传》，"传"就是对"经"的解释，春秋三传就是解释《春秋》的三部著作。

最后是孔子赞《易》。赞《易》的"赞"是动词，有些地方称"序《周

---

① 《孟子·滕文公下》。
② 《史记·太史公自序》。

易》”。孔子和《周易》的关系同样非常密切，但是关于孔子与《周易》的关系，学术界仍有很多不同的看法，甚至有人说孔子和《周易》没什么关系，《周易》是道家典籍。其实按照传统说法，孔子和《周易》当然有密切关联。比如，《论语·述而》记载：“加我数年，五十以学《易》载，可以无大过矣。”《史记》里面也有类似的记载，《史记·孔子世家》载：“孔子晚而喜易，序彖、系、象、说卦、文言，读易韦编三绝。曰：‘假我数年，若是，我于《易》则彬彬矣。’”所谓序，就是头绪、序言，序《周易》就是把《周易》里的内涵、义理进行深入发掘。《周易》实际上是中华先民对于自然的一种思考，是把自然界现象和社会发展有机连接起来，思考社会运行背后的规律。《汉书·艺文志》里说《周易》是“人更三圣，世历三古”。伏羲创作了八卦，周文王演了重卦，孔子又作了《周易》，这就是人更三圣。从伏羲一直到孔子时代，中华文化历经数千年，在这个过程中人们对于自然、社会进行了深入思考，形成了对于社会、人生的深层看法。把这种看法抽象出来，成为对于天地人心的抽象概括，就是《周易》。《周易》中想要表达的就是时中之道。孔子认为，《周易》里面有古之遗言，有文武之道，所以，孔子对于《周易》才如此这般迷恋，《周易》的哲学才影响如此深远。

解释《周易》的“传”称为《易传》，即《史记》中所载系、象等。《易传》表达了孔子哲学思想的深度思考。在1973年湖南长沙马王堆出土了一批帛书，这批帛书非常重要，它解决了很多以前我们长期争论而难以解决的问题。特别是里边发现的几篇《易传》，可以称其为帛书《易传》，它的发现让我们知道孔子不仅和《周易》关系密切，而且这种密切关系超乎以往的想象。它同时也证明了《史记》《论语》等记载的可靠性。比如，帛书《易传》中有一篇讲：“居则在席，行则在橐”，孔子晚年，居家的时候把《周易》放在席子上，出去的时候，在自己书袋里边就装着《周易》。所以，孔子老而好《易》，晚而喜《易》，经常翻阅以至于把穿《周易》简册的牛皮绳都磨断过好多次。《周易》本来是一个占筮之书或说一个占卜之书，很多人只是注意到它的相术之学。孔子和他们不一样，孔子说：“吾与史、巫同途而殊归也。”他说：“我和他们虽然都是研究《周易》，但是我们走向了不同的方向。”孔子整理《周易》发掘了里面包含的哲学思想。孔子思想的深度、高度，甚至我们中国文化的智慧也恰恰体现在孔子所作的《易传》中。孔子晚年对于《周易》谈得很多，他周游列国回来以后，对于《周易》更加迷恋。这与孔子对人生思考的高度、人生境界密切相关。孔子晚而喜《易》，可能就源于此。在马王堆帛书《易传》里面有两篇，一篇是《缪和》，一篇是《昭力》，里面出现了很多的人名，这些名字多是孔子晚年的弟子。

孔子对《周易》进行了研究，为《周易》作传，使《周易》和中国文化、孔子儒家进行了内在联结，使儒学、中国文化上升到了全新高度。世界上有很多人怀疑这一点，怀疑儒家思想的这种深度，甚至有人说：“孔子只是一个实际的世间智者，在他那里思辨的哲学是一点也没有的——只有一些善良的、老练的、道德的教训，从里面我们不能获得什么特殊的东西。”①但是如果了解到孔子和《易传》的密切关系，深入地去研究这一点，人们自然会改变看法的。

三、孔子的六经之教

传统文化中有一个概念叫“六经之教”，这是后世人用以表示六经研究的词汇。许多人常会使用这个概念，比如：“六经之教善矣……夫六经之道，先王所以载道也，其教岂有失哉？由其所得有浅深之异耳。”②“六经之教，皆以阐人心之蕴，而示人以为学之方也。”③“六经之教，化而不已则臻于大同。”④如此之类还有很多。这些均是历代儒家对于六经之教意义的一种

① ［德］黑格尔：《哲学史讲演录》第1卷，贺麟、王太庆译，商务印书馆2017年版，第118页。
② 〔元〕陈澔注：《礼记》，金晓东校，上海古籍出版社2016年版，第564页。
③ 〔明〕刘宗周著，吴光主编：《刘宗周全集》第2册，浙江古籍出版社2012年版，第366页。
④ 《宋史·文苑二》。

阐发。而如果我们看先秦诸子，就会发现不仅是孔子，其他诸子，不管是不是儒家也都在谈论六经之教。孔子曾这样论述六经之教：“入其国，其教可知也。其为人也，温柔敦厚，诗教也；疏通知远，书教也；广博易良，乐教也；絜静精微，易教也；恭俭庄敬，礼教也；属辞比事，春秋教也。”[①]《庄子·天下》篇中也说到六经：“诗以道志，书以道事，礼以道行，乐以道和，易以道阴阳，春秋以道名分。”而《荀子·劝学》篇中则说：“故书者，政事之纪也；诗者，中声之所止也；礼者，法之大分、类之纲纪也。故学至乎礼而止矣。夫是之谓道德之极。礼之敬文也，乐之中和也，诗书之博也，春秋之微也，在天地之间者毕矣。”类似的说法满目皆是。

六经所代表的古代教化传统是一个以人的全面发展为追求的教育模式，就是要进行各方面的教育，这就需要人们进行方方面面的思考。先秦时期诸子百家对于六艺的重视，其深层的原因也在这里。孔子说“温柔敦厚，诗教也”，这就是《诗经》的功能。《诗》教育我们，能使我们学会处理自己想做和应当做二者之间的关系，更本质地说，就是情和理的冲突。《尚书》是先王政典，记录了古代先王如何为政，记录为政处事的原则。《诗》《书》关系尤为密切，人是有感情的，往往也容易感情用事，而解决好情与理的冲突，正是先王所希望的，是先王之道所致力的目标：每个人遵守社会规则，达到社会和谐。六经各有各的功能，就像今天，人要全面发展就必须学习各种各样的事情。《庄子·天下》篇这样表述：“古之人其备乎！配神明，醇天地，育万物，和天下，泽及百姓，明于本数，系于末度，六通四辟，小大精粗，其运无乎不在。其明而在数度者，旧法、世传之史尚多有之；其在于诗书礼乐者，邹鲁之士搢绅先生多能明之。”邹鲁之士、搢绅先生指的就是儒家。儒生对于六艺的把握相较其他学派更为准确。《庄子·天下》篇中接着说，“诗以道志，书以道事，礼以道行，乐以道和，易以道阴阳，春秋以道名分”，这就是指六艺各有不同功能。

打个比方说，我们今天要弘扬国学，很多人如果学国学的话，那么应

---

① 《礼记·经解》。

该授予什么学位呢？有的学校有了国学院，国学院的学生毕业了，学位也成问题。所以，最近这些年来我们在探讨是不是应该给国学一个身份。其实国学的概念很大，笔者认为它实际上包含了我们现在社会科学的很多门类：《易》显然属于哲学范畴，《尚书》属于政治学范畴，《诗》属于文学，《乐》属于艺术学，《礼》属于伦理学，《春秋》属于历史学。如果这样思考，六经其实包含了社会科学的许多门类。著名学者杜维明先生说："《诗经》所代表的人是感情的动物，《书经》所代表的人是政治的动物，《礼记》所代表的人是社会的动物，《春秋》所代表的人是历史的动物，还是《易经》所代表的人是具有终极关怀的一种动物等等。"[①]这样来看六经，不难发现六经讲的是一个人要全面发展。笔者刚刚毕业的时候，曾经参加一次讲座。讲座的教授跟笔者说文科各个系他都做过演讲，到历史系发现历史系的学生有历史眼光，到中文系发现学生非常会审美，到政治系发现学生有政治敏锐性。其实我们每学一个专业，都会染上不同的专业特点。传统中国的六经让我们每个人要全面发展，这就是六艺本来具有的意义。

六经不是相互孤立的集合，而是相互联系的体系。前面曾提到孔子论六艺，他说，到了一个国家，就能看到这个国家的教化重点。具体而言，"其为人也，温柔敦厚，诗教也"，一个人温柔敦厚，那么这可能是诗教的结果。可以想象，一个喜欢诗歌的人，会是一个感情丰富的人。"疏通知远，书教也"，一个人能够具有前瞻性，能够思考大局，能够思考公共治理这类问题，那么这个人一定是个疏通知远的人。"广博易良，乐教也"，可以想象，一个音乐系毕业的学生，接受了音乐的熏陶，会更加豁达平易。"絜静精微，易教也"，《周易》培养人的哲学思考能力，让人学会思考深层次的问题，进行对于本质的追问。"恭俭庄敬，礼教也"，礼仪工作者对人非常有礼，这就叫恭俭庄敬，"属辞比事，春秋教也"，属辞比事就是如何表达历史的方法，传统中国的历史学家都不同程度地受到《春秋》的影响，整个中国史学实际上都染上了这样的底色。中国文化是具有方向性的文化，《大学》里讲："大学

---

① 杜维明著，郭齐勇、郑文龙编：《杜维明文集》第5卷，武汉出版社2002年版，第60页。

之道，在明明德，在亲民，在止于至善。”中国文化就是培养有大格局、大气象的大人，要向善的方向前行。这就需要我们分辨是非，因而孔子作《春秋》的目的就是寓褒贬、别善恶。古人在学习《春秋》的过程中能得到熏染，从历史中受到借鉴，明晓应走什么样的路。六经各有不同功能，它让我们在不同方面发展自己。

谈到六经之教时，我们还要注意一个问题：如果过分地、片面地强调六经之教的作用，也很容易出问题，这就是六经之失。《礼记·经解》记孔子说：“诗之失，愚；书之失，诬；乐之失，奢；易之失，贼；礼之失，烦；春秋之失，乱。”其中“诗之失，愚”，意思是说温柔敦厚是诗教，但如果片面强调温柔敦厚，一个人沉浸其中出不来就可能变得愚钝，不知道变通，所以失之愚。“书之失，诬”，意思是说《尚书》让人疏通知远、博古通今，有远见，但是一味强调这一点，看不到近处当下，那也不行。《中庸》里有句话叫：“知远之近，知风之自，知微之显。”所谓“知远之近”就是说我们一方面看到远处的自己，另一方面也要了解当下的自己。这样才能找到从现在通向未来的道路。《尚书》讲政治原则，就好像是立在远处的大道理，一味地看远处可能就是书之失。“乐之失，奢”，意思是说如果我们不能正确选择音乐，那么就有可能败坏自己的心性。古代重视乐教，乐通伦理，听到什么音乐，就有什么样的感受。例如，听到摇滚，我们就坐不住。乐教想让我们变得广博易良，但过分强调乐，可能会变成一种奢华。“易之失，贼”，意思是说《易》让我们的思考细密、深厚，但一味这样做，就有可能害于正理，入于怪诞。现在很多人打着“易学”旗号，搞了一些不正当活动，这就是易教偏颇的表现。“礼之失，烦”，意思是说如果礼超过恰当程度，就会招致繁杂。礼做到适度，这非常关键。孔子有一句话叫：“质胜文则野，文胜质则史。文质彬彬，然后君子。”[①]只有把握好礼的度，把内在和外在有机地统一于外在形式上，才算是文质彬彬。可能很多人都有过这样的感受，如果我们参加一个活动，仪式没完没了，我们就会感到厌烦。仪式看起来尊重他

① 《论语·雍也》。

人，但实际上已失去了它的意义。《礼记·祭统》讲,“礼有五经，莫重于祭”，古人非常重视以祀礼教敬，用祭祀之礼表达对古人、天地的敬意。但是祭祀之礼过于烦琐也不恰当。“春秋之失，乱”，意思是说《春秋》本来是用连缀文辞、排比史事来表达大义，但过于追求辞藻的用法，反过来也会让人琢磨不透。像现在我们研究《春秋》之学,《春秋》里面本来表达孔子微言大义，但若我们过分考虑的话，那说不定会背离了孔子的本意，陷在一字一词之中。所以，我们在强调六经之教的时候，也必须注意到六经之失。

六经教化意义非常重要，它让我们全面发展，让我们在各个方面做到恰到好处。但若你过分了或者不恰当了，背离了中道原则，说不定就会出现大问题。由此，孔子总结道：“其为人也，温柔敦厚而不愚，则深于诗者也；疏通知远而不诬，则深于书者也；广博易良而不奢，则深于乐者也；絜静精微而不贼，则深于易者也；恭俭庄敬而不烦，则深于礼者也；属辞比事而不乱，则深于春秋者也。”①

六经意义重大，因而我们必须恰当地去把握、理解经典的精神，从而做好我们自己。翻开儒家典籍，我们就会发现孔子很多教诲都是关于六经义理的发挥。孔子曾告诫弟子们：“小子何莫学夫诗。诗可以兴、可以观、可以群、可以怨。迩之事父，远之事君。多识于鸟兽草木之名。”②这其实是孔子对于读《诗》的一种要求。实际上，孔子常常就如何学习六经做要求、指导。例如之前提到的孔子施教，“先之以诗书”，这是因为《诗》《书》适合作为教育的起点。孔子主张十五岁开始学习六经之教，十五岁的孩子刚刚懂事，进入青春期，产生了男女间朦朦胧胧的情感，这时候就要对孩子进行“发乎情，止乎礼”的教育。孔子编《诗》，把《关雎》放在第一篇。《关雎》中描绘了爱情的景象，但最终落脚点却是求之以礼。诗中说一个男孩爱上一个女孩，几乎思念成疾，“悠哉悠哉，辗转反侧”，睡不着觉，但是男孩情感动得再厉害，也不能逾越，而是“琴瑟友之”“钟鼓乐之”。中国文化思考的

---

① 《礼记·经解》。
② 《论语·阳货》。

是人心与道心的问题，通俗来讲，就是人情与人义的问题。我们作为一个自然人和一个社会人，需要把握好“想怎样做”与“该怎样做”的度。诗是人类用来表达情感的文体，但《诗》要做的是匡正人的自然情感。

再比如说《尚书》。《尚书大传 · 略说》记孔子说：“《六誓》可以观义，《五诰》可以观仁，《甫刑》可以观诫，《洪范》可以观度，《禹贡》可以观事，《皋陶谟》可以观治，《尧典》可以观美。”“七观”的说法表现出《尚书》中每一篇都有自己的主题思想。除了《尚书大传》外，其他典籍也有类似说法。子夏曾向孔子请教《书》的大义，孔子说：“《帝典》可以观美，《大禹谟》《禹贡》可以观事，《皋陶谟》《益稷》可以观政，《洪范》可以观度，《秦誓》可以观议，《五诰》可以观仁，《甫刑》可以观诫。”[①]同样可以看到，《尚书》每一篇各有主题，有的是度，有的是仁，有的是政，等等。孔子如此教导我们，就是让我们对《尚书》的大义有一个把握。

我们还可以举出许多例子来。如在《论语 · 为政》篇中孔子先说：“为政以德。譬如北辰，居其所而众星共之。”下面接着就是谈诗，孔子说：“《诗》三百，一言以蔽之，曰：‘思无邪’。”思无邪其实就是归于正，《诗经》三百篇的意义就是让人心归于正。《诗经 · 小雅》里有一篇叫《宾之初筵》，描绘的是参加酒宴的过程。才开始的时候，人们有些恭谨，到了酒场上彼此之间客客气气。饮过一段时间后，情绪渐起，话越来越多了。之后就要醉了，甚至离开自己的席位，仪态就很难看了。所以，诗歌中说：“饮酒孔嘉，维其令仪。”喝酒是很美好的事，但朋友们在一起聚会也应有标准，人不能失态。《诗》就是给我们一种熏染、熏陶，让我们慢慢地去思考到底应该怎么做。

① 《孔丛子 · 论书》。

四、孔子整理六经的意义

孔子整理六经是中国文化史上的一个关键节点。对于这件事情，笔者认为可以从以下几个方面来理解。

第一，孔子整理六经是孔子的重大成就之一。如果说孔子这一生有三个方面的成就，我以为应当是：培养了三千弟子、创立儒学、整理六经。孔子整理六经在孔子的成就中是非常重大的。我们都知道，孔子因为培养了很多弟子，他的思想学说才得以发扬光大；孔子因为创立了学说，所以他有了众多弟子。而无论是创立儒家学说，还是培养弟子，都离不开孔子对于六经的整理。从某种意义上讲，六经和孔子是一体的。孔子整理六经传承了中华民族的文化成就，筑牢了中华民族的文化基础。著名历史学家李学勤先生曾说，中国传统文化的主干是儒学，儒学的核心就是经学。李先生还在另外一个场合说过，国学的主流是儒学，儒学的中心是经学。我们现在说经学的核心是六经。儒家经典有不少，后来发展到了十三经，但是这些经典最核心的仍是六经。

第二，六经是中国思想文化之根。刚才我们说到《尚书》，它记述了从尧以来的历代圣王，到了孔子时代，孔子对其进行了系统总结，选编成了《尚书》。从《尚书》记载的尧舜一直到孔子，其间有两千多年。孔子之后，中国历史又发展了两千多年。其实，这前后是相互关联、密不可分的。现在很多人都非常喜欢引用德国哲学家雅斯贝斯的观点，从公元前800年到公元前200年，这是世界文明的“轴心时代”。笔者觉得他可能没有充分注意到中国的实际。孔子那个时候，并不是文明的突破期，而是文明的一种总结期、反省期或者提升期。在那个时代，在东西方很多区域之内都出现了一些了不起的学者、思想家、创造民族智慧的人。此时，中国出现了孔、孟、老、庄等，他们的特点在于对以前文化的继承。所以中国的孔、孟和西方很多哲学家不一样的地方就在于，他们认为自己不是在创造，用孔子的话说，是“述而不作”。孔子坚定地认为自己是“述”，这是因为在他之前有一个漫长的过程。没有这样的文明发展，就不会有孔子思想的深度和高度。

如果把中国文明比喻为一棵大树，笔者认为，这棵大树的根底就是孔孟，这个树的主干是儒学。这棵大树的根扎得很深、扎得很牢，是因为扎在了孔子以前那数千年中国文化的创造之中。如果我们不了解这棵树的根扎得有多深，就不知道为什么它有如此这般的生命力，就不知道树干为什么这么粗壮，也就无法解释为什么我们这棵文明之树在不同的时期结出了不同的文明硕果。所以，我们必须了解孔子以前的中国文化。元朝有位皇帝元武宗，他的一道诏书中有这样一句话：“先孔子而圣者，非孔子无以明；后孔子而圣者，非孔子无以法。”意思就是说孔子以前的圣人，因为有了孔子，我们才知道他们创造的思想、他们的成就；孔子以后的圣人，因为有了孔子，他们才知道了前行的方向。孔子以前的中国文化就是中华文化之根，六经所代表的恰恰是孔子以前的数千年文化。梁漱溟先生说得好：“孔子以前的中国文化又差不多都出在孔子手里，孔子以后的中国文化又差不多都由孔子那里出来。”①

孔子以前的中国文化最集中的体现就是六经，儒家四书——《论语》《孟子》《大学》《中庸》阐发的也都是六经大义。我们读四书，里面有很多内容有的直接引用六经原话，有的是阐发其中义理。比如说孟子，司马迁说孟子“述仲尼之意”，意思是说，孟子是孔子思想的阐释者。东汉时期的经学家赵岐是注《孟子》的大家，他在《孟子题辞》中说：“孟子通五经，尤长于《诗》《书》。”很多人看《孟子》的时候，往往看不出《孟子》与六经的关系，但实际上六经大义融于其中。所以，六经始终贯穿在华夏经典之中。在孔子以后，中国文化逐渐形成了经学体系，影响至深至远。经学探讨的就是如何修身做人。经学研究主要有两个途径：一是研究经典字句训诂、解释；二是对经典义理的阐释。无论是哪个途径，六经在历朝历代都影响深远。

---

① 梁漱溟：《东西文化及其哲学》，商务印书馆1999年版，第150页。

六经中蕴含着中华民族精神，指示了中华民族的历史进程，建立了中华民族的理想追求。孔子思想深深扎根于他以前数千年的文化土壤中，其形成之后又影响了中国以后的数千年，也影响了国外许多地方。

华夏先民一直保留着整理文献的传统。自孔子之后，汉代学者一开始以经、纬的方式来划分经典。经、纬取自纺织上的经线、纬线，经线是主线。后来《汉书 · 艺文志》中将文献划分为七类，其首便是“六艺略”。再后来有了四部分类法。四部以经部为先，继之就是史部，子部代表了诸子百家，集部是文学的范畴。从这些分类中，我们可以清楚看到六经的地位，也可以看到其分类的标准是以价值为导向的。

如一位英国作家所言，因为有了孔子的学说，“伟大的中华民族比世界上别的民族更和睦和平地共同生活了几千年”。孔子使我们这个民族更加和睦、更加和谐的深层原因就是六经大义，就是六经中所包含的传统价值观念。时间过去了几千年，从孔孟到今天，尽管社会发生了很大变化，但是人类社会的基本需要在过去数千年中变化很小。孔孟时代需要的是五常八德，今天我们依然离不开仁、义、礼、智、信，离不开孝、悌、忠、信、礼、义、廉、耻这些价值理念。这些理念成就了我们的民族、我们的国家。中国人之所以有这样的生命底色，中华民族之所以几千年来能够和睦和谐地共同生活，深层原因就在这里，就在距离我们很远但影响又很深厚的六经中。

近年来，中国文化走向世界的步伐更加稳健。如果中华经典能得到世界更多人的了解，那么中华民族的伟大智慧会给世界带来更多的贡献。联合国教科文组织总部大楼前有一块石碑，碑上有一句由多种语言刻的字：“战争起源于人之思想，故务需于人之思想中筑起保卫和平之屏障。”也就是说，世界上有很多的战争、很多的冲突，这些战争冲突出现的深层原因就在于人们的思想差异、冲突，如果在内心中筑起一道捍卫和平的屏障，这个世界就会和谐、安宁。

儒家经典讲的是修身，讲的是人与人之间、国与国之间的和谐，是不同民族之间相处之道。这是蕴含在六经中的义，是六经深层的东西，这就是儒家六经（亦即“中华六经”）的意义。

第七讲
《论语》的成书与整体性问题

《论语》是研究孔子思想与早期儒学的基本材料，也是中国传统文化研究的瑰宝。然而，这部共二十篇计一万五千余字的著作又非常特殊，这便是该书全部采用了语录体。自《论语》成书以来，历代研读该书的人不计其数。尤其近些年以来，无论图书种类还是印制数量，有关《论语》的出版物都达到了空前的水平。可是，我们在感到欣慰或者欣喜的同时，也看到《论语》研读中存在着一些不容忽视的问题，而这又与《论语》的成书及其文本特征密切相关。那么，《论语》是怎样成书的？它为什么呈现出这样的特征？它在孔子思想研究中具有怎样的地位？我们如何研读才更有益于把握孔子的思想精髓？这些都是需要认真思考并给予充分注意的问题。

一、《论语》材料集撰在孔子去世后不久

《论语》的材料来自哪里？它是怎样编纂而成的？这些都是研读《论语》很容易首先想到的问题。关于这一点，《汉书·艺文志》的说法是：

> 《论语》者，孔子应答弟子时人及弟子相与言而接闻于夫子之语也。当时弟子各有所记。夫子既卒，门人相与辑而论纂，故谓之《论语》。

按照这里的说法，《论语》中所记载的内容有孔子的言论，有孔子弟子的言

论。孔子的言论中，有他与弟子们的对话，有他与其他人的对话；孔子弟子的言论多是弟子之间的相互谈话，而这些也是从孔子那里听来的。也就是说，不论是孔子本人的言论，还是孔子弟子的言论，都出于孔子弟子所记。

关于《论语》的成书，《汉书・艺文志》至少还表述了三层意思，下面逐一分析。

（一）孔子弟子随时记录孔子言论

《论语》中，不论孔子本人的话还是孔子弟子的话，都来自孔子弟子的记录。在孔子长期的教学生涯中，孔子弟子常常随时记录老师的言语。

有一次，孔子的弟子子张向孔子请教“行”的问题，《论语・卫灵公》记曰：

> 子张问行。子曰：“言忠信，行笃敬，虽蛮貊之邦，行矣；言不忠信，行不笃敬，虽州里，行乎哉？立，则见其参于前也；在舆，则见其倚于衡也。夫然后行！”子张书诸绅。

孔子认为，人应当“言忠信，行笃敬”，即说话忠诚守信，行事庄重严肃。人应当时刻牢记，将“忠信”“笃敬”装在心中，用来指导自己的行动。只要做到这一点，无论走到哪里都能够顺畅通达。子张觉得老师的话说得太好了，于是“书诸绅”，也就是把这些话写在腰间的大带上。

孔子弟子随时记录孔子言语，在《孔子家语》中有更多的记载。比如，《入官》篇记载：子张向孔子请教为仕之道，即怎样当官治民。孔子就如何达到“安身取誉”作了详尽的回答，所以该篇最后说：“子张既闻孔子斯言，遂退而记之。”子张回去以后把孔子的话记录了下来。又如，《论礼》篇记载，子夏侍坐于孔子，师徒谈到《诗》中所说的“恺悌君子，民之父母”，子夏请教怎么样才可以称为百姓的父母。于是，孔子进行了一番长谈，他围绕君主修德治国的问题，从怎样为民父母、如何德配天地等方面展开论述。

孔子的论述令子夏激动不已，他猛然站起来，表示一定要记录下来。所以，《论礼》篇最后记载：“子夏蹶然而起，负墙而立，曰：‘弟子敢不志之！’”

（二）《论语》材料是孔子弟子集撰的结果

《论语》是“门人相与辑而论纂”的结果，唐人颜师古注说：“辑与集同，纂与撰同。”这样，所谓“辑而论纂”，其实就是“集撰”或者“撰集”。

说到“撰集”，我们不由想到孔安国与《孔子家语》的关系。孔安国本人正是这样表述自己与《孔子家语》之间的关系的，他在《孔子家语·后序》中谈道：

> 元封之时，吾仕京师，窃惧先人之典辞将遂泯没，于是因诸公、卿、大夫，私以人事募求其副，悉得之。乃以事类相次，撰集为四十四篇。

在《孔子家语·后序》中，其表述与此大体相同：

> 又集录《孔氏家语》为四十四篇。

《孔子家语·后序》中引述了孔衍的“奏言”：

> （孔安国）又撰次《孔子家语》。

所谓“集录”，就是将已经存在的材料加以汇聚；所谓“撰次”，则不仅仅是汇聚材料，而且这种汇聚应有一定的内在逻辑。

汉代的孔子后裔（包括孔安国）说孔安国与《孔子家语》的关系，对人们认识孔子“门人”与《论语》的关系颇具启示意义。尽管学术界对孔安国与《孔子家语》具体关系的认识还有一些分歧，但这不会影响我们据此讨论“撰集”一词的具体含义。

按照《孔子家语·后序》的说法，在孔安国以前，《孔子家语》的材料经过了辗转流传，到他那个时期，这些材料“与诸国事及七十子辞妄相错杂”，“与《曲礼》众篇乱简，合而藏之秘府”。孔安国通过私人关系得到了《孔子家语》，但这些却同样是一堆“乱简”，没有次序可言。于是，孔安国对这些材料进行了分类、比次、编排，即所谓“以事类相次”，也就是“撰集”，从而成为今天看到的样子。

最初，《论语》的编纂情况恐怕也是如此。在孔子弟子“相与辑而论纂”之前，这些材料应该是已经存在的，其前提便是孔子弟子的随时记录。

（三）《论语》的编纂在孔子“既卒”之后

孔子弟子对《论语》的“撰集”，时间是在“夫子既卒”之后。

那么，何谓“既卒”？《尚书·金縢》有“武王既丧”的说法，《史记·鲁周公世家》作“武王既崩”。无论“既丧”还是“既崩”，都应当表示武王去世以后不太长的时间。“既”有已、已经之意，如《左传·僖公二十二年》载：“宋人既成列，楚人未既济。”《尚书·尧典》：“九族既睦，平章百姓。”又，《孔子家语·正论解》载孔子言：“古者天子崩，则世子委政于冢宰三年。成汤既没，太甲听于伊尹；武王既丧，成王听于周公，其义一也。”此处“既丧”与“既没”并言，应当与《汉书·艺文志》的“既卒”一样。《文选·辨命论》注引《傅子》：“昔仲尼既殁，仲弓之徒追论夫子之言，谓之《论语》。”“丧”“没”“崩”“卒”“殁”都是人“去世”的同义语。看来，“既卒”也是古代的通行用法，即表示去世以后不久。

认识到《论语》结撰在孔子“既卒”以后很有必要。长期以来，学术界占主流的看法是《论语》“不纯”和“写定很晚”。比如，有学者说“《论语》的结集，时间可能晚得多，不是在公元前5世纪，而是在公元前2世纪的西汉景、武之际”[①]，不承认《论语》有“原始结集”一事，认为不论其结集时间、篇目多少、《论语》传本抑或文字真伪，都还存在问题。显然，这样的看法与《汉书·艺文志》的相关记载是不一致的，因为所谓“既卒”虽然表达的是在孔子去世以后，但不可能是孔子去世后那么长的时间。

二、《论语》由孔子裔孙子思主持编纂而成

《汉书·艺文志》的记载表明：《论语》是孔子弟子在孔子去世不久后整理编纂既有材料而成。但是，《论语》编纂的具体时间是什么时候，又是怎样编纂的？这些问题，《汉书·艺文志》等并没有提供更多更明确的说法。因此，后世学者进行研究并在今本《论语》中寻找内证，也提出了种种看法，而分歧却依然很大。但是，《汉书·艺文志》的相关记载虽然简单，可还是为研究《论语》的成书问题提供了很多有价值的线索。

《汉书·艺文志》著录的《论语》类文献共有“十二家，二百二十九篇”，在作者看来，这些都应该与今本《论语》具有同样的性质。比如，《孔子三朝》七篇，颜师古注曰：“今《大戴礼》有其一篇，盖孔子对鲁哀公语也。三朝见公，故曰三朝。”这也属于孔子应答时人而为当时弟子所记的内容。

最值得认真思考的是《孔子家语》也被列入《汉书·艺文志》中的“《论语》类”文献。《孔子家语》与《论语》两书之间的关系，对于说明《论语》的成书很有价值。这里著录的《孔子家语》二十七卷，与今之十卷本《孔子家语》有别。学者们知道，古代图书在形成与流传过程中，卷帙的分合是十分正常的现象，这里的二十七卷本与王肃注的十卷本或有不同，但二者的主要内容应该一致。颜师古说这个二十七卷本“非今所有《家语》”，

① 朱维铮：《中国经学史十讲》，复旦大学出版社2002年版，第105页。

这可能是收藏在西汉秘府中的本子，不过此本不如孔安国整理、后经王肃作注的本子更为细致。

孔安国在《孔子家语·后序》中谈到《孔子家语》与《论语》的关系，他说：

> 《孔子家语》者，皆当时公卿士大夫及七十二弟子之所谘访交相对问言语也，既而诸弟子各自记其所问焉，与《论语》《孝经》并时。弟子取其正实而切事者，别出为《论语》，其余则都集录之，名之曰《孔子家语》。

长期以来，人们认为《孔子家语》是伪书，孔安国序也被认为是伪品，因此，孔安国所说的这些话向来不被人们所注意。而今，《孔子家语》的重要价值被越来越多的学者所认识，孔安国的叙述也应当给予应有的重视了。

《孔子家语》与《论语》《孝经》“并时”，三者在时代上一致。《汉书·艺文志》说：“《孝经》者，孔子为曾子陈孝道也。夫孝，天之经，地之义，民之行也。举大者言，故曰《孝经》。”看来，无论是《论语》《孝经》还是《孔子家语》，其材料都来自孔子弟子。所以，孔安国在《孔子家语·后序》中又谈到《孔子家语》的特征说：

> 凡所论辩，疏判较归，实自夫子本旨也。属文下辞，往往颇有浮说，烦而不要者，亦由七十二子各共叙述首尾，加之润色，其材或有优劣，故使之然也。

弟子们从孔子那里得来“第一手材料”，然后“叙述首尾”，进行适当加工。由于材料出于众手，故“其材或有优劣”。与《论语》《孔子家语》不同的是，《孝经》是“孔子为曾子陈孝道”的专篇，如果这些材料都出于孔子弟子，是孔子弟子“接闻于夫子之语”，那么《孝经》应当出于曾子，而《论语》和《孔子家语》则应当出于众手。与《孔子家语》不同，《论语》则经过了材料的认真拣选，《汉书·艺文志》所说的“论纂”或即此意。

学术界有一种看法值得注意，认为“论语”的“论”有“选择”“别择”之意。清代朱骏声《说文通训定声·屯部》曰：“论，假借为抡。”《国语·齐语》曰：“权节其用，论比协材。”韦昭注：“论，择也。”《荀子·王霸》曰：“君者，论一相，陈一法，明一指，以兼覆之，兼炤之，以观其盛者也。”杨倞注：“论，选择也。”

关于“语”的意思，《说文解字》说：“语，论也。”《广雅》说：“语，言也。”是则“孔子家语”应该就是“孔子家”的论说集或言论集，也就是在“孔子家”中编辑而成的论说集、言论集。如果《论语》书名的“论”为“选择”之意，那么《论语》应该是选自“孔子家”之“语”中的材料。当然，这并不一定意味着今本《论语》就一定出自《孔子家语》其书。这样理解《论语》书名的含义，与孔安国所说完全一致。或者，这种看法更接近《论语》成书的历史事实。

那么，现在的问题就是《论语》最初成书于何人之手了。

从新发现的材料看，《论语》中孔子称谓的差异，有些可能是在传抄中形成的，并不能作为《论语》成书较晚的证据。今本《论语》后十篇中称“孔子”的地方，定州八角廊汉墓竹简本有的称“子”。如《阳货》：“子张问仁于孔子。孔子曰：‘能行五者于天下，为仁矣。’”《尧曰》：“子张问于孔子曰：‘何如斯可以从政矣？’子曰：‘尊五美，屏四恶，斯可以从政矣。’”在简本中，以上两章中的“孔子”均称“子”。另外，今本《论语》称“子”的地方，竹简中有的则称为“孔子”，说明《论语》中的称谓在抄写过程中会有一定变化，因此，《论语》的成书时间不能完全以此来判断。

《论语》中记载有曾子临终之言，该书成书时间的上限在曾子去世之后当然没有什么问题，问题在于《论语》成书时间的下限。而郭店楚墓竹简的发现，使我们还可以继续思考《论语》结集时间的下限。

郭店楚墓竹简研究的成果证明，其中的儒家著作属于久已佚失的《子思子》，同时也证明《隋书·音乐志》引沈约所云“《中庸》《表记》《坊记》《缁衣》皆取《子思子》”是有根据的。《礼记·坊记》中已经出现了“论语”

之名，《坊记》曰：

> 子云：“君子弛其亲之过而敬其美。”《论语》曰：“三年无改于父之道，可谓孝矣。”高宗云：“三年其惟不言，言乃谨。”

《坊记》为《礼记》中的一篇，而《礼记》乃是汇聚原有典籍而成，《坊记》也当为戴圣取自子思之书。西汉时期，孔子后裔孔衍曾经上奏朝廷，希望重视《孔子家语》。孔衍的奏言中说：“戴圣皆近世小儒，以《曲礼》不足，而乃取《孔子家语》杂乱者，及子思、孟轲、荀卿之书以裨益之，总名曰《礼记》。今见其已在《礼记》者，则便除《家语》之本篇，是为灭其原而存其末也。”孔衍所说，其言不虚。

如果《坊记》引用的《论语》还有可能是《礼记》编者的添加，那么，郭店楚墓竹简的引述则应当可以旁证乃至坐实《论语》的早出。郭店楚墓竹简的《语丛》中也引述了《论语》中的句子：《语丛三》第五〇、五一简，据研究，可以隶定为“志于道，据于德，依于仁，游于艺”。这段话明显与《论语·述而》一致。《语丛三》第六四、六五简，两简有中线作为界隔，第六四简编线以上有“亡（毋）意亡（毋）古（固）”四字，编线下有“亡（毋）物不物”四字；第六五简中线以上是：“亡（毋）義（我）亡（毋）必”，编线下有“皆至焉”三字。栏线上面的应当接着读，下面实际是对上面的解说。这样，二简应当是“毋意、毋固、毋我、毋必”。《论语·子罕》曰：“子绝四：毋意，毋必，毋固，毋我。”顺序虽有差别，但二者至少应当同源。

看来，战国时的楚国不仅有《子思子》流传，也有《论语》流传。郭店楚墓竹简中有不少语句与其他文献记载的孔子言语相近，情况大致都是如此。出土郭店楚简的古墓，其年代约在公元前300年，墓葬中的书籍成书应在其前。这就意味着公元前300年以前，《论语》已经在南方的楚国流传，也证明了子思很有可能在其著作中引述《论语》。

《坊记》中明引《论语》，而且《坊记》与郭店楚墓竹简的许多篇章明显属于《子思子》，则子思生活的时代，《论语》应当已经成书。由于材料有限，子思生卒年不十分清楚。钱穆先生研究子思在世时间约为公元前483年至公元前402年，今有学者研究子思在世时间约为公元前491年至公元前400年，是则《论语》成书的下限当在公元前400年以前。《论语》中记有曾子临终之语，则《论语》的成书时间上限应当在曾子去世的公元前428年，所以，《论语》成书的具体时间可以限定在公元前428年至公元前400年间的二十几年之中。

关于《论语》的编纂者，有人认为是孔子众弟子；有人认为是仲弓、子游、子夏；有人认为是有子；有人认为出于曾子弟子。在前人研究的基础上，有学者提出《论语》为曾子领纂，笔者认为这个说法近于实际。我们进而认为，《论语》由子思主持完成应当更为合理。

子思为曾子弟子，在曾子去世后地位特殊，有儒学领袖风范。说《论语》出于子思，不仅与以前学界的论证相合之处较多，更重要的是符合《论语》记载所反映出来的信息，与孔子之后儒学传承的实际十分吻合。

《论语》的材料来自众弟子所记，其中除了对不同的人有不同称谓以外，对于诸事的记录方式、语气也透露了其汇编聚集的痕迹。

《论语》为孔门弟子所记，刘向认为是孔子弟子“辑而论纂”，王充《论衡·正说》篇说为“弟子共纪孔子之言行”，应该都是可信的。《论语》不仅以“子曰”的形式叙述孔子言语，而且记有许多孔子与弟子的问答，其中涉及弟子有名姓者就有三十人，这些材料当不会出于一人或者少数几人，其内容应该多是由这些弟子记录而成。

这就出现了一个矛盾：一方面，《论语》出于曾子门人，阅读《论语》，其中曾子言行会给人留下深刻的印象，除了曾子门人，他人一般不会如此编辑；另一方面，论者又指出，《论语》形成于孔门后学分化的背景之下，而孔门的严重分化又难以聚集这么多的材料。要解决这样的矛盾，合理的推论只能是众弟子将材料汇聚到一起，最后主要由一人进行整理、选辑、编订，而这位整理、编订者应在孔门之中地位尊隆，而且是曾子门人。符合这种条件的人只有子思。

我们认为，研究《论语》的成书应当与《孔子家语》联系起来考虑。孔安国的《孔子家语·后序》说《孔子家语》和《论语》都出于“诸弟子各记其所问”，说《孔子家语》与《论语》“并时”。而后，“弟子取其正实而切事者，别出为《论语》，其余则都集录之，名之曰《孔子家语》”。所以，如果说《论语》有“语录”性质，那么《孔子家语》则与“文集”相近。《孔子家语》是弟子记录的汇编，其中虽然有后来增加、整理的成分，但基本上还是保留了原始面貌的形态。

有人推测，《论语》的结集可能在孔子去世后不久，因为“以常情而论，孔子殁，‘微言’绝，而且弟子中已有不同学派，七十子在聚会治夫子之丧时，能不考虑今后大家离去，‘微言’分散，不利以传夫子之道吗？所以说这时倡议纂辑《论语》，时机最为成熟，汇集资料最为方便”①。此说很有道理。《孔子家语》中有《终记解》一篇，记录孔子临终时的一些情形，似乎可以说明这样的推测不误。只是此时所汇聚起来的可能是弟子们各自记录整理的孔子言行，它应该就是《孔子家语》的雏形。而从孔子言语中“取”（或“选择”）出“正实而切事”的《论语》，应该是此后的事情。

《孔子家语》之所以被称为“家”，其中记录孔子身世、生平，又有《本姓解》叙述其家世源流，说明《孔子家语》属于“孔氏家学”的范畴。而《孔子家语》与《论语》“并时”的情况表明，二者的整理与编订者只能是子思。

三、《论语》明显具有“正实而切事”特征

显而易见，《论语》不同于其他著作之处在于它是“语录体”。也正因

① 黄立振：《〈论语〉的源流及其注释版本初探》，《孔子研究》1987年第2期。

为如此，《论语》具有了孔安国所说的“正实而切事”的突出特征。

在《孔子家语·后序》中，孔安国谈到孔子后学编纂《论语》时，其选取材料的标准是“正实而切事”。所谓“正实”，不仅说明了《论语》材料与孔子的关系，而且与子思作为《论语》的编订者有关。

如何理解孔子遗说材料的来源，新出版的《上海博物馆藏战国楚竹书（二）》中的《从政》篇对此颇具启发意义。《从政》篇现存竹简中，仅仅“闻之曰”就出现了至少十三次，经认真比较研究，《从政》篇中的“闻之曰”与“子曰”相同，说的正是“闻于孔子之言”。以“闻之曰”起始的每一节都集中论说一个主题，彼此相对独立。如前所述，《礼记》中有《坊记》《中庸》《表记》《缁衣》，据《隋书·音乐志》，沈约曾说这四篇属于《子思子》。将《从政》篇的这些竹简与现存于《礼记》中的《子思子》四篇进行对照，不难发现其结构非常一致。《孔丛子·公仪》记穆公对子思所说“子之书所记夫子之言”，表明《子思子》中有很多是专门记述孔子的话。《从政》篇与郭店楚简、《礼记》四篇等子思著作又在内容上有密切关联，所以，我们认定《从政》篇应该属于《子思子》的佚篇。

发现《从政》篇属于《子思子》有重要的意义：一则说明《子思子》书中有多篇都是以“子曰”或“闻之曰”的形式大量排比孔子言论；二则说明了其中子思所记述的孔子语录的性质或可靠性问题。《孔丛子·公仪》记曰：

> 穆公谓子思曰：“子之书所记夫子之言，或者以谓子之辞也。”子思曰：“臣所记臣祖之言，或亲闻之者，有闻之于人者，虽非其正辞，然犹不失其意焉。且君之所疑者何？”公曰：“于事无非。”子思曰：“无非所以得臣祖之意也，就如君言，以为臣之辞。臣之辞无非，则亦所宜贵矣。事既不然，又何疑焉？”

子思之言交代了《子思子》所记孔子遗说的特征，即子思所谓“或亲闻之者，有闻之于人者，虽非其正辞，然犹不失其意焉。”由此可知，《子思子》

中大量的孔子言论，有不少应该就是“闻之于人者”，虽然“不失”夫子之“意”，但可能“非其正辞”。相比而言，《论语》所记则应当属于孔子的“正辞”，也就是孔安国所说的“正实”。

在《论语》中，孔子应答弟子、时人的话自不必说，显然都是孔子弟子等人记录整理的结果，即使“弟子相与言”之语，也能够透露出他们在表达孔子的思想。例如《颜渊》篇记曰：

> 司马牛忧曰：“人皆有兄弟，我独亡。”子夏曰：“商闻之矣：死生有命，富贵在天。君子敬而无失，与人恭而有礼。四海之内皆兄弟也，君子何患乎无兄弟也？”

在这里，子夏所闻，或即是来自孔子。而按照《论衡》以及朱熹《四书集注》的说法，这里的“死生有命，富贵在天”，应当就是子夏闻于孔子之言。

如果《颜渊》篇的记述还不能确定子夏所闻就一定来自孔子，那么，《季氏》所记孔子弟子陈亢与伯鱼的对话则透露了孔子弟子主要是通过“闻”的方式了解孔子的教诲。显然，这些教诲被弟子记录整理下来，就见于现在的《论语》等典籍中。《季氏》记载说：

> 陈亢问于伯鱼曰：“子亦有异闻乎？”对曰：“未也。尝独立，鲤趋而过庭。曰：‘学《诗》乎？’对曰：‘未也。’‘不学《诗》，无以言。’鲤退而学《诗》。他日，又独立，鲤趋而过庭。曰：‘学《礼》乎？’对曰：‘未也。’‘不学《礼》，无以立！’鲤退而学《礼》。闻斯二者。”陈亢退而喜曰：“问一得三。闻《诗》，闻《礼》，又闻君子之远其子也。”

《子张》篇中的记述更具有典型意义：

> 子夏之门人问交于子张。子张曰：“子夏云何？”对曰：“子

夏曰：‘可者与之，其不可者拒之。’”子张曰：“异乎吾所闻。君子尊贤而容众，嘉善而矜不能。我之大贤与，于人何所不容？我之不贤与，人将拒我，如之何其拒人也？”

作为孔子的再传弟子，子夏门人向子张求教问题。子夏所言与子张不同，最后子张所表述的，还是以自己从孔子那里听到的相告。《论语》这里所表述的还是孔子的思想。《子张》篇中又记述说：

曾子曰：“吾闻诸夫子：人未有自致者也，必也亲丧乎！”

曾子曰：“吾闻诸夫子：孟庄子之孝也，其他可能也，其不改父之臣与父之政，是难能也。”

曾子的这两段话，都是直接转述的孔子言论。

实际上，在孔子弟子与孔子相处的日子里，孔子往往与不同的弟子讲述不同的内容，所以，《公冶长》篇记载说：“子贡曰：‘夫子之文章，可得而闻也；夫子之言性与天道，不可得而闻也。’”子贡“不可得而闻”的内容，其他弟子未必也是如此。孔子弟子亲闻于夫子，其“正实”可靠不言而喻。

除了“正实”，《论语》还具有“切事”的特点。所谓“切事”，子贡所言恰恰也有透露。关于“夫子之文章，可得而闻也；夫子之言性与天道，不可得而闻也”，人们的理解不同：一则理解为孔子很少谈论性与天道的问题，所以子贡不能听到；二则理解为孔子关于性与天道的议论高深微妙，连子贡自己也难于知解。但不论是哪种理解，都说明与“性与天道”相比，孔子更关注社会生活中的现实问题。这是《论语》作为“语录体”的选材标准问题，而不是孔子是否谈论性与天道的具体问题。

与《孔子家语》相比，《论语》的“切事”更加明显。有人认为《孔子家语》是王肃伪作，朱熹就不同意这一说法。据《朱子语录》记载，他认为《孔子家语》“非王肃所作”，但其书“多疵”；又说《孔子家语》“是当时书”，但“记得不纯”。所谓“不纯”，无非是因为《孔子家语》是将孔子遗说的材料“都集录之”，而不是像《论语》那样进行了拣选。

《论语》“切事”的特点也应该与子思的纂辑有关。既然子思是总体上来编纂孔子语录，而且是要在众多的材料中选择孔子遗言，那么，他就一定会考虑哪些孔子言论更具有直接教化社会人心的作用，哪些更为符合孔子的最终关切点。显然，《论语》有特定的选材标准，正因如此，《论语》不会记录孔子的所有言语，更不会记录孔子的所有事迹。

四、《论语》不是研究孔子唯一可靠的资料

由材料来源、结集成书的种种特征所决定，《论语》毫无疑问是研究孔子的可靠材料。但是，如果认为只有《论语》才是研究孔子的可靠材料，那就大错特错了。如果这样认为，孔子儒学研究就会丧失很多珍贵的文献材料。

孔子长期从事教育，在长期的教学生涯中，弟子们记录整理了大量的孔子遗说。这些孔子遗说，就是以《论语》为代表的大量文献，有学者称之为“《论语》类文献”。这些材料多以“子曰”“孔子云”之类的形式保留下来。可以说，没有孔子弟子整理的孔子遗说，我们的古代文化宝库将不会如此丰富；没有孔子弟子，我们就无法真正全面了解孔子，也无从完整地了解中国的“原典文化”。

孔子遗说研究是中国儒学研究的基础，是中国古代文化研究的关键问题，但历来研究者众多，分歧却也极大，其间许许多多不正确的认识，影响广泛而深刻，这与孔子和早期儒学在中国文化中的地位极不协调。长期以来盛行的疑古思潮，由怀疑古史到怀疑古书，中国古代文化典籍更是被怀疑的重点。由于人们对于古书成书和流传规律了解不够，很多古籍被打入“伪书”行列，多数典籍的成书年代被严重后置。中国哲学史学科可谓“受灾”

最为严重，不少珍贵材料被“武断地加以剔除”，“颠倒思想发展之绪者”不可胜数。

有学者说，经过疑古学者的剥离，与孔子有关且可信的资料“似乎只有《论语》一书了”。其实，《论语》本身的可靠性也受到了质疑。长期以来，流行的看法却是《论语》陆续成书于孔子后学，经过了一个漫长的过程。尤其清朝以来，疑古高潮迭起，《论语》也像其他典籍一样受到怀疑。学者们的研究主要从《论语》的流传着眼，人们认为，《论语》等书既然有递相传授的过程，就必然会造成“不纯”。

崔述的研究最具代表性，他的《洙泗考信录》和《论语余说》用考究授受源流等方式，论定《论语》一书有“窜乱”，有“续附”，《论语》编订初始，各篇不出于一人之手，而是“各不相谋”，其后才汇为一本，又有采自他书以足成之者。崔述的根据主要是前十篇与后十篇文体上有所不同，认为尤以最后五篇为不足信。

对崔述的研究，顾颉刚先生叹服不已，倍加赞赏。实际上，这样的观点成了后来学界对《论语》一书的主流看法。崔述的研究还影响到国外，受到外国学者的推崇。如美国学者顾立雅（H.G.Creel）、日本学者木村英一也是如此，后者研究《论语》各篇，一一落实其写成的时间，甚至“考证出”某些篇成于孔子再传、三传、四传甚至五传弟子之手，这与崔述的看法大体一致。某些西方学者对《论语》的怀疑更有过之而无不及。据说，20世纪30年代，受疑古思潮的影响，英国的汉学家韦利（Arthur Waley）坚持认为，《论语》一书二十篇，只有第三至第九篇是可靠的，其余各篇均系后人所加。这一疑古考证已经成为西方汉学的经典著作，至今仍有较大的影响。有一对学者夫妇——布鲁克斯夫妇（白牧之、白妙子），他们只相信第四篇的前二十章是可靠的，其余都是孔子的学生们在二百四十年的时间内逐步加上的。这一结论引起了较大的争议，新闻媒体对这一结论作了各种各样的发挥与引申。由于认识与方法的严重偏差乃至错误，本来思想体系博大的“孔夫子”被活生生变成了“空夫子”。

近些年来，地下出土了大批的学术文献，尤其是阜阳汉简、定州汉简、马王堆汉墓帛书、郭店战国楚简以及上海博物馆收藏的战国楚竹书等，不仅可以补充孔子和早期儒学研究的资料，而且可以纠正以前研究中的偏失。显然，“孔子遗说”研究应当主要结合新出土文献，对有关的孔子材料进行文献学、思想史的深入考察，进而认真对待传统记载，深刻反思既往研究，全面分析新的学术信息，对孔子遗说的形成、特征以及我们应持的态度，做出客观的、尽量接近历史实际的估价。

笔者认为，对孔子遗说的研究应该注意以下几点：第一，将研究放在中国上古文化的大背景中进行。以前，人们对我国古代尤其三代文明发展的水平估价不足，而大量的出土材料已经使原来不少朦胧、模糊的认识变得清晰、生动起来，为此项研究提供了极好条件。第二，将孔子回归到他所处的时空中去研究。按照“知人论世”原则，将孔子真正回到春秋末年的鲁国，回到当时的文化背景之下，结合西周以来鲁国的礼乐传统，结合春秋时期鲁国的文化品格，从而探索孔子的心灵世界。第三，既要克服疑古思潮造成的巨大束缚，也不要盲目信古，充分利用考古新发现，将新出土文献与传世文献进行认真比较，综合分析，从而补偏救弊，不受既有观念束缚，检核既往成果，做到言之有据，无征不信。

依照我们的看法，关于孔子遗说的许多问题，早期记载本来比较清晰，但由于对这些记载的解释不当，有的成书年代被严重后置，古书序列混乱；有的被定为伪书被弃之不用；还有的连学派属性也被误指（如《易传》）。孔子与六经、孔子遗说的研究，是整个“原典”文化研究的基础。孔子“祖述尧舜，宪章文武”，熟悉古代典籍。在他看来，六经各有特征，但都有益于社会政治。孔子非常重视六经的“王道”教化功能，从而整理了六经，这是最值得珍视的宝贵遗产。在长期的教学实践中，孔子的大量说教被弟子后学记录下来，后来，这些记录流传广泛，受到普遍重视。曾子和作为孔子裔孙的子思曾经辑集孔子遗说，《论语》、《孔子家语》、保留在《礼记》中的有关篇章、郭店儒简、上博竹书《从政》，还有保存在《孔丛子》中的四篇孔子遗说，可能都出于他们的整理。只有了解这一点，才能更好地理解《论语》，准确而全面地了解孔子学说。

五、研读《论语》应注意总体把握孔子思想

研读《论语》，自然是为了理解孔子，学习孔子学说。然而，作为孔子的“语录”，《论语》中的片言只语往往具有很多歧解，实际情况往往是：人们研究《论语》与孔子，常常将其中的一句话进行分析解读，而没有注意从全书的结构出发，没有综合其他相关记载，于是便人云亦云、莫衷一是，甚至与本意大相径庭、南辕北辙。我们曾说，《论语》所记载的孔子的言论是人们从孔子那里听来的，孔子逝世后，孔子门人相与“辑而论纂”，从而形成了《论语》。就是这样一个孔子弟子“辑而论纂”的过程，在给我们留下极其宝贵资料的同时，也的确留下了不少疑难和“秘密”。所以，我们不得不十分注意从总体上把握孔子思想。

那么，怎样才能做到全面理解孔子思想呢？笔者认为，首先不应该仅仅停留在《论语》中的一条又一条的“语录”上，应当整体观照《论语》全书。实际上，当面对《论语》之中简洁的语录，面对其中一条又一条的“善言嘉语”，人们往往感到疑惑：我们的理解对吗？《论语》材料是随意堆砌还是精心编排？该书在多大程度上反映了孔子的思想？面对积如丘山的注释和解说，人们在追问：为什么大家的理解往往出现那么多的差异？我们怎样才能更加接近孔子那颗伟大的心灵？

要正确解读《论语》，必须揭开《论语》的“秘密”，从而把握该书的整体结构，理解《论语》所要表现的真正的孔子。其实，《论语》的“秘密”不在别处，恰恰就在人们最熟悉、人人都知道的《论语》开篇的那一章：

学而时习之，不亦说乎？有朋自远方来，不亦乐乎？人不知

而不愠，不亦君子乎？

理解这一章的关键在于第一句。按照我们的理解，《论语》首章孔子表达的是这样的思想：如果我的学说被时代或社会所采用，那不就太值得高兴了吗？退一步说，如果时代没采用，可是有很多赞同我的学说的人从远方而来，和我一同讨论问题，不也很快乐吗？再退一步说，不但社会没采用，而且人们也不理解我的学说，我也不恼怒，不也是一位有道德修养的君子吗？

关于这一章的理解，传统的说法影响太大了，虽然已经有学者研究并且指出，却没有引起人们的注意。

在那样的时代，孔子是苦闷的，他多么希望有人理解自己。在孔子所作的《易传》中有"君子以朋友讲习"的句子，什么是朋友？郑玄注《论语》："同门曰朋，同志曰友。"孔子十分盼望有真正与自己志同道合的人，与自己一同谈学论道，但真正理解孔子的人毕竟太少了，连他的弟子有时也未必真的了解他。由此，我们就不难理解孔子为什么有时与弟子那么亲密，有时对弟子又那么严厉。

孔子在周游列国时，走到陈、蔡两国之间断粮七日。在困厄之中，孔子不畏艰难，仍保持乐观态度，继续讲诵，弦歌不辍。子路生气了，他对孔子的思想感到疑惑；子贡也不理解，他请求孔子将博大精深的学说稍稍降低一下标准。只有颜回理解孔子，他认为："老师的学说博大精深，致使天下人都不能接受您。虽然这样，您还是推广并实践它，世人不任用，是各国统治者们的耻辱。学说不被接受仍然坚定信念，方显出了君子的本色。"听到颜回的话，孔子十分激动，也感到十分欣慰。

孔子的理想与抱负只有颜回能够理解，然而，就是这样一位可爱的弟子，竟然先孔子而去世，难怪颜回的去世使孔子那么伤感！

孔子临终前七日的那天早晨，他背着手，拖着手杖，悠闲地在门口漫步排遣。他口里唱道："泰山其颓乎！梁木其坏乎！哲人其萎乎！"[①]孔子唱

① 《孔子家语·终记解》。

完，回头走进屋子，正对着门，安静地坐下来。作为一位迟暮的老人，孔子感到自己将不久于人世，将不得不撒手许许多多的牵挂，他似乎再也没有机会，更没有能力去关注苍生，他终于不用再游说，不用再奔波了。

那么，将要永别于人世的孔子在想什么？在孔子的心目中，将要坍塌的泰山何指？哪个是将要折坏的梁木？谁又是将要病逝的哲人？子贡来到后，孔子说的话清楚地表明了孔子的自信，他说："天下无道久矣，莫能宗予。"[①]孔子始终在考虑拯救世道人心，他对自己的学说竟然是那样坚信！

时移势迁，或许在不少人心中，孔子的形象业已变得日渐模糊。可是，当回首春秋末期的乱世时，我们看到的依稀是一位荒野中的赶路人，一位风雨中的狂歌者。在他几十年的人生旅途中，孔子似乎总是痴心不改地追寻着、探索着，他给我们留下了智者的教诲、仁者的遗训……但是，直到他去世，人们仍然不能够理解他，没有为他提供施展政治抱负的舞台。

作为孔子的裔孙，子思应当比我们更了解孔子。《孔丛子·记问》中记载了有关于子思与孔子对话的记录。孔子对孙子寄予了希望，开始时他认为孙子小小的年纪怎么能够理解呢？但子思从孔子的叹息中知道孔子担心"子孙不修"，羡慕"尧、舜之道"，这令孔子感到欣慰，高兴地说："吾无忧矣。"《论语》出于子思，他一定会精心编辑，哪里会随意堆砌有关材料？

经过选择、编排，《论语》中的孔子言论缺少了具体语境，而其中的语录比较简略，增加了人们认识的难度。后人论定《论语》有"窜乱"，有"续附"，各篇"各不相谋"，不出于一人之手，现在看来，都缺乏有力证据。

孔子的坚毅支撑着他的信念，他的信念使他变得更加坚毅。孔子当然希望学说用世，他为追求政治理想而矢志不渝。但孔子所处非"时"。儒家强调"穷则独善其身，达则兼善天下"，郭店楚墓竹简中有一篇《穷达以时》，《论语》首章中的"时"也是此意。孔子曾说："夫遇不遇者，时也。"[②]他认为："君子博学深谋而不遇时者众矣。"[③]孔子到处碰壁，是时势使然，

① 《史记·孔子世家》。
② 《孔子家语·在厄》。
③ 《孔子家语·在厄》。

但孔子是坚强的，他有强烈的治世情怀，并“知其不可而为之”，甚至显得有些“愚顽不化”，尽管世人不了解自己，但他仍然坚信自己的学说，坚守自己的政治主张，这也体现了孔子对自己人生际遇的思考。

这样，当我们回看《论语》时，发现它其实有内在的严密逻辑。《论语》首篇围绕做人这一个中心问题展开，以下各篇分别谈为政以德、守礼明礼、择仁处仁等，层层剥离，依次展开。《论语》首篇十分重要，宋朝有学者说：“今读《论语》，且熟读《学而》一篇，若明得一篇，其余自然易晓。”这的确是通读《论语》掌握其真谛的中肯之言。是的，我们现在不能正确理解其中的善言嘉语，正是因为将本来是一个整体的《论语》读散了！

《论语》注重做人、修身，这正是曾子门派的特征，这一特征或许就是孔安国所谓的“切事”。子思学于曾子，从上博竹书《从政》等篇看，子思不仅谈论心性问题，也十分关注为人、为政等社会的现实，他谈论心性也是他深刻思考社会人生的表现。正因如此，子思纂辑《论语》，才首重做人。宋代邢昺在《论语注疏》注《学而》章时说：“此篇论君子、孝弟、仁人、忠信、道国之法、主友之规，闻政在乎行德，由礼贵于用和，无求安饱以好学，能自切磋而乐道，皆人行之大者，故为诸篇之先。”子思这样条次编辑，既符合乃祖孔子原意，又与其师曾子保持一致，还与子思自己的思想通贯。

在孔子的思想体系中，“仁”“礼”“中庸”“道”“义”“和”等都是有机组成部分。然而，孔子思想的核心是什么，学术界还有不同认识。其实，孔子的思想虽然有一个不断发展的过程，但也的确有一个始终不离的中心，这就是孔子对现实社会秩序的关切。由此，他的学说始终是围绕“修己以安人”而展开，或者说，孔子的不同言论，都是他这一学说体系中的不同部分。

我们曾说，如果说孔子是一位思想家，那么他首先是一位政治思想家。没有当时“天下无道”“礼坏乐崩”的历史实际，就不会产生孔子的伟大思想。孔子思想产生的早期，他所关注最多的是“礼”，即周礼。孔子步入社会之初，名声日隆，从学的弟子众多，原因都在于他对周代礼乐的精深造诣。这一时期，孔子谈论最多的也是周礼，他所念念于怀的，是怎样以周代礼乐重整社会。

随着时间的推移，孔子对社会的认识逐渐深化。他到处推行自己“礼”的政治主张，企图用自己的学说改造社会，但却事与愿违，处处碰壁。他不得不进一步思考“礼”之不行的深层原因，于是，他开始越来越多地提到“仁”，议论“仁”与“礼”之间的关系。这时期，孔子“仁”的学说得到了充分的拓展和完善。进入“知命”之年以后，孔子的人生境界逐渐提升，以至于最后达到了“从心所欲，不逾矩”的佳境。他晚而喜《易》，并作《易传》，对自己的哲学思想进行了具体的阐发，他“中庸”的方法论也臻于成熟。如果把孔子的一生进行这样整体的分析，或者会有助于对孔子思想核心问题的理解，也会更有利于读懂《论语》，进而把握孔子思想的精髓。

第八讲
《孔子家语》的成书与可靠性

《孔子家语》是专门记录孔子及孔门弟子思想言行的著作。该书汇集了孔子的大量言论，再现了孔子与弟子、时人谈论问题的许多场景，还有经过整理的孔子家世、生平、事迹以及孔子弟子的材料。与《论语》相比，该书内容丰富，具体生动，首尾完备。只是该书长期遭受冷落，被视为“伪书”弃而不用。值得欣慰的是，地下文献的发现与研究，使这部宝贵的典籍终于重见天日。有学者对该书进行了很好的探讨，发现其中的记载极为珍贵，认为该书属于“孟子以前遗物，绝非后人伪造所成”，从而“轰然打破”了原来的“成见”。[1]与包括《论语》在内的众多文献相比，该书完全称得上“孔子研究第一书”。但是，对这样一部重要典籍，仍有许多学者存有种种疑虑，许多传统看法仍具有很大影响。我们谨对《孔子家语》的成书与可靠性问题试加梳理。

一、《孔子家语》的材料来源与成书

《孔子家语》记录了孔子的言语事迹，可是，这样一部重要著作，为何命运如此多舛？欲弄清此问题，应首先了解该书的材料来源。

今本《孔子家语》附有汉孔安国的序文，根据《孔子家语·后序》,《孔子家语》为“当时公卿士大夫及七十二弟子之所谘访交相对问言语也，既而

① 参见庞朴:《话说“五至三无”》,《文史哲》2004年第1期。

弟子各自记其所问焉，与《论语》《孝经》并时，弟子取其正实而切事者，别出为《论语》，其余则都集录之，名之曰《孔子家语》”。根据我们的研究，孔安国的说法应该没有问题。

孔子在世之时，长期从事教育活动。那时，在与孔子的交流过程中，弟子都有随时记录和整理孔子言语的习惯，比如，《论语·卫灵公》所记“子张书诸绅”。

其实，孔子弟子对孔子的言论都会及时进行记录和整理。《孔子家语》中这样的例子很多，比如：

> 《入官》：“子张既闻孔子斯言，遂退而记之。”
>
> 《论礼》：“子夏蹶然而起，负墙而立，曰：‘弟子敢不志之！’”
>
> 《五刑解》：“冉有跪然免席曰：‘言则美矣！求未之闻。’退而记之。”
>
> 《正论解》：“子贡以告孔子，子曰：‘小子识之：苛政猛于暴虎。’”又曰：“孔子闻之曰：‘弟子志之：季氏之妇，可谓不过矣。’”

一方面，孔子弟子将孔子的嘉语善言主动加以记录；另一方面，孔子遇到一些重要问题，也常提醒弟子注意、记住。

在上引材料中，“志”“识”都有“记”之意。如《礼记·礼运》记孔子曰：“大道之行也，与三代之英，丘未之逮也，而有志焉。”其中的“志”，在《孔子家语》的《礼运》篇中作“记”。《礼运》篇中，不论“记”还是“志”，都有“记载”“记录”“志书”之意，朱彬《礼记训纂》引刘台拱解此字曰：“识也，识记之书。”

在与孔子交流中，弟子们学到了很多东西，可以想见，不少弟子都有自己整理保存着的有关记录。那么，这些材料是什么时候汇聚起来的？又是怎样汇聚起来的？

关于《论语》的成书时代，学界有许多较好的研究，综合学界的研究，结合新出土材料进行探讨，《论语》应该是孔子裔孙子思最终主持编纂而成。在此基础上，我们进而推断《孔子家语》的编纂，也一定与子思有重要的联系。有一细节值得注意，即孔子去世后，孔子的众弟子似乎难以承受失去老师所带来的迷茫，他们曾经因为同门有若“似孔子”，而推举他代替老师。但好像没多久，因为有若毕竟不是老师而遭到否定。这也透露了孔子弟子在孔子去世后的分化，同时显示出编纂孔子遗言已经被提上议事日程。据分析，在此及稍后的一段时期内，最有资格、有能力，又有号召力的就是曾子与孔子裔孙子思，《孔子家语》最终成于子思的领纂当无问题。

这里牵涉到一个重要问题，就是《孔子家语》为何被称为“家语”？该书的最初形态如何？有人以为《孔子家语》其名称是后来才有的，我们认为未必如此。

在《孔子家语》中，孔安国谈到了荀子入秦所带书籍，其中没有《孔子家语》的名字，而称为“孔子之语及诸国事、七十二弟子之言”；再说到秦始皇焚书时，才又冠以“孔子家语”之名。于是有人认为本来没有“孔子家语”之名。后来，该书曾经流散，几经周折，孔安国说是“而与诸国事及七十子辞妄相错杂”，直到后来，孔安国重新得到，分门别类，撰集成四十四篇的《孔子家语》。王肃序也没有说先秦已有《孔子家语》；子襄壁藏诸书有家语，清人孙志祖引徐鲲说指出：“此‘家语’二字后人妄加也。”今天也有人认为，王肃两次讲到孔安国“集录孔氏家语”“又撰孔子家语”，可见王肃也认为《孔子家语》是由孔安国编成的，“家语”的名字可能与他有关。

其实，这样的推断是难以讲通的。荀子入秦所带书籍不止一种，没有提及《孔子家语》的书名非常正常，这与战国时期《孔子家语》已经成书的说法并不抵触。《孔子家语·后序》和孔衍奏言都说孔安国和《孔子家语》有密切关系，这当然没有问题。但如果说孔安国之前并没有《孔子家语》一书，看来难以成立。孔安国所编纂的《孔子家语·后序》在汉代一直没有流行，但《汉书·艺文志》将《孔子家语》列为《论语》十二家之一，这实际上间接证明了《孔子家语·后序》的说法，即认定了孔安国以前已经有《孔子家语》的存在。

《孔子家语》的名字，在《史记·孔子世家》中已经露出端倪。按照司马迁的描述，孔子去世后，“孔子家”成为诸生演习讲礼的场所，成为弟子后学缅怀、追思恩师的场所。其中记载说：

> 鲁世世相传以岁时奉祠孔子冢，而诸儒亦讲礼乡饮大射于孔子冢。孔子冢大一顷，故所居堂、弟子内，后世因庙。

有学者指出，其中的“冢”应为“家”之误，这里的三处“孔子冢”都应当作“孔子家”。（韩兆琦在《史记笺证》中说：“按：句中‘冢’字应作‘家’”。引阎若璩曰：“‘诸儒讲礼乡饮大射于孔子冢’，误写作‘冢’，此‘家’字与赞曰‘以时习礼其家’合。”又引郭嵩焘曰：“此‘冢’字应作‘家’。”此外，王叔岷《史记斠证》等也有此说）这与后面所说的“诸生以时习礼其家”正相对应，因为乡饮、大射之礼也不能在“冢”上举行。

弟子后学住进孔子原来的居堂中，除了按时举行礼仪，他们还将各自整理保存的孔子的“讲课记录”汇聚到一起。我们可以想象，孔子的逝世，弟子后学失去了恩师，也失去了自己精神的寄托，因此，他们便汇聚孔子言论，集中孔子学说，最终在孔子裔孙子思的主持下，共同编辑了《孔子家语》。

《说文解字》说：“语，论也。”《广雅》说：“语，言也。”“孔子家语”应该就是“孔子家”的论说集或言论集，也是在“孔子家”中编辑而成的论说集、言论集，不难理解，《孔子家语》与《论语》在内容性质上完全相同。

二、《孔子家语》的早期流传

孔子弟子将各自记录整理的有关孔子的材料汇聚“集录”在一起，这应当就是《孔子家语》的原型。很明显，在以后的日子里，这个较为完全的“集录”本会有不少儒家弟子后学进行传抄，从而流行开来。

在《孔子家语》的后序中，孔安国较为清楚地描述了《孔子家语》的流传情况，其中几个比较重要的环节如下。

第一，战国之世，孟子、荀卿守习儒学，《孔子家语》可能传本不一。“孔子既没，而微言绝，七十二弟子终，而大义乖，六国之世，儒道分散，游说之士各以巧意而为枝叶，唯孟轲、荀卿守其所习。”

第二，荀卿入秦，以“孔子之语及诸国事、七十二弟子之言，凡百余篇”献秦昭王，《孔子家语》由此传入秦国；由于《孔子家语》与诸子同列，故后来始皇焚书时得以幸免。在孔安国看来，先秦虽有不少《孔子家语》材料在流传，也一定会有不少人在传习《孔子家语》，但荀卿毕竟“守其所习”，而且，将《孔子家语》传到秦国并且使之流传到汉朝，都是荀卿的功劳。这样，就保证了《孔子家语》材料的“纯正”，避免了“游说之士各以巧意而为枝叶”的影响。

第三，汉初刘邦灭秦后，“悉敛得之，皆载于二尺竹简，多有古文字”，后为吕后取而藏之。吕氏被诛亡以后，《孔子家语》散入民间，遂出现了《孔子家语》的多种本子。《孔子家语·后序》曰：“好事者亦或各以其意增损其言，故使同是一事而辄异辞。”

孔安国所言“悉敛得之”，说明汉灭秦时所得到的《孔子家语》是一全本。他还说这些材料“皆载于二尺竹简，多有古文字”，这些描述，非亲见者难以言之。孔安国见到这些竹简是没有问题的，因为从汉朝得到这些材料，到吕后得到这批材料，再到他那个时期，这些材料一直是在流传着的。

第四，景帝末年募求天下书，那时，京师士大夫皆送官，得吕氏所传《孔子家语》，不过，这些材料“与诸国事及七十子辞妄相错杂”,“与《曲礼》众篇乱简，合而藏之秘府”。

这里透露出来的信息十分重要。景帝末年募求天下书时，官府中一定集中了不少《孔子家语》的材料，也就是说，在景帝时，秘府已经有了《孔子家语》一书。当然，这部《孔子家语》(或这些《孔子家语》材料)还存在着不少问题，因为这些可能已经不单纯是《孔子家语》的竹简，而是与其他相关记载“妄相错杂”。

三、孔安国重新编订《孔子家语》

在西汉秘府中,《孔子家语》虽有收藏，但因为与其他材料混乱地存放在一起，仅由“掌书”负责掌管而已，因此，一定会严重影响到该书的利用。正因如此，后来才出现了两个问题：第一，官家图书中的《孔子家语》后来没有流传下来；第二，孔安国想方设法重新整理了《孔子家语》。

据《汉书·艺文志》，西汉秘府中的《孔子家语》有二十七卷，虽然这些材料可能后来还曾经有人使用，但因为该书存在一定的问题，所以当孔安国的孙子孔衍奏请将孔安国整理后的《孔子家语》立于学官时，刘向本人也是同意的。再到后来，曾经收藏在秘府中的这个《孔子家语》还可能被整理传抄过，不过，最终可能还是不及孔安国整理的本子而归于亡佚。

汉武帝元封年间(前110—前105)，孔安国在京师为官。作为孔子后裔，他了解到《孔子家语》在秘府中的状况，很担心“先人之典辞将遂泯没”，于是，他设法得到这些材料，抄录整理，“撰集”而成为四十四篇的《孔子家语》。这部流传至今的著作，便是我们今天所看到的《孔子家语》。

孔安国叙述自己“撰集”《孔子家语》的经过说：

> 因诸公、卿、大夫，私以人事募求其副，悉得之。乃以事类相次，撰集为四十四篇。又有《曾子问礼》一篇，自别属《曾子问》，故不复录。其诸弟子书所称引孔子之言者，本不存乎《孔子家语》，亦以其已自有所传也，是以皆不取也，将来君子不可不鉴。

孔安国通过私人关系得到了《孔子家语》的材料，进行整理。他搜求材料，明确说是“悉得之”，看来，这些《孔子家语》材料应该是比较完备的。在此基础上，他按照事情的类别进行编次，分为四十四篇。从今本《孔子家语》看，各篇之间既有内在逻辑联系，也有重新编次的痕迹。

比如，该书以《相鲁》为第一篇，从孔子仕鲁开始；接着是《始诛》，记孔子为大司寇时事；第三篇《王言解》乃孔子与曾子的对话，这不仅仅是因为子思为曾子弟子，就像《论语》中曾子的地位显得非常特殊一样，在《孔子家语》也格外重视曾子的言论，更重要的是，孔子倡言王道，该篇所谓“王言”，乃是记述孔子的“王”天下之言。在前三篇之后，第一卷中的各篇都是孔子回答诸侯国国君，主要是鲁哀公的谈话；然后，各篇才记述孔子与弟子们的论说。后面依照内容的不同而有所区分，如在第八卷中，将冠礼、庙制、音乐等归在一起，显然有一定考虑。在基本排列完有关材料后，第九卷将孔子弟子、孔子家世、孔子临终情况分别单篇叙述，又将孔子的一些零散言论作为“正论”列为一卷。最后一卷三篇都是孔子与弟子关于曲礼的问答。

孔安国对原来的材料进行编次时，毕竟有些不好归属，所以在今本《孔子家语》中不难看到本应不属同篇的材料被归到了一起。他的重新编次，当然已经与最初时期的次序不同。但是，不论其编次如何，他都是尽力使这些材料的顺序符合一定逻辑。毫无疑问，孔安国的编次是对《孔子家语》的再加工过程，但可以肯定的是，他一定尽力保存了《孔子家语》的材料之真，也就是说，尽管他进行了重新编次的工作，但该书材料的真实性却并不会受到影响。

还有一点，孔安国说到吕氏被诛亡后，《孔子家语》散在民间，从而使《孔子家语》出现了“同是一事而辄异辞”的现象，这显然是“好事者亦各以其意增损其言”所造成的。这应当是孔安国在整理编次《孔子家语》时发现的问题。我们推测，他一定会在“录副”时有所考虑，有所去取抉择。很显然，孔安国不仅为我们保留了孔子与早期儒学研究的宝贵材料，而且进行了认真的分析梳理，他对于《孔子家语》的整理功不可没！

四、《孔子家语》的孔氏家传

谈《孔子家语》，不能不谈该书的真伪之争。长期以来，《孔子家语》被视为“伪书”的典型代表，严重影响了该书的研究和利用。

《孔子家语》“伪书”说的形成，与其成书与流传问题紧密相连。今本《孔子家语》经孔安国写定后，经历了一个家传的过程，后来，三国时期的王肃得到该书，并为此书作注，使该书开始流行。然而，由于今本《孔子家语》之外可能还有原来官府的所谓《孔子家语》本子存在，而且经过孔安国的整理，舍弃了其中有关的一些材料，比如他曾经提到的“《曾子问礼》一篇”“诸弟子书所称引孔子之言”等，这些材料被人作为《孔子家语》进行使用，从而影响到了后代学者对今本《孔子家语》的认识。于是，后来有人认为《孔子家语》存在严重问题，再到后来，《孔子家语》居然成了“伪书”，人们不是以为孔安国“作伪”，就是认为王肃“作伪”。清代以后，由于疑古思潮的严重影响，《孔子家语》作为“赝品”，在有的学者心目中已经不值一提，而以《孔子家语》为真，认为应当认真对待该书的声音，几乎完全被疑古大潮所淹没。

在汉武帝时期，孔安国虽然为官于朝，按照其孙孔衍所说，他也是“以经学为名，以儒雅为官，赞明道义见称”。但是，他编订《孔子家语》，主观目的却在于保存“先人之典”，带有“私”的性质。所以，尽管他在编次《孔子家语》上下了很大功夫，但从其编订，直到三国王肃之时，在三四百年的时间里，《孔子家语》却是一直作为家传图书而存在。

汉代，今本《孔子家语》仅仅作为家传本流传，一个最重要证据便是其不像被编入《礼记》《大戴礼记》等书中的材料那样，动辄就避汉讳，不像“二戴”《礼记》那样带有明显的汉人编辑的痕迹。

在《四库全书》中，《孔子家语》本属于御题影宋钞本，乃毛晋汲古阁收藏的本子。在该版本的后面，不仅有孔安国《孔子家语》的《后序》，而且有孔安国后人所撰《后序》，这两篇序文将孔安国以后《孔子家语》在汉代的家传情况介绍得比较详细。

需要辨明的是，不少学者误解孔安国后人所撰《后序》，认为其中的记载自相矛盾，由此怀疑该文的可靠性。人们的误解主要是关于《孔子家语》是否出于孔壁，有关情况在《孔子家语·后序》中是这样说的：

> 子襄以好经书，博学，畏秦法峻急，乃壁藏其《家语》《孝经》《尚书》及《论语》于夫子之旧堂壁中。……天汉后，鲁恭王坏夫子故宅，得壁中诗书，悉以归子国。子国乃考论古今文字，撰众师之义，为《古文论语训》十一篇、《孝经传》二篇、《尚书传》五十八篇，皆所得壁中科斗本也。又集录《孔氏家语》为四十四篇。

序文在下面引述孔衍奏言的时候又说：

> 前朝时鲁恭王坏孔子故宅，得古文科斗《尚书》《孝经》《论

语》，世人莫有能言者。安国为之今文读，而训传其义。又撰次《孔子家语》。

人们看到序文中“乃壁藏其《家语》《孝经》《尚书》及《论语》于夫子之旧堂壁中”，以为“家语”就是《孔子家语》，其实，此处所言的“家语”乃是“孔子家的言语论说书籍”的一个泛称，包括被壁藏的“《孝经》《尚书》及《论语》”之类的所有材料。序文中并没说子襄壁藏的书籍中有《孔子家语》。这与《汉书·艺文志》《汉书·鲁恭王传》等材料中的相关记载完全一致。

孔安国曾经整理孔壁藏书，但在两篇序文中，都同样没有说他整理的书籍包括《孔子家语》。孔安国序文明确叙述《孔子家语》的流传过程，丝毫没有说它与孔壁有什么联系，在孔安国后人的序文中，也同样都是将孔安国整理孔壁藏书与“集录”或“撰次”《孔子家语》分开来说的。

孔安国后人的序文到底出于何人之手，由于材料缺乏，已经很难知晓，但其中所叙述的有关情况是值得充分重视的。该序首叙从孔子到安国十二世的孔氏世系，又全文引述安国之孙孔衍给汉成帝的上书。无论是序文的介绍还是孔衍的上书，都称孔安国整理《孔子家语》以后，该书并没有献出来呈交朝廷。

据介绍，孔安国整理《孔子家语》后，由于遇到巫蛊事件，未来得及呈献。不久，安国被调离京师，直到去世，此事被搁置下来，这便是安国后人序文中所说的“寝不施行”。后来，汉成帝诏刘向校定群书，忽视了孔安国校订的各书，遂使这些书籍仍然“各废不行于时”，其中自然包括《孔子家语》。所以，孔衍希望朝廷能够将这些重要的典籍材料“记录别见”，他说：“光禄大夫向以其为时所未施行，故《尚书》则不记于《别录》,《论语》则不使名家也。臣窃惜之。且百家章句无不毕记，况孔子家语古文正实，而疑之哉！”

孔衍所说的“孔子家古文”，既包括孔壁藏书，也包括《孔子家语》。孔安国在序文中说，他所抄录而来的《孔子家语》，本来“皆载于二尺竹简，多有古文字”。虽然孔安国整理的《孔子家语》“未施行”，但戴德、戴圣在编辑《礼记》《大戴礼记》时，却收录了《孔子家语》的材料。孔衍说：“今见其已在《礼记》者，则便除《家语》之本篇，是为灭其原而存其末”。因此，孔衍视其为“近世小儒”，并在奏言中对他们加以指责，批评他们“以《曲礼》不足，而乃取《孔子家语》杂乱者，及子思、孟轲、荀卿之书以裨益之”的做法。

可惜的是，孔衍奏言虽得到了汉成帝的允许，但还没有来得及最终研究确定，成帝就一命呜呼。与此同时，掌管校书的刘向也因病去世，其最终结果还是“遂不果立”。

认真品味两篇序文，纵观整个过程不难看出，无论孔安国还是孔衍，他们都希望《孔子家语》能够立于学官，流行于世。但是，由于非常巧合的种种变故，《孔子家语》在汉代始终都是以家学的形式流传。安国之后，《孔子家语》传到了其孙孔衍，衍希望朝廷“记录别见”未成，《孔子家语》自然继续家传。孔衍之后，有人作了包括孔衍“奏言”的《孔子家语》后序，此人显然也是《孔子家语》的传承之人。那么，这篇序文出于何人？在序文中，作者直接引述了孔衍“奏言”，而衍只提到刘向，其中也并没有补述刘歆等人如何看待《孔子家语》。根据序文的语气、表述，不难推测此人距离孔衍不远，他即使不是孔衍的同一辈人，也是离他不远的后辈。

直到三国孔猛之时，《孔子家语》家传的历史才由于被献给王肃而结束。《孔子家语·序》说，“孔子二十二世孙有孔猛者，家有其先人之书。昔相从学，顷还家，方取已来”。按照这个说法，在王肃注解《孔子家语》之前，孔氏家藏的这本《孔子家语》一直没有能够流行于世。幸好孔猛为王肃弟子，而书中所言与王肃所论“有若重规迭矩”，《孔子家语》才在王肃整理之后流行起来。这些都证明此前孔安国所整理的本子仅仅具有孔氏家传本的形式。

五、王肃注解《孔子家语》

今本《孔子家语》在孔安国写定后，经过两汉时期的家传过程，终于在三国魏王肃之时公布于世。作为经学家，王肃的一些观点与当时流行的郑玄之学不同。孔子二十二世孙孔猛从师于肃，他将家传的《孔子家语》拿给王肃看，而王肃看到这些材料与自己的学说暗合，且可以作为驳正郑学的根据，他不希望这些材料复归于无闻，于是为该书作注，使之行世。王肃为《孔子家语》作注，是《孔子家语》正式研究的开端，王注也就成为《孔子家语》的第一个注本，他为今本（孔安国本）《孔子家语》的流行做出了特殊贡献。

王肃反对郑学，绝非故意标新立异。但在王肃时代，世人已经对他多有误解，对此，王肃说："自肃成童，始志于学，而学郑氏学矣。然寻文责实，考其上下义理，不安违错者多，是以夺而易之。然世未明其款情，而谓其苟驳前师，以见异于人。"事实上，到三国之时，郑学已经显露出了弊端，尤其是其烦琐与神秘性的弊病，已经与时代不合，因此，"魏晋之际，清谈前期反郑之说蔚起，蒋济尝难郑玄《礼记注祭法》(《魏志·卷十四·蒋济传》裴注引)，王粲有难郑玄《尚书》事（《颜氏家训·勉学》篇，又参阅《困学纪闻》卷二)，虞翻奏郑玄解《尚书》违失（《吴志·卷十二·虞翻传》注引《翻别传》)"[①]。在这些反对郑玄的学者中，王肃不过是比较有影响的罢了。

学术总是在不断发展前进。当年，郑玄会通古今，遍注群经，对经学

---

① 贺昌群：《魏晋清谈思想初论》，商务印书馆2017年版，第58—59页。

的发展做出了重要贡献，从而奠定了他在经学史上的重要地位。到王肃时期，郑学已经风行五十多年，其缺失陆续呈现，在此背景下，王肃起而纠正郑玄之失。王肃在《孔子家语·序》中说："予岂好难哉？予不得已也。圣人之门，方壅不通；孔氏之路，枳棘充焉。岂得不开而辟之哉？"王肃与郑玄在学术上的分歧焦点，《晋书·礼志上》中有明确记载："三年之丧，郑云二十七月，王云二十五月。改葬之服，郑云服缌三月，王云葬讫而除。继母出嫁，郑云皆服，王云从乎继寄育乃为之服；无服之殇，郑云子生一月哭之一日，王云以哭之日易服之月。如此者甚众。"当然，他们之间的分歧并不止于此。

王肃反对郑玄，一是撰《圣证论》"以讥短玄"，一是撰《尚书驳议》《毛诗义驳》《毛诗问难》《毛诗奏事》以难郑，一是借《孔子家语》以驳斥郑玄。在驳难郑玄过程中，《孔子家语》可以说是"一把利剑"，其"杀伤力"可想而知。对此，王肃也不讳言，他对于自己能够得到孔氏家传的《孔子家语》也是喜出望外的。他说：

> 孔子二十二世孙有孔猛者，家有其先人之书。昔相从学，顷还家，方取已来，与予所论有若重规叠矩。昔仲尼曰："文王既殁，文不在兹乎？天之将丧斯文也，后死者不得与于斯文也；天之未丧斯文，匡人其如予何？"言天丧斯文，故令已传斯文于天下。今或者天未欲乱斯文，故令从予学。而予从猛得斯论，以明相与孔氏之无违也。

不言而喻，一种新的学术思想要在原来影响很大的学术思潮中诞生，需要经过一个艰难的奋争过程，王肃处在这样的过程中，竟然有关于孔子的新的材料可以证成己说，不难理解王肃一定会兴奋不已。所以王肃说："斯皆圣人实事之论，而恐其将绝，故特为之解，以贻好事之君子。"王肃遂倾力为《孔子家语》作注。

值得特别注意的是，王肃在注解该书时多处指正《孔子家语》的错误。

据统计，在注解《孔子家语》中，王肃对《孔子家语》记载表示怀疑或对其进行错误勘正的共有十九处。如《王言解》，原文为“千步为井，三井而埒”，王肃据前后文注曰：“此说里数，不可以言井，井自方里之名。疑此误。”又如《孔子家语·六本》：“荣声期行乎郕之野。”王肃注：“声，宜为启。或曰荣益期也。”如此等等，王肃的客观态度于此可见一斑。

六、今本《孔子家语》的流传与研究

王肃以前，《孔子家语》虽然没有受到汉代朝廷的重视，未立于学官，但该书却并没有什么可以怀疑之处。事实上，历代都有儒生、藏书家珍视《孔子家语》，看到该书非同寻常的价值，并且还有学者细致研究该书，呼吁重视《孔子家语》。然而，与此同时，在王肃注本问世以后的历代流传与研究之中，陆续出笼了对该书的怀疑、指责乃至认定其为“伪书”的观点。其实，这些观点的出现都有其特定的学术思潮背景，认真分析种种怀疑、否定《孔子家语》的观点，其结论都难以成立。在对《孔子家语》的理解、认识与研究中，它始终与中国学术的一个重要思潮相联系，这就是“疑古”。

疑古思潮可谓源远流长，如果追溯，可以上推到东汉时期的王充。唐代刘知幾则明确提出了疑古的概念。在《史通》中，刘知幾撰有《疑古》《惑经》等篇，对一些儒家经传提出疑问。他也曾经谈到《孔子家语》：“孔门之著录也，《论语》专述言辞，《孔子家语》兼陈事业。”[①]还说：“《世本》辨姓，著自周室；《孔子家语》载言，传诸孔氏。”[②]虽也有《孔子家语》“画虎不成反类犬也”“其书受嗤当代”这样的话，但他却没有怀疑《孔子家语》为伪。

---

① 〔唐〕刘知幾：《史通》卷十三《疑古》。
② 〔唐〕刘知幾：《史通》卷十《杂述》。

宋代，疑古思潮勃兴，出现了皮锡瑞《经学历史》中所谓的“经学变古时代”。他们不仅怀疑与批评汉唐传注，而且怀疑并考辨传世经典。事实上，宋代疑古涉及学术的很多方面，而以经学怀疑最为突出，甚至兴起了疑经改经之风。宋代疑古思潮有一个从滥觞、全面展开到深化的过程，到了晚宋，疑古成为经学思潮的重要内容。这时期，一部分学者走向考据之学，主张实事求是，形成实证派；另一部分学者可以称为唯理派，以理衡经，以理疑经，以己意为理，疑古势必走向肆无忌惮，这以王柏等学者为代表。王柏是提出《孔子家语》“伪书”说的第一人，他曾经对《尚书》《诗经》篇目也作过较大的改动或删削，受到后人批评。王柏关于《孔子家语》为王肃“割裂”织成的说法，无疑与宋代疑古思潮的推动有重要关联。宋代疑古思潮的影响是极其深远的，明清时期，一些学者承其余绪，将疑古不断推向高潮。

近代以来的疑古思潮，顾颉刚先生毫无疑问是典型代表。顾先生的一个重要“理论”就是“层累地造成的古史说”。有学者指出，“层累造成说”有一个相当突出的特质，那就是他把“层累”看成是有意造伪的结果，而不是自然累积而成的。这是康有为《新学伪经考》和《孔子改制考》所造成的影响。而康有为的这两部书也不是平地而起的，乃清代今文学长期发展的结果。所以，有学者认识到，廖平、康有为、崔适的疑古活动都发生在近代反传统运动尚未爆发前，而且是由强烈的尊孔卫道意图逼出了那样大规模的疑古思想。但到后来，他们的疑古成果却被反传统的疑古健将所继承，爆发了古史辨运动。

就《孔子家语》而言，顾先生的观点也很有代表性。1928年到1929年，他在中山大学期间撰有《孔子研究讲义》，其中的《按语》集中体现了他对《孔子家语》的看法。对于清朝学者的《孔子家语》研究，顾先生的倾向性十分明显，他在所编《按语》中列“参考书”，关于《孔子家语》，他除了列有《孔子家语》本子，并且注明“此书为王肃伪作，但系辑集古书而成”[①]

① 顾颉刚：《孔子研究讲义按语》，载《中国典籍与文化论丛》（第七辑），北京大学出版社2002年版，第3页。

外，还列有孙志祖的《家语疏证》、范家相的《家语证伪》，且说明以上二书辨《孔子家语》之伪，可是，标榜“研究”、做“超然者”的顾先生，在整个《孔子研究讲义按语》之中，却只字不提陈士珂及其《孔子家语疏证》，好像陈士珂和他的著作根本不存在一样。顾先生的《孔子研究讲义按语》给人的印象是，这时期的疑古辨伪几乎达到了“失控状态”。

顾先生认为，《孔子家语》虽为记载孔子之专书，却无任何取信之价值。既然该书是极其典型的伪书，在学术上“未曾发生影响”，那么此书连“痛加攻击之必要”也没有。今本《孔子家语》既伪，那么《孔子家语》“三序”自然靠不住，顾先生认为：“王肃伪作《家语》，赖以欺人者在其所伪造之孔安国序及孔衍表。”[①]因此，前人有疑其有问题者，自然就属于“精心”的辨析，完全可以成为考订古籍的样板了。在顾先生那里，《孔子家语》就是“伪书之中尤其伪者”，于是他对《孔子家语》便不再细究，认为“《家语》出于西汉人伪造，至王肃又别伪一本”。可是，今本到底如何，好像他本人也拿不准，所以一会儿说，今之所传之《孔子家语》实王肃学说支配下之孔子记载，为王肃伪作；一会儿又说，今日之本则又非王肃之旧，可谓赝中有赝。

顾先生希望用“客观的态度来研究孔子”，“不存计算功利的念头”，从而去寻得“真”的孔子，剥去后来各个时代为孔子披上的“外衣”。他认为自己是以一位“超然者”的身份出现的。但实际上，人文学科的研究哪里会有纯粹意义上的“超然者”？在顾先生心目中，孔子的本真仅是“君子”而已，他希望自己的研究能够恢复孔子的本真，使“各时代人替孔子加上的伟大都还给各时代”，只是顾先生有不少都“还”错了对象。

自今日视之，顾先生所辨不当已不难判定。从整个《按语》看，顾先生喜欢酣畅淋漓地怀疑和“辨伪”，只是嫌人“辨伪”不足，“缺乏批评精神”。顾先生已经在自己的思路上刹不住车，一旦发现“伪迹”，就不再反转

① 顾颉刚：《孔子研究讲义按语》，载《中国典籍与文化论丛》（第七辑），北京大学出版社2002年版，第18页。

过来考虑。例如，范家相判定《孔子家语》三序为伪，顾先生还认为其考订未尽，因为《史记》谓孔安国早卒，而王肃后序乃言“年六十卒于家”，“岂年六十犹可云‘早卒’乎”！顾先生为了说《孔子家语》为伪，不得不承认他“弥缝甚工”；而在这里，他指出的却是一个低级的“错误”。他不再去想：难道王肃如此之愚？他能细密地伪作整部《孔子家语》，为什么还会在这里露出马脚？

事实上，纵观《孔子家语》两千多年流传、研究史，我们竟难以找到真正能够证明该书之伪的任何可靠证据。但是，由于缺乏新材料，一些相关典籍又随着疑古思潮的逐步高涨陆续被打入了伪书的行列，没有了证据，就失去了继续探讨的前提，《孔子家语》“伪书”说几乎成为铁案，讨论其书之真就越来越缺少空间。值得欣慰的是，20世纪70年代以来，早期思想文献陆续出土问世，学者们得以重新研究该书。

在指摘《孔子家语》之“伪”的同时，也有人清醒地意识到该书的价值，或部分地理解到该书成书的真相。对于疑古之过，很多学者也已经加以指出。值得欣慰的是，近四十年来，学术界不仅“进一步的研究”已经展开，更有大批“有价值的考古材料出现”，这些材料，就是近四十年来陆续问世的简牍帛书，对这些新材料的整理与研究，为中国古代文化典籍的认识和研究带来了极大改观。“就古籍辨伪而言，竹简帛书出土所带来的震撼，恐怕与古史辨学派新说的震撼不相伯仲；因为古史辨学派为古籍真伪带来‘石破天惊’的新说，而竹简帛书却为这些新说带来‘冷酷无情’的否决……在竹简帛书严峻的考验下，许多被过去学者判定为伪造的古籍，都纷纷平反翻身”①。

冲破疑古“坚冰的封冻”借助了新的简牍材料。这些材料启发人们重新认识《孔子家语》的材料来源、编撰，《孔子家语》与孔安国的关系，“王肃伪造《孔子家语》”说等重大学术问题，直接给《孔子家语》研究带来新契机、新局面的材料，主要有河北定州八角廊汉墓竹简、安徽阜阳双古堆汉

① 郑良树：《诸子著作年代考》，北京图书馆出版社2001年版，第3页。

墓木牍、上海博物馆藏战国楚竹书等。

第一，河北定州八角廊汉墓竹简。1973年，河北定县八角廊汉墓出土了一批竹简，整理定名为《儒家者言》。这部书的绝大多数内容散见于先秦和西汉时期的一些著作中，特别是与《孔子家语》有密切的关联。较早看到《儒家者言》材料的学者认为它是一部和《论语》很有关系的儒家著作，与《孔子家语》关系密切，《孔子家语》的真伪应再讨论。

第二，安徽阜阳双古堆汉墓木牍。1977年，安徽阜阳双古堆一号汉墓出土了三块木牍，其中以一号木牍保存最完好，正反两面写字，每面皆分为上、中、下三栏，现存章题四十七个，其中一个字迹模糊无法释读。这些章题绝大部分可以在传世的文献中找到相应的内容。特别是一号木牍的四十六个章题中，绝大多数和孔子及其门人有关，这很容易让人们联想到，如此集中地将孔子和他的学生的言论事迹汇集在一起，很像《孔子家语》的体例。

第三，上海博物馆藏战国楚竹书（简称“上博竹书”）。如果说定州汉墓竹简帮助人们开启了新时期《孔子家语》研究的大门，阜阳汉墓木牍使人们看到了《孔子家语》的章题；那么，上海博物馆藏战国楚竹书的问世，则使战国时期《孔子家语》的“真容”实实在在地呈现在了世人面前。

在上博竹书中，《民之父母》与《孔子家语》的《论礼》相同。又因为该篇同时见于《礼记》的《孔子闲居》，所以，在上博竹书《民之父母》公布以前，我们曾经据此讨论过竹书、《礼记·孔子闲居》与《孔子家语》的先后关系。笔者认为，《礼记》编成在西汉时期，上博竹书的该篇早于《礼记》自无问题。将现今知道的两支竹简与《礼记》的《孔子闲居》在使用虚词方面进行对照，似乎也透露了竹书较早的信息。如竹书“何如斯可谓民之父母”，《孔子闲居》后缀有“矣”字；竹书的“民之父母乎必达于礼乐之原”，《孔子闲居》前面有发语词“夫”字。语气词的使用，西汉时期应当高于战国之时。用语言比较法为古文献断代，这是不少学者用过的方法。上博竹书该篇公布后进行通篇统计比较，恐怕更能说明问题。

现在，我们已经能够完整地看到上博竹书中的该篇。通过三篇语句异同的比较，发现《民之父母》与《礼记·孔子闲居》的区别在于后者使用语气词较多，有显著的修饰成分。上博竹书出于南方战国时期的楚墓，这属于那时传入楚地的《孔子家语》传本，从整体上看上博竹书，这批应该出于同一墓葬的材料，应是当时流传到楚国的思想文献的选编，因而与《礼记》选编儒家文献具有同样的性质，所以，上博竹书《民之父母》也有文字的修饰成分。如果认真比较，不难看出，作为文献选编本，无论《礼记》还是上博竹书，他们在传抄中都会有语句的修饰与改动。

再如，将记述同一内容的《孔子家语·论礼》、《礼记·孔子闲居》、上博竹书《民之父母》相关文句进行比较，我们发现在大多情况下，《孔子家语》往往显得更为完整、古朴，一般还有事情的原委交代。从整体看，还是应该承认经过孔安国整理的今本《孔子家语》更为近真。

《民之父母》《论礼》《孔子闲居》三者同为一篇，却又不是同一传本的事实，说明《孔子家语》绝非后人“割裂”而成。最令人震撼的，自然是上博竹书《民之父母》的问世。战国中期，该篇已经传至南方楚地，并且它与一大批思想文献同出一墓，在疑古思潮盛行的年代里，这样令人难以置信的事实一下子摆在面前，一定会令许多人目瞪口呆。但它毕竟是活生生的现实，上博竹书《民之父母》一篇的发现，真“简”实货摆在了大家的面前，人们不能不相信战国时期《孔子家语》的单篇已经流传很广。

庞朴先生曾经研究了上博竹书《民之父母》中的“五至三无”之说，并且深入思考了包括《孔子家语》成书问题在内的许多学术问题。他说：“以前我们多相信，《家语》乃王肃伪作，杂抄自《礼记》等书。《礼记》乃汉儒纂辑，非先秦旧籍，去圣久远，不足凭信。具体到‘民之父母’一节，则认为，其五至三无之说，特别是‘三无’之无，明显属于道家思想，绝非儒家者言，可以一望而知。现在上博竹书《民之父母》篇的再世，轰然打破了我们这个成见。对照竹简，冷静地重读《孔子家语·礼论》和《礼记·孔子闲居》，不能不承认，它们确系孟子以前遗物，绝非后人伪造所成。”[①]

上博竹书《民之父母》的问世，其价值自然是多方面的。《孔子家语》

① 庞朴：《话说“五至三无”》，《文史哲》2004年第1期。

与其他文献的相通，如果深入探讨，早期儒学研究一定会真正出现一个全新的局面。比如，庞朴先生还有几句话能够深深打动人心，这就是当他“吃惊”地看到极似道家的语言竟然出于“孔子”之口时，他说：“过去我们可以推说这是伪作，现在显然没有这等方便可捞了，因为竹简具在。面对竹的事实，我们不能不改弦更张，温故知新，清理成见，重新认识。”[①]这种“竹”的事实，与“铁”的事实无异。我们认为，庞朴先生所说成见的“轰然打破”可以作为“《孔子家语》伪书案”最后终结的标志，因为学者以前主要在文献比较的层面上进行了研究，庞朴先生则主要是从思想比较的层面上认定《孔子家语》“确系孟子以前遗物”。两方面有共同的认识，证据应当成立。

《孔子家语》不是伪书，自然不是说该书没有任何问题，只是这些问题与该书不可靠是完全不同的两回事。它的成书与流传过程，已经告诉了我们一些信息，使我们应当明确几个方面的问题：第一，该书可能有孔子弟子整理时的“润色”；第二，该书可能有后人传抄过程中的“增损”；第三，该书可能有孔安国整理材料时的误排。

纵观《孔子家语》的研究，我们看出该书在历代流传、研究的状况与当时的学术主流密切相连，《孔子家语》传流、研究史，就是一部中国学术史的缩影。特别是《孔子家语》在宋代疑古思潮兴起后至今命运的起伏跌宕，密切契合了各代的学术潮流。

就像任何事物的发展变化都具有一定的规律那样，历代对《孔子家语》的认识也具有内在的逻辑线索。在经历了对《孔子家语》的怀疑乃至否定之后，经过了慎重研究，特别是由于新材料的辅助证明，《孔子家语》成书的真相与学术价值终于被揭示出来，孔子儒学研究终于获得了长期失落的宝贵材料。

“《孔子家语》伪书案”的终结，为历史文献的研究方法提供了重要借鉴，也是历代学者研究得失的一次很好检验。朱子说《孔子家语》“是当时书”，所言极是！只要认真比较今本《孔子家语》与材料相同、相通的有关典籍，就不难发现其极其宝贵的价值。例如，将《孔子家语》与“二戴”

① 庞朴：《话说“五至三无”》，《文史哲》2004年第1期。

《礼记》等进行比勘，《孔子家语》就立即显现出自己的优越性来。凡是对《孔子家语》进行认真研究的学者一般都认可其重要的文献价值。有学者说："《家语》保存了一大批比较原始的文献资料，有许多地方明显地胜于其他相关古籍，具有重要的版本、校勘价值。"[①]对于今天的孔子研究来说，《孔子家语》的价值并不在《论语》之下。《孔子家语》由于内容庞大，其价值之高出乎我们的想象，如果说《论语》是"孔子语录"，《孔子家语》则相当于"孔子选集"。

对于《孔子家语》与《论语》的关系，学者们的研究已经印证了孔安国《后序》的说法。孔安国说，《论语》具有"正实而切事"的特点，它是从众多材料中选辑出来的孔子语录，《孔子家语》成书在《论语》之后，具有材料汇编的性质，《孔子家语》中甚至有引述《论语》的现象。因此，比之《论语》的"纯正"，《孔子家语》要显得"驳杂"。胡平生说得好："绝大多数攻击王肃伪撰《孔子家语》的书，都是这样先自己划定某种圣人言行的'神圣模式'，凡有不合'模式'的文字则必打成伪作。"[②]如果说真有一个"神圣模式"的话，那么它一定与《论语》的"纯正"有关。不少学者研究问题，往往不顾《论语》有特定的选材标准，而以"《论语》未见"为理由，否定一些孔子言行的存在，其偏颇显而易见。

还有一种看法，认为"论语"的"论"，有"选择""别择"的意思。如果《论语》书名的"论"为选择之意，则《论语》应该是选自"孔子家"之"语"中的材料，则《孔子家语》的价值不难察见。

受疑古思潮影响，历史上有不少人认为《孔子家语》思想不纯、文辞粗陋，其实，这不是"戴着有色眼镜看问题"的偏见，就是没有认真观察比较的妄言。关于《孔子家语》的文辞，清人崔述《洙泗考信录》有曰，"取所采之书与《家语》比而观之，则其（按：指《孔子家语》）所增损改易

---

① 王承略：《论〈孔子家语〉的真伪及其文献价值》，《烟台师范学院学报（哲学社会科学版）》2001年第3期。

② 胡平生：《阜阳双古堆汉简与〈孔子家语〉》，载《国学研究》（第七卷），北京大学出版社2000年版，第531页。

者，文必冗弱，辞必浅陋，远不如其本书，甚或失其本来之旨”[①]。其实，如果认真对比，就不难发现崔述所论以王肃“杂取众书”伪造《孔子家语》为前提，其论断有极为强烈的主观推定色彩，是完全不符合实际的。我们通过对读《孔子家语》与互见者所能得出的结论常是互有优劣，实际上更多情况是《孔子家语》要优于他书。

在疑古思潮的影响下，有些学者虽没有专门研究《孔子家语》，没有看到《孔子家语》不伪的事实，却发现了《孔子家语》的重要价值，因而在相关的研究中不能对其视而不见，不得不引用该书的材料作为旁证，这便如清朝四库馆臣在《四库全书总目》卷九十一评《孔子家语》时所谓“知其伪而不能废”。例如，李启谦先生在谈论孔门弟子研究的材料运用问题时曾说：“有时在可信的书中，也有记载失实的地方……相反，被称为‘伪书’的《孔子家语》所记的很多内容……又都是可信的。”[②]新的材料终于促使人们思考了最为根本的问题：难道人们弃之如敝屣般摒弃《孔子家语》是合理的？难道在那么早的年代，这样长长数万字大书真的出于后人的伪托？为什么历史上还有那么多的人不断地强调该书的价值？

当我们回头再看《孔子家语》时，我们不能不惊叹其丰富的内容！儒家典籍有四书五经的提法，如果加上《孔子家语》，儒家最为紧要的典籍可有五书五经。《孔子家语》不仅是专门的孔子儒学的记录，而且在规模上也超过了儒家四书中的任何一部。与《论语》的简略相比，《孔子家语》有完整的场面；与《大学》《中庸》作为专题论文相比，《孔子家语》中的思想更为全面；《史记》记录了孔子事迹，但《孔子家语》的记录时代更早，内容更多，更加准确。孔子的思想博大精深，要准确地理解孔子，要真正走近孔子，绝不能舍弃《孔子家语》，《孔子家语》可以当之无愧地被称为“孔子研究第一书”。

① 〔清〕崔述撰著，顾颉刚编订：《崔东壁遗书》上册，上海古籍出版社2013年版，第264—265页。
② 李启谦：《对研究孔门弟子的几点认识》，《孔子研究》1986年第2期。

第九讲

时空维度下的孔子与儒学

孔子儒学作为一种文明，在历史上是怎么形成的？它形成的广阔背景如何去理解，这种背景对于儒学的形成、对于认识儒学有什么样的意义？如果我们把中华文明比喻成一棵生生不息的大树，孔子儒学就是这棵大树的主干，这棵大树的底部是孔孟老庄在内的春秋战国先哲，这些先哲的思想深深扎根于我们上古时期文明的土壤。这棵文明大树的树干为什么能够这样粗壮？正是因为这个根扎得很深很牢。春秋战国时期之于中华文明，是非常特殊的时期，它是思想、智慧的繁盛期和高涨期。在春秋战国以前，中华文明已经有漫长的发展历程，有较高的发展水准，这一点非常重要。如果不理解孔子儒学思想的来源，不了解孔子儒学有一个广阔的文明的背景，我们就很难去理解孔子思想的深度、高度和宽度，很难理解它的超越性。

一、孔子和儒学的长久生命力

当我们走进博物馆，看到夏商周时期、看到孔子之前的远古，看到我们光辉灿烂的文明成就时就会发现，我们也能够借此重新思考在孔子以前我们文明的发展程度。著名历史学家李学勤先生曾经特别提到，我们要重新估价上古的文明。今天我们所看到的东西，有比前人少的，也有比前人多的。比前人少的，是指有很多古人曾经看到的东西散佚了，我们如今看不到了；比古人多的，比如我们发现了更多的战国时期的竹简，我们透过这些新发现的材料，和我们传世很多的文献材料相互印证，这就有可能激活很多的信息，帮助我们重新认识古代文明。《尚书》说“天叙有典”，还说“惟殷先人，有册有典”，“有典有则，贻厥子孙”。实际上在殷商以前，关于殷先人有很多的记载，今天我们看到的实物可能主要只剩下甲骨文，但是关于甲骨文以前很多的文献记录，典籍里还透露出很多线索。让我们结合考古发现与学术研究的推进，重新思考中国的上古文明。当我们理性冷静地回望过去，我们会发现中国在上古时期，从尧舜以来，在夏商周时期，中华文明已有一个漫长的发展期。

如今我们谈及世界文明的时候，很多人喜欢用德国哲学家雅斯贝斯“轴心时代”理论。其实在笔者看来，在人类文明的研究中，“轴心时代”理论看到了世界很多的地区在这一时期确实涌现了很多了不起的对于人类走向施加了重要影响的人物，但是中国的情况可能不是这样。“轴心时代”理论没有关注中华文明在诸子以前的漫长发展，没有注意到中国古代的许多思想家为何要那样尊崇上古先王。孔孟老庄等很多先秦时期的思想家，包括儒家、墨家等，他们尊崇先王，“祖述尧舜，宪章文武”，何以如此？其实这和他们心目中对先王们的理解和了解，对他们的崇敬、阐释与继承是直接相关的。雅斯贝斯的“轴心时代”理论其实没有意识到，孔子、孟子、老子、庄子这些春秋战国先哲的出现，所代表的已经不是我们文明的发轫期，而是繁盛期，是一个文明的成熟期。

学术的研究以及考古的材料都证实了这一点：尧舜以来三代时期中华文明有着漫长的发展历程。只有了解了这一点，我们才能去思考孔子学术的特征。

看待中国儒学，我们不能说因为孔子是儒学的创始人，所以就只从孔子开始讲起。在很大程度上，孔子是在中华五千年的中间位置。孔子尊崇尧、舜、禹、汤、文、武、周公诸圣，孔子学术的特点是“述而不作，信而好古”，“述”就是传述，就是继承，就是发扬光大，孔子尊崇尧、舜、禹、汤、文、武、周公，述而不作，这一点对我们认识孔子非常重要。

著名历史学家柳诒徵先生在其《中国文化史》中评价孔子说：“孔子者，

中国文化之中心也，无孔子则无中国文化。”[①]类似的说法还有很多。比如，梁漱溟先生在他的《东西文化及其哲学》里说，孔子以前的中国文化差不多都收在孔子的手里，孔子以后的中国文化又差不多都从孔子那里出来，这就是说孔子具有承上启下的特殊地位。梁漱溟先生、柳诒徵先生，他们不约而同地说到，在孔子以前，中国文化有过一个漫长的形成过程。正因如此，才成就了孔子，成就了儒学的全体大用，成就了中华民族的文化底色。

那么，孔子以前的中国文化是什么样子的呢？如果大家来到国家博物馆看孔子文化展，首先就会看到一支骨笛，它是用丹顶鹤骨头做的。这个笛子的考古发现年代，会让一般不太了解考古的人感到吃惊。因为孔子距离我们有两千五百多年，而这个笛子出自河南舞阳贾湖遗址，距今约八千年。对骨笛的测音结果表明，在八千年前不仅有了完整的七声音阶，而且音孔的高精度让人感到不可思议。这一发现不是孤立的，在几次发掘中，前后出土了骨笛三十多支，简直可以装备一支小乐队了。从时间上讲，孔子距离我们有两千五百多年，而在孔子生活时代之前的几千年，中华文明会是怎样一种形态？

孔子儒学的地位在我们中华文化中非常特殊。我们知道，中华文化的主干是儒学，儒学的创始人是孔子，孔子儒学和我们中华民族有着深深的渊源。但是由于各种原因，人们对于孔子儒学有很多不同看法。我们每个人心中可能都有一位孔子，他们彼此之间是不同的。孔子儒学对于我们中华民族的意义是什么？孔子儒学在今天的价值应该怎么看待？我们需要结合史实进行深入思考。

---

① 柳诒徵：《中国文化史》，上海古籍出版社2001年版，第263页。

二、超越时空的孔子

骨笛的例子是要说明，在孔子时代以前，中华文明实际上已有一个漫长的发展孕育的历程，我们说孔子好学，好学得先有所可学。孔子所处的鲁国，孔子所在的春秋时代，这个区域与时空，到底是一个什么样的环境？了解这一点，对于我们认识儒学、走进孔子的思想世界同样意义重大。

孔子从小生活在一个贫苦家庭，父亲很早就去世了，孔子在母亲的教导下成长。孔子自幼好学，《论语·八佾》就记载："子入太庙，每事问。"到了鲁国的太庙以后，孔子见到不了解的情况就提问。有人就说，这个孩子是不是不懂礼，怎么什么都问。孔子回答说，不懂就问，这便是礼。《史记·孔子世家》里面还记载："孔子为儿嬉戏，常陈俎豆，设礼容。"孔子从小受鲁国礼乐环境的影响，在做游戏的时候也摆弄一些礼器，演习礼仪。在母亲的教导下，孔子得以健康成长。

孔子到了五十岁之后，终于有了从政的机会，做了鲁国的中都宰，也就是中都的地方官。中都大约是鲁国除了国都之外的第二大城邑。《孔子家语·相鲁》记载，孔子在中都"制为养生送死之节，长幼异食，强弱异任，男女别涂，路无拾遗，器不雕伪"，如此这般"行之一年，而西方之诸侯则焉"。大家知道鲁国在东方，"西方诸侯"其实就是天下诸侯。《史记·孔子世家》在记载这件事的时候写的不是"西方"而是"四方"，"一年，四方皆则之"，干脆说的是各地诸侯都来向孔子学习。鲁国国君看到孔子治理中都成效如此显著，就问他，以你的办法治理整个鲁国可行吗？孔子很自信，答曰：“虽天下可乎，何但鲁国而已哉！”[1]他说用来治理整个天下都可以，别说仅仅是一个鲁国了。这透露出孔子思想的一种“放大”，孔子虽是治理中都，但可以放大到鲁国，可以放大到整个天下。孔子着眼于思考人与人相处的根本原则，“养生送死”，无非是人生活于这个世界上，每个人何以生活得更好，离开这个世界的时候还需要养生、送死，一代代人生生不息代代传承。孔子思考的实际上是“由民生而人生”的问题，只要抓住根本，治理一个小的区域可以，当然治理整个鲁国、整个天下也都可以，这是一个空间的放大。

我们再看一个时间的绵延。《论语·为政》记载，孔子的弟子子张向孔子请教说：“十世可知也？”孔子回答说：“殷因于夏礼，所损益可知也；周因于殷礼，所损益可知也；其或继周者，虽百世可知也。”也就是说，孔子认为人与人相处有一种礼的规定性，夏、商、周三代都是基于礼义，只是各个时代礼义的形式一定是各有损益的。也就是说时代发生了变化，人与人之间相处的原则、管理的方式会有一定程度的变化，但这种变化就是“损”和“益”，损就是把那些不符合时代要求的去掉一些，益则是根据新的时代要求增加一些，但深层的东西不会变，“虽百世可知也”。在这里，孔子想表达的其实是一种时间的绵延连续。我们之前讲中都、鲁国、天下，这是空间的放大，而孔子说的三代、十世、百世则是时间的绵延。

不管是时间的绵延还是空间的放大，孔子最为关注的还是能够超越暂时与区域性的深层次的根本问题。中国文化特别是儒家的特性，恰恰就在于它思考人本身，思考人作为一个社会的人该如何更好实现自身的价值。我们每个人都是一个自然的人，但我们还是一个社会的人。我们作为一个自然人，有自己的自然追求；作为一个社会的人，有人与人之间相处的社会性。这两者之间的关系如何从根本上结合与调和，孔子思考的深刻恰恰就在于此。

---

① 《孔子家语·相鲁》。

三、孔子与礼乐文明

了解到这一点，我们就可以思考，孔子思想与礼乐文明的关系。周公制礼作乐，孔子晚年时候曾经说“甚矣吾衰也！久矣吾不复梦见周公”，也就是他觉得自己衰老得太厉害了，好久都没有梦见周公了。这显然说明孔子在健康的时候可能常常梦见周公，可见孔子对周公的推崇，而这种推崇正是因为周公制礼作乐，孔子把它发扬光大，形成了儒家的思想。周公制礼作乐，三代之礼是损益的关系，周礼恰恰是由夏商两代损益而来。“礼者，理也”。礼仪的“礼”就是道理的“理”，理当如何。所以礼可以决嫌疑，可以济变、弥争。孔子总结周公制礼作乐形成了西周礼乐文明，进而形成了中国的礼乐文化。

中国几千年来解决的核心问题之一便是礼的问题，也就是明理的问题。《尚书》里面就谈到了人心和道心，我们作为自然的人都有自然诉求，这就是我们的人心，但人心深不可测，人心惟危。作为一个自然的人，我们可以有自己的自然诉求，但同时作为一个社会的人，我们必须遵守社会的规则，这就是一个道心问题。道心确实又很精微。人心惟危，道心惟微，在想怎么做和应当怎么做之间如何处理，我们的自然属性和社会属性两者之间发生冲突和矛盾的时候怎么办？这便是先秦诸圣思考的一个集中点。“惟精惟一，允执厥中”，关于这个“一”，老子谈“道生一”,“天得一以清，地得一以宁，神得一以灵，谷得一以盈，侯王得一以为天下正”[①]，孔子也说“吾道一以贯

① 《老子》第三十九章。

之”[1]。这个“一”，内涵非常复杂，而实际上就是一体的思维。只有能够在社会关系的两端换位思考，不偏不倚才能允执厥中，把握住这个“中”。也许就像郑玄注《中庸》所说的，“名曰‘中庸’者，以其记中和之为用也”。中和之为用，中庸其实就是用中，就是把握中道。恰当地把握中道，在人心和道心中间能不能把握中，这就要看人的教养、人的修养、人的素养。

我们常说孔孟之道，司马迁说“（孟子）述仲尼之意”[2]，认为孟子是传述孔子的，所以孔子是至圣，孟子被称为亚圣。我们看《孟子》，会发现开篇说孟子去见梁惠王，梁惠王第一句话就问：“叟不远千里而来，亦将有以利吾国乎？”[3]上来就问孟子，你大老远跑过来能给我国带来什么利益呢？孟子则说：“何必曰利？亦有仁义而已矣。”整部《孟子》七篇，就把一个最基本的矛盾摆出来，那就是义利之辨。义和利，在笔者看来，其实就是天理和人欲、道心和人心。儒家思考的最深层次问题，其实就是义和利这样的矛盾。解决这样的矛盾，人的境界就提升了。如果了解自己的社会性存在，自己社会性的价值应该是什么，人的理想境界也就达到了。

孔子的弟子子张向孔子请教，请孔子告诉他一个根本性的行为原则，让他走到哪里都能通达。孔子就告诉他六个字：“言忠信，行笃敬。”说话的时候要忠信，做事的时候要笃敬，如果能做到这样的话，“虽蛮貊之邦，行矣”。这样到哪里都一样行得通。如果言不忠信，行不笃敬，“虽州里，行乎哉”，如果做不到这一点，即使在自己熟悉的环境中，也行不通。孔子告诉他：“立，则见其参于前也；在舆，则见其倚于衡也。夫然后行！”什么意思呢？把这六个字牢记在心，就好像时时都能看到这六个字。“虽蛮貊之邦，行矣。”孔子思考的从来不是一时一地，他思考的是人与人相处的一种根本法则。即使离开我们熟悉的环境、熟悉的文化，到了其他任何一个地方，也应该这样做。从时空维度上来看，孔子思想的超越意义就凸显出来了。

同样，在《论语·卫灵公》中，子贡还问孔子一句话，说：“有一言而

---

① 《论语·里仁》。
② 《史记·孟子荀卿列传》。
③ 《孟子·梁惠王上》。

可以终身行之者乎？”孔子答曰：“其‘恕’乎！”他说大概就是“恕”吧。什么叫恕？孔子接着解释说：“己所不欲，勿施于人。”这就是忠恕之道，忠就是修己，恕就是推己。恕，一个有教养的人才会换位思考，一个人有修养才能够不单纯只考虑自己，而是处理和他人关系的时候去换位思考，所以孔子说“己所不欲，勿施于人”。孔子的思想之所以能够具有超越时空的意义，就是因为他思考的出发点与立足点具有广阔的时空维度。

四、儒学重视提升人的格局

我们再来看儒家的这个“儒”字。可能有人会望文生义说，儒者人之需也。这样解释似乎也没错，但“儒”的本义并非如此，甲骨文中的“儒”字最早就是一个需要的“需”，本义是什么呢？这个字很像一个人在洗澡，以水冲洗沐浴濡身。徐中舒曾经写过一篇文章《甲骨文中所见的儒》，这就是徐中舒的研究结论。其实这个儒，在商周时期就是相礼的人，也就是古代举行礼仪活动时，别人不懂的礼仪他懂，他的身份就是儒，这起初是一种职业。

但到孔子创立儒家的时代，情况就不一样了，之前的儒和儒家，二者区别在于，虽然都是沐浴濡身，但是在孔子这个时候不但要洗净身体，还要洗净心灵。儒家，以先王之道“濡其身”，用尧、舜、禹、汤、文、武、周公等先圣之道来改变我们自己，所以孔子跟他的学生说，你要做君子儒不要做小人儒。小人儒只是把儒当成一种谋生手段，而君子儒应该致力于素养的提升，致力于社会的改良。孔子常常谈到君子和小人这对概念，其实这个君子就是为政者，“君”的本义是对统治者和贵族男子的通称，指那些地位高的人。后来用以指人格的高尚，所以古代儒家培养的君子实际上是有德有位的社会管理者。在儒家观念中，与君子相对的就是小人，小人本指地位低微的人，后来当然也用作对自己的谦称，就是指我是普通的民众。所以小人是指普通的民众，现在我们讲的小人是从道德意义上指人格的卑下。但是在早期典籍中，君子和小人的区分往往是指社会地位的高低。孔子说“君子之德风，小人之德草”，君子的德行就像风一样影响大家，他怎么做老百姓就怎么做。所以政者正也，为政者正则天下不能不正。“子帅以正，孰敢不正？”“其身正，不令而行；其身不正，虽令不从。”为政者的“正”是很关键的，儒家就培养这样的人。

到此，我们似乎可以对儒学下一个定义了，其实这个定义也不是我们今天才下的。《淮南子·要略》就说：“孔子修成康之道，述周公之训，以教七十子，使服其衣冠，修其篇籍，故儒者之学生焉。”儒学是怎么产生的呢？孔子修成康之道，成就是周成王，康是周康王。西周初年，周公辅佐周文王、周武王取得了天下，又辅佐周成王巩固了天下。成王七年周公还政成王，他就不再辅佐成王了。周成王以后是周康王，《史记·周本纪》就记载，“成康之际，天下安宁，刑错四十余年不用”。所以孔子修成康之道，述周公之训。由此，孔子创立的儒学特征就显现出来了，它追求的就是天下安宁和谐，人心和顺。《汉书·艺文志》说：“儒家者流，盖出于司徒之官。助人君顺阴阳明教化者也。游文于六经之中，留意于仁义之际。祖述尧舜，宪章文武，宗师仲尼，以重其言，于道最为高。”儒学追求的道，就是人的信仰、人的追求。儒家追求的就是人能遵道而行。

道在很大程度上是一个价值观念。谈到道，我们想到的是道德，它作为一个词可以连用。分开来讲，道其实就是价值体系，就是我们的一种精神追求；德就是我怎么做，就是我的行为方式。所以简单来说，道就是怎么想，德就是怎么做。我要做什么样的人，便有什么样的行为方式，所以孔子就说：“夫道者，所以明德也。德者，所以尊道也。是以非德道不尊，非道德不明。”

孔子说过“虽有国之良马，不以其道服乘之，不可以取道里。虽有博地众民，不以其道治之，不可以致霸王”[1]。这段话，前面说的是驾车，后面

① 《孔子家语·王言解》。

说的是治国。驾车的话，马虽然很好但不按照驾车之道来驾，马车也走不了多远。治国的道理也一样，即使地域广阔、人口众多，但不以其道治之，不可以致霸王。《孙子兵法》里也说，决定胜负有五个方面的原因，第一就是道。什么叫道？道，上下同欲，必须有共同的价值追求，有共同的信仰，才有力量，才能强大，进而伟大。

儒家追求的正是"大道之行，天下为公"。这句话大家都比较熟悉，这是孔子的一种社会理想，最早是在《礼记·礼运》篇说的，在《孔子家语》里面也有，这两篇有个别的内容不一致，笔者认为《孔子家语》里面的《礼运》篇更加准确一些。"天下为公"这个"公"，怎么理解？引韩非子的话来解释就是"背私为公"，一个人不自私就是公，这就是公共意识、公德意识。一个人具有公共意识和公德意识，这个人才是优秀的人，如果社会上越来越多的人都这样，天下的人都这样，天下为公，那便一定是大道之行，这就是儒家的追求。所以"天下为公"实际上说的是，我们共同生活在这个世界上必须有这种公共意识。荀子讲，人与牛马等动物之间的区别就在于，"（人）力不若牛，走不若马，而牛马为用，何也？曰：人能群，彼不能群也"[①]。牛比我们劲大，马比我们跑得快，但牛马必须听我们的，就是因为"人能群，彼不能群也"。人既然组成了社会，该不该去讲社会性？如果我们自觉认识到做人的这种特点，我们每个人都应该主动追求成为一个有公共意识和公德意识的人，这就是儒家的理想。从孔夫子到孙中山，中国人几千年来的追求就是"大道之行，天下为公"。

---

① 《荀子·王制》。

第十讲
孔子：一个人的两千五百年

到目前为止，世界上大概还找不到第二个人，像中国的孔子这样，在两千五百多年的日子里，受着亿万人的关注，从膜拜、尊崇，到评论、指责，乃至谩骂、揶揄，竟从未中断过。这的确是中国文化史上的一大景观。

从孔子在世的时候开始，孔子和他的思想学说便与中国的社会历史文化发生了密切联系。在传统中国社会中，历代王朝尊重孔子，尊崇儒学，孔子儒学与中国社会结下了不解之缘，其间，孔子形象虽也受到一定的冲击，但总体而言，孔子更多还是受到世人的尊敬，被封为“大成至圣文宣王”。只是到了近代中国，孔子遭到了怀疑甚至批判，竟然成为“封建”“落后”的代名词。

当我们今天逐渐走出迷茫，慢慢找回民族文化自信的时候，回顾孔子与他之后两千五百多年中国社会历史文化的关系，会得到许多有益的启迪。

一、孔子及其思想的形成

20世纪30年代，著名学者柳诒徵说：“孔子者，中国文化之中心也。无孔子则无中国文化。自孔子以前数千年之文化，赖孔子而传；自孔子以后数千年之文化，赖孔子而开。”[①]孔子站在时代的高端，集上古三代文化之“大成”，深刻总结历史，反思现实，使其核心理念具有了“永恒价值”与“超越意义”。

① 柳诒徵：《中国文化史》，上海古籍出版社2001年版，第263页。

孔子的远祖微子本是商纣王的庶兄，商亡后被封于宋，因为宋国内乱，后代乃避难奔鲁。孔子的父亲以勇力著称，因战功封陬邑大夫，因此人们一般说孔子出身于“没落贵族”。但孔子早年丧父，家境衰落，所以孔子说：“吾少也贱，故多能鄙事。”[①]他管理过仓廪、放牧过牛羊等。

孔子的人生经历使他一生好学，至老仍孜孜不倦。他博学多闻，早早确立了人生方向，并收徒授业，吸引了大批青年来学。孔子有教无类，与弟子教学相长。他曾为政仕鲁，后来又周游列国，无论得意还是失意，孔子念念于怀的总是使天下有道，礼乐大行，社会安宁，人人安康。

孔子自称“述而不作，信而好古”，他了解和熟悉唐虞三代制度，在他心目中，“五帝”“三王”具有崇高德行，他对尧、舜、禹、汤赞不绝口，对周代的文王、武王、周公表彰更多，不断称颂。孔子以继承三代文明为己任，并在此基础上结合现实进行了“创造性转化”。

孔子所在的鲁国是周公封国，周公是周朝礼乐统治秩序的奠基人。周文化乃是损益夏、商文化而来，经过周公“制礼作乐”，礼乐制度成为人们在社会生活中的行为规章。鲁国文化与周文化一脉相承，鲁国全盘继承了周人的礼乐文化，形成了根深蒂固的礼乐传统。所以，当春秋末年礼坏乐崩之际，孔子有条件更好地收拾遗散，整理《诗》《书》《礼》《乐》，研究《周易》，作《春秋》，集合周代典章文籍、伦理道德，逐步构建起他的儒学思想体系。

二、孔子学说走向“独尊”

在春秋战国时期思想界的百家争鸣中，儒家似乎只是各家中的重要派别之一。孔子在政治舞台间奔走时，也受到当政者的注意。孔子曾为鲁国

---

① 《论语·子罕》。

中都宰、司空和大司寇；齐景公想“以尼谿田封孔子”①；卫灵公给孔子“粟六万”；楚昭王曾想“以书社地七百里封孔子”②。许多在位者遇到重大问题也往往向孔子请教。

但是，当时的乱世“争于气力”③，列国纷争，崇武尚霸，孔子的主张显得迂腐、笨拙，人们不能够理解孔子，虽然孔子毕生致力于宣扬其理论学说，恓恓惶惶，四处奔波，却到处碰壁，终不见用。

春秋战国时期，孔子学说政治命运不济，然而，它体大思精，其影响注定要不断扩大。孔子弟子毕竟更了解孔子，更深切感知了孔子学说，认为孔子“仰之弥高，钻之弥坚”④，说孔子像日月“无得而逾”⑤。人们感慨地说：“大哉孔子！博学而无所成名。”⑥就连反对孔子学说的墨子也说他“博于诗书，察于礼乐，详于万物”⑦。孔子去世后，他的弟子流散四方，将孔子学说传播到各地，还出现了像孟子、荀子这样的儒学大师。大量新的出土材料证明，战国时期，儒家的典籍著作甚至在南方的楚国都得到了很好的传播。

秦代，儒家思想继续影响着社会。秦以法家思想变革社会，迅速强大，秦统一后，统治者试图建构起与统一大帝国相适应的统治思想体系。然而，秦始皇将主要精力投注到了官僚机构建设上面，在施政定制上基本以法家思想为依据，也兼采了阴阳家等的思想。秦设博士官，包括儒家在内的诸子百家均可立为博士。终秦之世，儒生的活动史不绝书。因为儒学之盛影响到了政治，才出现了秦始皇“焚书坑儒”，这种“焚”“坑”的直接目的是限制儒生，使其就范，并非要消灭儒学，因为焚书的对象是《诗》、《书》、百家语，即使是《诗》《书》，在禁民藏时，还允许秘府收藏、博士掌握。

“焚书坑儒”毕竟使儒家等各派思想遭到一定的禁锢。儒生失却了原来在社会舞台上的地位。《太平御览》卷八六引《异苑》曰:“始皇既坑儒焚典，

---

① 《史记·孔子世家》。
② 《史记·孔子世家》。
③ 《韩非子·五蠹》。
④ 《论语·子罕》。
⑤ 《论语·子张》。
⑥ 《论语·子罕》。
⑦ 《墨子·公孟》。

乃发孔子墓，欲取诸经传。”孔子地位明显下降，儒生的境况也急转直下，他们不敢公开传道授学。这种文化高压政策激起了人们的极大怨愤。当陈胜吴广起而反秦时，儒生便加入到反秦的行列之中。

楚汉战争后，刘邦取得了天下。这位起于小吏的农民领袖，开始的时候并没把儒生放在眼里。当战争烟尘散尽后，面对残破的社会局面，刘邦等汉初君臣不能不思考秦“二世而亡”的教训。陆贾因此撰成《新语》，认为秦“用刑太极”，不知教化，是导致强秦速灭的重要原因。人们也对儒学与政治的关系进行反思，叔孙通认为：“夫儒者难与进取，可与守成。”[①]这种观点很具代表意义。叔孙通“征鲁诸生”，参秦仪，采古礼，制汉仪，使刘邦感知到“为皇帝之贵”[②]。从此，孔子与儒学开始受到重视。汉高祖还以太牢祀孔子，开了历代封建帝王祭祀孔子的先例。

汉初，社会凋敝，百业俱废，不能不取用“清静无为”的黄老思想。而汉高祖的尊崇，使儒家与黄老思想并行发展。从汉朝立国到汉景帝，儒学和儒生的地位虽不太高，但由于诸侯割据势力逐渐增大，黄老之术越来越不能统治天下，客观上要求加强思想统一，儒学遂更受重视。文、景之后，官府渐开献书之路，有意识地搜求旧典，发掘古籍。汉初古墓出土的书籍中，儒家经典占据多数，这是汉初儒家境遇的真实反映。

汉初统治者重视黄老学说，但黄老思想对“礼”的蔑视，也容易构成对社会的威胁，而且其因循的成分较多，虽可成功于一时，却不能保全于久远。相反，儒家“序君臣父子之礼，列夫妇长幼之别”[③]的特点，却可以巩固政治秩序，维护社会伦常。所以，汉初并非以黄老思想作为统治思想或定其为一尊，而是利用各家以偏重儒、道。但有一点很明确，汉初对黄老的“尊”并不是建立在“抑”儒的基础上。

秦的统一使各民族相互融合，也致使学术思想的综合。汉代学术是一种

① 《史记·刘敬叔孙通列传》。
② 《史记·刘敬叔孙通列传》。
③ 《史记·太史公自序》。

综合学术，连汉武帝格外器重的董仲舒也“兼儒、墨，合名、法”[①]，具有显著的综合色彩。加强中央集权，实行专制统治，当政者更偏爱法家的“尊君抑臣”等思想，他们王、霸相杂，儒、法并用，“内多欲而外施仁义”[②]。

政治一统要有思想统一与之相适应。儒者在汉初十分活跃，他们著书立说，授徒讲学，重视儒家经典，从师习读成为普遍风尚。如河间献王经术通明，积德累行，网罗了大批儒生。经学大师董仲舒为给汉武帝的经济、政治等政策制造舆论，便结合阴阳学说，对孔子学说进行了系统修正和改造。当汉武帝不允许师有“异道”、人有“异论”的局面存在时，儒术便自然上升到“独尊”的地位。由此，诸子百家“并进”归于“一统”，它们都不得不改贴上“六艺之科，孔子之术”的标签，被纳进儒学体系之中。

三、经学时代的孔子思想

儒学思想的载体是儒经，经学是训解和阐述儒家经典之学。经学的起源可以追溯到春秋战国时的子夏和荀子，但直到汉武帝独尊儒术时才设置五经博士，以“通经”作为竞选人才的标准，经学始自成为中国传统文化的正统。从此，其盛衰、分合、争辩往往与政治相关联。

两汉是经学兴盛时代。秦朝焚书和秦汉之际的动乱，使许多儒家著述遭到损毁，汉初兴复文化，一些典籍只能赖年长儒生的记诵，用汉代的隶书写定，这便是今文经。西汉时期今文经学一统天下。后来，山间屋壁发现一些战国古文典籍，自西汉末年始，古文经学兴起，到东汉中叶，就有取代今文经学地位而跃居独尊之势。今、古文经学之间斗争激烈，直到东汉末年郑

① 《汉书 · 艺文志》。
② 《史记 · 汲郑列传》。

玄注《三礼》，杂糅今、古文两派学说，这场斗争才告平息。

战国时期，儒学的影响主要在齐、鲁地区，由于王、霸思想的不同以及齐、鲁民俗的差异，这成为经学内部派别分立的因素，于是有了“齐学”与“鲁学”的称谓。齐地多神仙方士，盛行阴阳五行学说。秦始皇、汉武帝都抵御不了“万寿无疆”的诱惑，迷信阴阳五行和神仙方术，派人入海求仙，客观上促进了神仙学说的发展。汉初儒、道杂糅，阴阳五行思想也有相当的市场，甚至汉武帝“独尊儒术”，在本质上也是利用阴阳五行学说加强思想统治。

汉武帝时期，董仲舒地位很高，人们把他看成是“汉代的孔子”。他讲天人感应和阴阳灾异，思想体系也是在阴阳五行学说基础上建立起来的。作为“公羊学”大师，董仲舒把《春秋》也阴阳五行化了，他以阴阳五行理论证明上天主宰世界，也主宰人类社会。认为“王者承天意以从事”①，“天”经常用符瑞和灾异来表示希望与谴责。当然，统治者的兴趣在于“王者承天之意”的“君权神授”理论，而对大讲灾异以及所谓“天谴”十分反感。董仲舒认为，历史朝代循环更迭，新的王朝重新享有天命，就应“改正朔，易服色”②。他结合阴阳理论，对孔子学说进行了一次系统修正和改造。

在今文五经中，《公羊春秋》强调“大一统”和君臣大义观念，非常适合汉武帝维护统一和加强皇权的需要。公孙弘以儒生而登丞相，董仲舒“罢黜百家”之建议被采纳，他们皆治“公羊春秋学”。武帝时，博士教授学生每经十人，全国博士弟子共五十人，这些博士弟子可以“复其身”，免除徭役，成绩优良的还可以做官，故士人竞相为之。昭帝时，博士弟子增到一百人，宣帝时更增至二百人。宣帝时博征群儒，考定五经于石渠阁。宣帝以前，许多儒生以儒士居丞相、权臣之位，朝廷公卿均从经术而进，“上无异教，下无异学”③，连皇帝诏书及群臣奏议都援引经义作为依据。到元、成之时，能通一经即“复身”免役。

在本质上，汉代今文学以孔子为政治家，以六经为孔子致治之说，偏重于微言大义。王莽虽是古文经学的政治后台，但他却主要利用了今文经学

① 《春秋繁露 · 尧舜汤武》。
② 《春秋繁露 · 楚庄王》。
③ 〔清〕皮锡瑞：《经学历史 · 经学的极盛时代》。

家所制造的种种理论，如“汉运中衰，当让国传贤，易姓受命”，“汉为尧后，当火德之运”以及阴阳灾异和符命谶记之说等。而在改制时，他又援据经义，或用今文经传，或用古文经传，或杂用今、古文经传。

政治的需要使人们着重发挥经文“大义”。后来，天文学进步，大讲灾异行不通了，于是东汉又讲谶纬，假托天神或圣贤之言，诡为隐语，以示凶吉之兆。光武帝刘秀深信于此，不仅为其代汉制造舆论，还遇事“多以决定嫌疑”①。当时有《诗》《书》《礼》《乐》《易》《春秋》《孝经》七经之纬，是为七纬。其时，五经之义皆以谶决，于是五经为外学，七纬为内学，遂成一代风气。这样，孔子被捧上神位，成了被神化的中心人物，孔子逐渐成为能预知来世的“神人”。

随着今文经学失去了生命力，古文经学于西汉末年兴起。今文经学以古文经学为伪作，不足凭信。哀帝时，刘歆建议将古文经学《左氏春秋》《毛诗》《古文尚书》《逸礼》列于学官，遭到今文博士的反对。但古文经学势力不断发展，到东汉中叶后，古文经学就压倒了今文经学，古文经学兴盛起来。

古文经学家斥责今文经学、谶纬的妖妄，注重研究文字，认为训诂不明，经义不彰。与今文经学重现实政治不同，古文经学主张恪守经传原意。今文经学推崇神化孔子，谶纬神学把孔子捧上神位，在皇权支持下，白虎观会议又将孔子的学说宗教化，但儒学毕竟没有成为正式的宗教，这与古文经学家对灾异、谶纬学说的指摘有重要关系。

四、“三教之争”中的孔子思想

东汉后期，社会长期动荡，意识形态发生巨大变化，西汉以来儒家学

① 《后汉书·桓谭冯衍列传》。

说在思想界的一统局面发生了动摇，于是玄学产生，佛教、道教流行，对魏晋隋唐社会产生了很大影响。然而，总体来看，儒学与玄学、佛、道不仅没有达到不可两存的地步，儒家的纲常名教仍是立国之本，儒家的天命论仍是皇权的支柱，佛教、道教只能作为一种精神统治的辅助工具而存在。

汉末，经学衰落，郑玄遍注群经，但他是大学问家，却不是大思想家，不能为变化了的时代提供新的思想体系。魏晋时期，王肃向郑玄的权威发起攻击，经学进入王、郑对抗时期。但王肃同样没有提出新的哲学体系，他最多算是对郑玄的修正与补充，理论上超出郑学的任务便由玄学承当了。

玄学用道家思想解说儒家经典，可说是一种义理经学。玄学的重点在于发挥注者本人见解，而不是疏通经义，是糅合儒、道而形成的新的思想体系。魏晋玄学盛行，清谈成风，士大夫把道家的《老子》《庄子》和儒家的《易》称为“三玄”。文人士大夫或厌世纵酒，斥责儒、道，或寄托于老、庄之虚无。有人痛骂仁义礼法，认为名教是“乱危死亡之术”；有人提出要“越名教而任自然”，对儒家的名教纲常展开猛烈抨击。

玄学盛行时，人们没有从根本上否定儒学。曹操当政时曾下《举贤勿拘品行令》，宣称可以任用“不仁不孝而有治国用兵之术”的人，但他也认识到承平尚德治，乱世赏功能，所以谈到培养下一代的问题时他说：“后生者不见仁义礼让之风，吾甚伤之。”[①]他下《修学令》，希望“先王之道不废，而有以益于天下”。继起的晋代司马氏更标榜以孝道治国。有的玄学家批判儒家“名教”，也都是调和而不否定，还宣称“名教”出于“自然”，要求人们“安分”“顺命”，肯定儒家伦理纲常合乎人性自然。

魏晋隋唐时期，儒学与佛、道长期并存，互相斗争融合。佛教是外来宗教，在共争正统地位的斗争中，儒、道往往结成联盟。除道教反佛教外，学者们也从儒家的角度反对佛教，如宋末顾欢《夷夏论》说佛教“剪发旷衣”，“狐蹲狗踞”；“下弃妻孥，上绝宗祀”，与华夏礼俗不合。唐初的傅奕斥责僧徒“非孝无亲”，斥佛教为“无父之教”；中唐以后，韩愈也指责佛

① 《修学令》。

教，希望发扬儒家之道。韩愈还仿照佛教传法世系的祖统说，建立了从尧、舜开始到孔、孟代代相传的儒家道统，以此论证儒家的正统地位。

社会乱离之时，人们寄希望于来世，推动了佛教的流行。佛教让人们忍受现世苦难，也给贵族阶级以美妙幻想，使不少统治者大力倡佛，围攻反佛斗士。然而，佛教盛行使佛寺遍地，上百万劳动力隶籍佛寺，寺院经济和僧侣地主势力恶性膨胀，政府兵源、财源枯竭。官府不得不“求兵于僧众之间，取地于塔庙之下”[①]，出现了北魏太武帝、北周武帝、唐武宗的“三武灭佛”，禁断佛教，没收财产，僧尼蓄发，以充军国之用。有人看到“民焉而不事其事”[②]和佛、道耗费大量财富的情形，也大力主张除去佛教，益国足兵。

儒学适合维护国家的长治久安，儒家思想也得了统治者的支持，由此，佛、道二教便向儒学妥协，与儒学相互交融。道教思想在批判、斥责原始道教的同时，把许多儒家伦理教条变成贵族道教的教义，如寇谦之教人“不得逆君”，“于君不可不忠”等，与儒家忠君尊王思想一致。唐初尊重和利用佛教，但同时抬高道教，并用儒学的君父之义加以约束，使之纳入“周、孔之教”的范围。当时的佛徒可能有的已意识到这一点，如在唐代，华严宗的宗密曾说“佛且类五常之教，令持五戒”[③]，将佛教的“五戒”比附“五常”，以显示佛徒也拥护儒家的伦常道德。他们还有所谓《父母恩重经》《孝子报恩经》等经书，声称“孝道”乃“儒释皆宗之”。佛教的重要支派禅宗也简化教义和修行方法，吸收儒家的思想因素，增添了世俗宗法色彩，逐步从外来宗教转化为具有中国特色的宗教。

魏晋到隋唐时期出现了“三教合一”等主张，隋文帝认为“法无内外，万善同归；教有深浅，殊途共致”[④]，而立足点仍是儒家。在政治上，许多帝王利用佛、道思想治国，却以儒家思想为其根基。如梁武帝年轻时修习儒业，中年信仰道教，即位不久又宣布改信佛教，但儒家思想始终是他思想的

---

① 《光弘明集》卷二四。
② 〔唐〕韩愈：《原道》。
③ 《原人论》。
④ 〔清〕严可均辑：《全隋文》卷一《五岳各置僧寺诏》。

主流。即使由游牧民族而后入主中原的鲜卑族，在汉化过程中也大量吸引汉族士人参政。北魏孝文帝说:“《孝经》一卷，足以立身治国。”[①]他崇尚经术，重儒兴学，还亲至鲁城祀孔。唐太宗更说：“朕今所好者，惟在尧、舜之道，周、孔之教，以为如鸟有翼，如鱼依水，失之必死，不可暂无耳。”[②]

五、孔子思想在理学时代

宋初儒者批判佛、道，基本是对韩愈的重复和继续。但后来，理学家则开始融汇儒家的礼法纲常和道家与道教的宇宙生成、万物演化以及佛教的思辨哲学，构思出既是儒家又不是原本儒家的理学哲学体系，这种新的儒家学说便是宋明时期的理学。

在宋朝，“三教融合”趋势更为明显，不少理学家都出入佛、道。如张载“访诸释、老之书，累年尽究其说”[③]；程颢则“泛滥于诸家，出入于老释者几十年”[④]；朱熹亦自称其“出入释老者十余年”[⑤]。宋儒“入”释、老的目的却在于“出”释、老，他们都主张变革图强，认为佛、道不能强兵富国，应摒弃佛、道，振兴儒学。连一些佛徒也看到了“力扶姬孔”的必要性，认为“非仲尼之教，则国无以治，家无以宁，身无以安”[⑥]，倡导以“宗儒为本”，佛教出现了儒学化趋势。

周敦颐是宋明理学的先驱者和奠基人，他在当时儒、释、道思想趋于融合的形势下，对《老子》《易传》《中庸》等思想熔铸改造，从宇宙生成、

① 《资治通鉴》卷一七五。
② 《贞观政要》卷六《慎所好》。
③ 〔宋〕吕大临:《横渠先生行状》。
④ 《二程集·明道先生行状》。
⑤ 《朱文公文集》卷三十八《答江元适》。
⑥ 〔宋〕智圆:《中庸子传上》。

万物变化到建立人伦道德标准，都做出了概括。周敦颐的学说克服了玄学、佛、道空无本体的理论局限，建立了以“理”为本的天人合一的宇宙观。继周敦颐和二程之后，朱熹建立和发挥了“理一分殊”学说，使传统儒学的哲理化迈出极重要的一步，而后，又把三纲五常、忠孝节义等封建政治伦理道德说成至高无上的天理，主张人们“去人欲，存天理”，君、臣、父、子都要依照本分，按“天理”行事。

宋明理学家关心现实社会问题，也注重“天上之何物”等问题的思虑，建立了他们的理气、道器理论，把中国哲学推到一个新的高度。宋明理学在哲学上臻于成熟，它是宋代新儒学运动的主流，代表着宋明儒学的时代精神和理论精华。相比于董仲舒把儒学神学化，朱熹等人更加高明地把“性”“理”作为政治社会伦常的根据。朱熹说：“性是太极浑然之体，本不可以名字言，但其中含具万理，而纲领之大者有四，故命之曰：仁义礼智。”[①]他把仁、义、礼、智提到了世界本原、万物本性的高度。理学是儒家思想接受异域佛教文化、融汇道教思想的结果，这种开放精神也是儒学的生命力所在。

在理学兴盛时期，宋、元、明诸朝都注重尊孔崇儒。以对孔子后裔的封赐为例，北宋以前相袭延续的“侯”“公”基本属于“荣誉”性的虚爵。北宋仁宗至和二年（1055），封“孔子后为衍圣公”[②]，以后，“衍圣公”在不断加码的“推恩”“优渥”下，成为屡受殊恩的不衰显贵。历代皇朝“崇倡儒教”“优渥圣裔”，其着眼点在于孔子“留下三纲五常垂宪万世的好法度”（朱元璋语）。明宪宗成化四年（1468）的《御制重修孔子庙碑》，明确道出了孔子之道与社会政治之间的密切关系：“朕惟孔子之道，天下一日不可无焉。何也？有孔子之道，则纲常正而伦理明，万物各得其所矣。不然，则异端横起，邪说纷作。纲常何自而正？伦理何自而明？天下万物又岂能各得其所哉？是以生民之休戚系焉，国家之治乱关焉。”

① 《朱文公文集》卷四十六《答陈器之》。
② 《宋史·仁宗纪四》。

宋明时期，程朱理学基本上居于统治地位。后来，陆王心学的兴起也在思想界掀起了波澜。从根本上看，二者都维护政治统治，王阳明也把“人欲”看成“天理”的对立面，竭力主张“去人欲，存天理”。王阳明的心学亦要求人们自觉消除不利于封建统治的念头，他不满于朱学“析心与理为二”，认为这只能约束人的外表，而不能从思想深处加以钳制。王阳明提出“致良知”，进而引出“求之于心而非也，虽其言之出于孔子，不敢以为是也”[1]，断然否定了孔子和儒家经典的权威地位。启蒙派实学发挥了这一异端思想，如王艮、何心隐、李贽等人，都强调儒家经典仅是“印证吾心”的工具，公开否定“以孔子之是非为是非”的传统观念。清初思想家试图对儒学进行调整，产生了他们早期的启蒙思想。

值得注意的是，历代起作用的儒家思想，有时不是孔子本人原来的思想。后来的孔子形象经过了后人的改造，失去了本来的面目。孔子形象被扭曲，孔子思想中的诸多积极因素被埋没和抹杀，这也是一些进步思想家在反对理学时，往往打出孔子旗号的原因所在。

六、孔子思想在近代中国

19世纪40年代，第一次鸦片战争的隆隆炮声把中国推向了半殖民地化道路，中国传统文明受到前所未有的挑战。这种“天崩地裂”的社会局势使中国脱离了原来的发展轨道，开始了几千年来从没有过的变化。这使人们揭起经世旗帜，救亡图强，“睁开眼睛看世界”。

鸦片战争的失败和外国资本主义势力的入侵使得少数进步思想家开始正视现实。例如魏源，他参加了抵抗英国侵略者的斗争，《南京条约》订立

① 〔明〕王阳明:《答罗整庵少宰书》。

后，“为师夷长技以制夷”，他编写了《海国图志》，斥责宋学（理学）和汉学（考据学），有强烈的主变意识。

十多年后，英法联军进攻北京，纵火焚烧圆明园，逼迫清廷签订了《北京条约》，西方商品大量倾销到中国使一些思想家如王韬、薛福成、马建忠、郑观应等看到经济体制改革的必要性，他们因而主张变法。后来，洋务运动出现，人们兴办近代工业，训练新式军队，以“求富”“自强”相标榜，思想界也都主张中学为体，西学为用。如王韬说：“器则取诸西国，道则备自当躬，盖万世而不变者，孔子之道也。”[①]薛福成说：“取西人器数之学，以卫吾尧舜禹汤文武周孔之道。”[②]郑观应说：“中学其本也，西学其末也；主以中学，辅以西学。”[③]

然而，中日甲午战争的惨败给国人带来了巨大震撼！与前几次战争败在西洋强国手下不同，中国这个“一喜四海春，一怒四海秋”的“天朝大国”被“东方的小国”击败，签订的条约又是那样苛刻，使所有中国人“闻而怵惕伤心”[④]。严复在《直报》上连续发表文章，他惊呼：“观今日之世变，盖自秦以来未有若斯之亟也。”[⑤]许多人从对“圣贤之书”的攻读中走出来，改变观念，从事“新学”，学术“大变”。他们毅然宣布与传统决裂，直接向以儒学为代表的传统文化发动猛攻。

在学术层面上，宋代以来以“卫道”为目的的疑古思潮开始转变为怀疑与抛弃传统。维新运动的代表人物康有为撰写了《新学伪经考》，怀着对“祖宗之法，莫敢言变”的强烈不满，把《古文尚书》《逸周书》《左氏春秋》等被历代奉为经典的书籍说成是刘歆为帮助王莽篡汉而伪造的。从本质上，虽然他仍然留恋中国传统文化，但他的论断推动了疑古的进一步发展，由此，“五经去其四，而《论语》犹在疑信之间，学者几无可读之书”[⑥]。

---

① 〔清〕王韬：《弢园文录外编》卷十一《杞忧生〈易言〉跋》。
② 〔清〕薛福成：《筹洋刍议·变法》。
③ 〔清〕郑观应：《盛世危言》卷一《西学》。
④ 〔清〕康有为：《中日和约书后》。
⑤ 〔清〕严复：《论世变之亟》。
⑥ 朱一新：《朱侍御复长孺第四书》。

维新运动失败后，民族灾难更加深重。八国联军进攻中国，清政府签订丧权辱国的《辛丑条约》。到20世纪初，日益深重的民族危难和持续发展的人民反抗斗争促进了资产阶级、小资产阶级的觉醒。1901年以后，伴随着废科举、办新式学堂、派留学生等新政，中国出现了一个不同于以往的新式知识分子群。这些青年学生在民族危难的刺激下，在西方资产阶级政治学说以及自然科学的影响下，逐渐接受并传播民族主义和民主思想。

随着民主革命思想的广泛传播，康有为、梁启超的改良主义主张被资产阶级民主革命派主张所代替，他们提出“民主共和国”的口号，孙中山更把他的主张归结为“民族”“民权”“民生”三大主义。“三民主义”同中国传统文化之间具有既创新又传承的双重关系。在辛亥革命推翻几千年君主专制制度的革命过程中，传统文化并不是作为消极的对立面存在的。

但是，辛亥革命后，由于思想的冲击，许多学校废除了尊孔读经，有的孔庙被改建成学校或习艺所，停止了每年春、秋两季的祭孔典礼。后来，袁世凯为给其复辟帝制制造舆论，颁布《通令国民尊崇伦常文》，公布《整饬伦常令》，发布《尊孔祀孔令》，要求恢复学校祀孔，把孔学宗教化，以孔教为国教的声浪十分高涨。袁世凯复辟的失败，反过来导致了对孔子儒学更强力的反对与声讨。

自1915年开始，新文化运动兴起。人们围绕“复辟与尊孔”等问题，认为孔子学说不适于时代精神、政治制度和社会道德标准，他们主张彻底否定孔子与民主精神相违背的伦理政治思想。后来，新文化运动继续广泛而深入，人们认为对“孔子主义”进行批判不仅是反封建的需要，也是进行新民主主义运动和传播马克思主义的需要。

值得注意的是，五四时期的思想家对孔子和传统文化的批判，已经开始注意采取实事求是的科学态度。他们中一些头脑清醒的学者或思想家，已经认识到对待孔子不能简单化，应该在批孔时注意“真孔子”和“假孔子”，即区分出孔子的本来面目和被后人改造了的孔子形象。他们掊击孔子，“非掊击孔子，乃掊击专制政治之灵魂也”。李大钊说，孔子的这种作用绝不是因其有绝对权威，而是因为孔子学说是“适应中国二千余年来未曾变动的农业经济组织反映出来的产物，因他是中国大家族制度上的表层构造，因为经济上有他的基础”①。在反对孔子儒学的巨大声浪中，有人开始认真检讨孔子与中国社会历史文化的关系。

孔子是伟大的思想家，可也是有巨大争议的思想家。两千五百多年过去了，我们回头看孔子时才发现他竟受到了如此广泛的关注。关于孔子及儒家思想的评价，很多看法和观点明显对立。时至今日，模糊认识依然存在。面对儒学，我们自然要“剔除其封建性的糟粕、吸收其民主性的精华”，明确孔子如此跌宕起伏“文化景观”形成的复杂原因，搞清其历史过程。

从前面的叙述看，在对待孔子与传统文化的问题上，人们的态度形成明显的两极还是近代以来的事情。近代以来，不少人将中国落后挨打的原因归结为传统文化，强化和放大了人们对传统文化负面影响的认识。于是，在20世纪的一个时期内，中国形成了一个“反传统的传统”，似乎中华民族要摆脱苦难就必须摒弃传统文化。今天，回望两千五百多年来孔子与中国社会的关系，我们可以更好地把握孔子及儒家思想的内涵和价值。应该更加认真关注原始儒学，澄清误解、明辨是非，弘扬原始儒学的真精神。

① 《李大钊全集》第3卷，人民出版社2013年版，第187页。

第十一讲

董仲舒在中国文化史上的地位

——王充“孔子之文在仲舒”说诠解

在董仲舒与儒家思想研究愈加深入的今天，如果从整个中国文化的视野去审视董仲舒的历史地位，窃以为东汉思想家王充《论衡·超奇》中的话值得注意："文王之文在孔子，孔子之文在仲舒。"此言内涵丰富，值得细细品味。这一评价从孔子思想来源说起，涉及以往人们不够注意的周文王，这启示我们要以更加广阔的视野，准确把握董仲舒的历史地位。

一、王充心目中的董仲舒

王充（27—约97）出生在董仲舒（前179—前104）去世一百三十年之后，他的《论衡》是他用毕生精力写成的。到王充时，汉代学术文化经过了两百多年的发展，出现了很多优秀的学者和思想家，王充通晓百家，学识渊博，从而能独抒己见，批古论今。在《论衡》中，王充"铨轻重之言，立真伪之平"①，对往古与当时的学术思潮、思想学说进行衡评，"折衷以圣道，析理于通材"②，定其是非，攻击虚妄。

王充对历史人物、事迹的评价鞭辟入里，与他自身成长经历关系密切。据说，他小时候逛书店就喜欢阅读那里的书籍，后来回到乡里教书。王充善于思考，不死记章句。他擅长辩论，认为庸俗治学往往失去儒家本质。他曾

① 《论衡·对作》。
② 《论衡·自纪》。

闭门思考，谢绝一切俗礼和仪节，专心研究写作。故所著《论衡》解释万物异同，解答了当时的不少疑惑。

从王充对自己家族渊源的叙述中，可以看出他思想中的特立独行之处。在《论衡·自纪》篇中，王充记载了祖上的“家丑”。当然，王充的本意是为凸显自己出身贫贱，说明“宗祖无淑懿之基”，成功靠的是自己。但也印证了王充“疾虚妄”而禀实直言的人生信条。在那个格外崇尚孝道的年代，他的做法难免会导致人们的误解，如唐代的刘知幾就认为不合纲常，说他“历诋其祖父之恶，恐难称孝”。我们今天看，王充不为祖上讳，自抖“家丑”，显现了王充对于前人评价的笃实、中肯、可信。

王充对包括董仲舒、司马迁、扬雄等人在内的不少汉代名家都有评价。例如，王充尤其赞赏和推崇桓谭（约前20—后56，字君山），他把桓谭与董仲舒进行比较，说：“故仲舒之文可及，而君山之论难追也。”[①]他还把孔子称为“素王”，而称桓谭为“素丞相”。就像孔子从来未曾做王一样，桓谭也从来没有做过丞相，但王充认为桓谭可与孔子相配，将桓谭作《新论》与孔子作《春秋》类比。在王充看来，桓谭评定世事，讨论疑难，无人能出其右。与桓谭一样，王充反对神学迷信等虚妄之言，所以他的《论衡》才能“解释世俗之疑，辨照是非之理”[②]。

王充反对虚妄，所以称道董仲舒为“孔子之文”的落实者。那时，章句之学炽盛，他反对章句之儒只知信守师说。很多儒生拘泥于家传，师徒相传，不敢改变，故所知有限。王充认为，既然“六经之作皆有据”，那就说明“书亦为本，经亦为末。末失事实，本得道质”[③]，既然如此，诸子也各有其长。王充认为“初为章句者，非通览之人也”[④]，所以他说：“知屋漏者在宇下，知政失者在草野，知经误者在诸子。”[⑤]王充广涉经子，所见亦深，他

① 《论衡·案书》。
② 《论衡·对作》。
③ 《论衡·书解》。
④ 《论衡·书解》。
⑤ 《论衡·书解》。

形象地比喻说："涉浅水者见虾，其颇深者察鱼鳖，其尤甚者观蛟龙。"[①]

在王充的视野里，董仲舒是一位博学的"鸿儒"。在《论衡·超奇》篇中，王充把儒学之士分为"儒生""通人""文人""鸿儒"四等："能说一经者为儒生，博览古今者为通人，采掇传书以上书奏记者为文人，能精思著文连结篇章者为鸿儒。"又说："儒生过俗人，通人胜儒生，文人逾通人，鸿儒超文人。"儒生托身儒门，治圣人之经，学圣人之道，自然胜过不学无术的俗人。但儒生仅守一经，不知世务，不通古今，不离师法，辞说虽多，也不能称博；通人则博览群书，识古通今，但知识丰富，却未必了解世事。如果学而不能用，知道再多也没有益处。王充"贵其能用"，主张文人要能"杼其义旨"，反对"信师而是古"，文人草章属文，损益博通而能用世。如果在此基础上连缀篇章，成一家之言，那就成为非常理想的鸿儒。王充最贵鸿儒，就在于其为"世之金玉"，他们"超而又超""奇而又奇"，在王充那里，董仲舒、司马迁、扬雄、刘向、刘歆、桓谭等人都属于"鸿儒"。

在王充心目中，无论董仲舒的治学精神，还是他的道德政治论述，都值得充分肯定。周桂钿先生说，王充《论衡》提到董仲舒六十二次，大都是正面评价或推崇。例如，他说董仲舒论"君臣政治得失，言可采行，事美足观"[②]"虽无鼎足之位，知在公卿之上"[③]，评价他的对策"策既中实，文说美善"[④]"虽古圣之言，不能过增"[⑤]，如此等等。在我们看来，王充对于董仲舒的评价是颇值得玩味的。除此之外，他在《论衡·超奇》篇中把董仲舒与文王、孔子并提，说"文王之文在孔子，孔子之文在仲舒"。王充的这句话也许在当时并非郑重其事的评论，却很能表达董仲舒在中国文化史上的地位。

---

① 《论衡·别通》。
② 《论衡·案书》。
③ 《论衡·别通》。
④ 《论衡·别通》。
⑤ 《论衡·案书》。

二、“文王之文”与“孔子之文”

那么，“文王之文”说的是什么，王充何以说“文王之文在孔子”，关键是怎样理解这个“文”。

孔子周游列国，经历过很多困厄。一次，他和弟子们在匡地被围困数日，《论语·子罕》记：“子畏于匡。曰：‘文王既没，文不在兹乎？天之将丧斯文也，后死者不得与于斯文也；天之未丧斯文也，匡人其如予何？’”在这样的困厄中，孔子的担当与使命感充分体现出来。在此，孔子自谓为“后死者”，以传承中华文明、继承文王之道为己任。孔子极力推崇文、武、周公之道，《中庸》说他“宪章文武”，《论语·子张》记子贡曾说孔子学修“文武之道”。孔子一生求道，他以文、武、周公之道的继承者自居。他渴望道的实现，希望社会具有正确的价值与信仰。他在匡地的淡定和从容，正源自他内在的信仰与生命追求，他要传承周文礼乐，继承发扬以周文王为创立者的周文化。孔子说，文王死后，礼乐文化遗产不都在我这里吗？上天要消灭这种文化，那就不会让我掌握这种文化了；如果上天不灭亡这种文化，匡人又能把我怎么样呢？

正如后来许多文庙“斯文在兹”的匾额所提示的，孔子所说的那个“文”指的是斯文、文化，也可以指文献，指蕴含文武之道的六艺典籍，孔子正是用这些文献传授于弟子。这个“文”，不可简单地理解为“文章”而已。古代教育有小学、大学之分，朱子《大学章句序》说，“人生八岁，则自王公以下，至于庶人之子弟，皆入小学，而教之以洒扫、应对、进退之节，礼、乐、射、御、书、数之文。及其十有五年，则自天子之元子、众子，以至公卿、大夫、元士之适子，与凡民之俊秀，皆入大学，而教之以穷理、正心、修己、治人之道”。所以，黄震《黄氏日钞》说：“所谓文者，又礼、乐、射、御、书、数之谓，非言语文字之末。”金履祥《论语集注考证》引何北山曰：“所谓文者，正指典章文物之显然可见者。盖当周之末，文王、周公之礼乐悉已崩坏，纪纲文章亦皆荡然无有，夫子收入散亡，序诗书，正礼乐，集群圣之大成，以昭来世，又作《春秋》，立一王之法，是所谓得与斯文者也。”这个说法更为准确！

孔子推崇周文化，还在于周文化本身，在于它继承了夏商以来中华民族所创造的文化成果。《论语·八佾》记载说：“子曰：‘周监于二代，郁郁乎文哉！吾从周。’”所谓“郁郁”，形容事物盛美、繁多，这里是指富有文采。孔子斯言体现了他对周代文化的整体认识。在他看来，夏、商、周三代文化是损益发展的，周代礼乐文明并非全然新创，而是在夏、商基础上有所借鉴、有所损益发展而成。在对夏、商、周三代文化进行比较的基础上，孔子认识到周文化继承了夏、商的主体结构与基本精神而更加充实灿烂，故而他才对周文化非常向往，明确表示“从周”。

“文王之文在孔子”不仅在于孔子对周文化的体认，还在于他对周文化的发扬光大。周文化“郁郁乎文哉”，故孔子之口常常不离“周道”“周训”“文武之政”，他还时常“梦见周公”。孔子信仰周代的文化，希望恢复这样的礼乐之治。他意志坚定，表现在时时处处。例如，在途经宋国时，他与弟子们在大树下习礼，“宋司马桓魋欲杀孔子，拔其树”，《史记·孔子世家》载：“孔子去，弟子曰：‘可以速矣。’孔子曰：‘天生德于予，桓魋其如予何？’”《论语·述而》也记载了孔子的这句话。这样的情形与他在匡地被困正相仿佛。对自己的文化使命，孔子似乎有一种神圣体认和自觉意识。此种近乎宗教般的精神，正是古今中外伟人应对危难、创造伟业的动力与支柱。有人说此不过是“壮胆的话”，则失之浅矣。

周文王代表文、武、周公，文、武、周公之道在孔子那里得到了充分继承与阐发、完善。文武之政、周公礼乐，从而得到了充分的展开。如果对文、武、周公之道进行历史解读，就会发现孔子对周代礼乐文明的系统化。《淮南子·要略》说：“孔子修成康之道，述周公之训，以教七十子，使服其衣冠，修其篇籍，故儒者之学生焉。”武王、周公作为“文王之子”，他们自然要大力发扬文王之道，不忘“文考”遗训。所以，不论“成康之道”，还是“周公之训”，皆“文王之文”也。王充说的“文王之文在孔子”，说的就是孔子对他以前历史文化的继承和发展。

总之，孔子“宪章文武”，以“斯文在兹”的使命担当，发扬光大周文化，系统阐发周朝礼乐文明，形成了他的博大思想体系。正如“文王之文”得到了武王、周公、成王、康王的阐发与弘扬那样，孔子思想也被包括孔子弟子、子思、孟子、荀子等在内的早期儒家进一步发扬光大，“孔子之文”由此更加光彩夺目。

三、董仲舒与中国“文”化

孔子儒家的学说是治世的学说，所追求的是人心和顺、社会和谐、天下和平。儒学绝不仅仅停留在认知的层面，绝不仅仅是空洞的理论，孔子和早期儒家都关注现实。不仅孔子和他的弟子们恓恓惶惶到处奔走，子思、孟子、荀子也与孔子一样周游列国，希望说服当政者行教化、施仁政、兴礼乐。然而，孔子儒家的治世学说真正具体落地而变为现实，却是从董仲舒开始的。

从春秋末年的孔子时代开始，社会持续动荡不安。从孔子去世到董仲舒出生的整整三百年间，可以说一直处在孔子所言的“天下无道”状态。春秋末年，礼坏乐崩；战国时期，征伐不断；秦朝短暂统一，实行暴政，二世而亡；楚汉战争以后，西汉虽然建立，但经济凋敝，民不聊生。对于如何治理天下，汉初君臣都不得不去探索、去思考。他们总结秦朝灭亡的教训，认识到“仁义不施”是秦朝灭亡的重要原因，也看到了儒家“难与进取，可与守成”[1]的特点，明白骑在马上可以打天下而不能治天下的道理。无奈受制于西汉之初的经济状况，只能采取与民休息的基本国策。于是，黄老之学兴盛一时，儒家思想依旧黯然不彰。

这种状况，到了董仲舒时才发生改变。《汉书 · 董仲舒传》说：“自武帝初立，魏其、武安侯为相而隆儒矣。及仲舒对册，推明孔氏，抑黜百家。立学校之官，州郡举茂材、孝廉，皆自仲舒发之。”

孔子学说的特点在于经国济世，董仲舒阐发了孔子思想，并且将这一学说具体落实在政治与社会实践中。班固所说“推明孔氏”，正是王充推崇董仲舒的原因所在。

孔子一生追寻，希望天下有道。他周游列国，晚年回到鲁国，在迟暮之年根据鲁国的历史作了《春秋》。《春秋》寄寓了孔子的微言大义，寄寓了孔子的政治理想。孟子说：“晋之《乘》，楚之《梼杌》，鲁之《春秋》，一也：其事则齐桓、晋文，其文则史。孔子曰：‘其义则丘窃取之矣。’”[2]孔子痛心于礼坏乐崩、诸侯恣行、名分淆乱的现实，感叹道：“弗乎弗乎，君子病没世而名不称焉。吾道不行矣，吾何以自见于后世哉？”[3]他认为“载之空言，不如见之于行事之深切著明也”[4]，于是与左丘明入周，论史记旧闻，删繁去重，制定书法义例，借史明义，以期救世。这本是王官之事，而孔子以布衣身份代行天子赏罚，为后世垂教立法，所以他说“知我”“罪我”，其惟《春秋》!

孔子之“文”，在某种意义上也可以理解为“道”，是人之所以为人、社会之所以为社会的和谐、和顺之道，其中包含了文、武、周公所聚合起来的三代圣王治世理念，这个“道”又为孔子所接续、所传承、所发扬。所谓“文”，也是“事”，即事功，“文”不是不着边际的空洞遐思，而是需要落实和践行。在此基础上，董仲舒“推明孔氏”，他所做的工作就是具体“文化”社会。

孔子作《春秋》，“其文则史”，借史明义，经过董仲舒的切实努力，《春

① 《史记 · 刘敬叔孙通列传》。
② 《孟子 · 离娄下》。
③ 《史记 · 孔子世家》。
④ 《史记 · 太史公自序》。

秋》大义又得以明于汉世。《春秋》通过鲁国历史表达孔子的政治理想，董仲舒则推动这种思想在汉代社会现实中具体落实。他在汉代确立了以三纲五常为核心的价值体系，构建礼法结合的治国方略及思想传统，都具有极其重要的价值意义。董仲舒关注社会现实，就像前人指出的，董仲舒的许多做法，如“限民名田”“塞并兼”“天不重与”以及“有大奉禄亦皆不得兼小利、与民争利业”[①]等，有利于缩小贫富差距，弥合官民对立，“调均”社会资源分配。

王充所说“孔子之文在仲舒”，其所指应该就是孔子的治世理论到董仲舒那里成为政治管理的实践，这其实也是孔子当年所孜孜以求者。董仲舒的历史功绩在于他适应西汉中期的历史需求，与汉武帝这样的政治家合作，努力把儒家思想变成国家意识形态，成为全社会的指导思想，然后通过制度建设、核心价值观构建，通过行政系统的中介，把儒家思想落到实处，使先秦儒家孔、孟、荀的思想在汉代变成现实。所以，李宗桂先生说，这种“思想家与政治家的政治合作传统，从源头看，并不起于董仲舒，但真正将其落到实处，并且将其锻铸为后世认可并践行的文化传统的，是董仲舒”[②]。

董仲舒对孔子思想的继承和弘扬，使得孔子之道深入人心。如果把董仲舒思想与孔子学说放在中国文化大背景中，进行深入研究和细致比较，就会更加有助于对董仲舒思想的认识。孔子思想儒家文化的形成有一个广阔的文化背景，我们对孔子儒学以及董仲舒思想的认识，不应该过于简单化。例如“三纲五常”思想，人们对此讨论虽多，但它毕竟是属于“天地秩序”范畴的纲纪，没想到在帝制时代发生了那么大的变异与扭曲。还有被认为董仲舒“政治思想两大武器”的祥瑞说、灾异谴告，其实算不上董仲舒的创造发明，在孔子整理的《尚书》中就有类似的事例，如《金縢》篇里的“大雷电以风”、《归禾》篇所谓“异亩同颖”（《史记·鲁周公世家》亦载）都是。其实，祥瑞说、灾异谴告就是《中庸》所说“国家将兴，必有祯祥；国家将亡，必有妖孽”，这里所说是国家兴亡与社会民情直接相关，假如悖情违理

① 《春秋繁露·度制》。
② 李宗桂：《董仲舒思想历史作用之我见》，《衡水学院学报》2019年第2期。

的事情不断出现，难道还不应该引起重视和警觉?!

董仲舒受到世人称赞，其实是他在“正其谊”“明其道”的社会意识与价值信仰方面的切实努力。他在《贤良对策》的最后说：“《春秋》大一统者，天地之常经，古今之通谊也。今师异道，人异论，百家殊方，指意不同，是以上亡以持一统；法制数变，下不知所守。臣愚以为诸不在六艺之科孔子之术者，皆绝其道，勿使并进。邪辟之说灭息，然后统纪可一而法度可明，民知所从矣。”[①]统一国家要有统一的思想意识，古今皆然。董仲舒强调要统一到六艺、孔子之术，这就是后人所概括的“罢黜百家，独尊儒术”。历史上，很多学者都看到了董仲舒的杰出贡献，纷纷对他加以称赞和表彰。《汉书》称董仲舒“为群儒首”[②]“为儒者宗”[③]，王充《论衡·案书》说：“孔子终论，定于仲舒之言。”这与班固的“推明孔氏”相同，而康有为《春秋董氏学·天地人》则说：“赖有董子，而孔子之道始著矣。”这些其实都与“孔子之文在仲舒”的表述一致。

对于董仲舒的历史定位，以前学者们多认为：董仲舒是一个伟大的思想家，与孔子、朱子并称儒学三大巨擘。依今天看，我们更应当把眼光放大、放宽，从而站在中华文化五千多年创造与发展的广阔视野中，更多关注中华文化形成的漫长过程。如果将中华文化比喻成大树，那么其主干是儒家文化，根脉是孔子之前的“文王之文”，而董仲舒则使儒家思想和现实相结合，才使中华文化的大树有了这样的姿态，伸展出枝条，开结出花果。

窃以为，王充所说“文王之文在孔子，孔子之文在仲舒”，可以很好地诠释董仲舒在中国文化史上的地位。王充处在东汉时期的中国，他对于孔子儒学形成的历史应该看得更为真切。可以说，孔子继承了他以前的中国文化，奠定了中国的价值观念基调，董仲舒则通过汉代的社会政治实际进行了有效铺染。与“孔子—董子—朱子”的论说框架相比，似乎“文王—孔子—董子”更能说明董仲舒在中国文化史上的地位。

---

① 《汉书·董仲舒传》。
② 《汉书·董仲舒传》。
③ 《汉书·五行志上》。

第十二讲
文庙祭祀及其教化功能

纵观历朝历代，俯视寰宇九州，虽然不少时代都是“天下名山僧占多”，佛寺、道观乃至其他庙宇也恢宏壮丽，夺人眼目，然而，与佛寺、道观多在山中、云端不同，孔子庙作为传统中国文庙，都位于人们的聚居之地。孔子去世后，儒学地位逐渐提高，孔子庙越建越多，其教化社会的功能日渐凸显，孔子儒学渐渐走进中国人的内心世界，孔子的地位也变得崇高起来。在今天，应该很好地总结与反思孔子庙对于社会人心的教化意义！

一、文庙与文庙祀典

孔庙本称为“文庙”，因为主祭孔子而被简称。在世界众多祭祀孔子的庙堂中，孔子故里曲阜孔庙规模最大、历史最久。这组具有浓郁东方风格的建筑，集历史、建筑、雕刻、绘画、书法于一体，展现了传统中国肃穆的庙堂文化。庙内存放各种礼器、乐器，本身就像立体的祭颂音乐，见证了中国的诗礼传统。它是世界上最古老的博物馆，也是名副其实的“中国第一庙”。

周敬王四十一年（前479），孔子逝世。孔子与弟子感情笃深，弟子为孔子守丧结束后，有的在墓旁安家，有的则住进了孔子原来的家中。他们不仅以孔子居堂为家，还在这里祭祀孔子。后因以为庙，收藏孔子生前使用的物品。鲁人也在这里“岁时奉祠孔子冢”，举行礼仪。

自孔子逝世到南北朝时期，孔庙规模基本没有大的变化。《水经注·泗水》说：“孔庙即夫子之故宅也。宅大一顷，所居之堂，后世以为庙。”与

《史记·孔子世家》所说“孔子冢大一顷”相同。东汉永兴元年（153），桓帝下令修建孔庙，派孔和为守庙官，“立碑于庙”，孔庙始置官守庙。永寿二年（156），鲁相韩敕“修饰孔庙”。

经过汉末战乱，孔庙荒废。三国魏黄初二年（221），曹丕又下诏在鲁郡“修起旧庙”。西晋末年，“庙貌荒残”，东晋以后更是庭院寥落。东魏兴和元年（539）曾修缮孔庙，庙中雕塑了孔子圣像，旁边塑起他的十位弟子像，是为孔庙有塑像之始。

唐、宋时期，孔庙修建有10余次。唐高祖诏令国子监设立孔庙，唐太宗下令除在国子监修建周公、孔子庙外，各州县也必须建孔子庙，于是，孔庙成为全国分布最广的礼制庙宇。与此同时，曲阜孔庙规模也不断扩大，正殿、两庑等建筑达30余间。宋真宗天禧二年（1018）大修孔庙，扩大旧制，增建为三路布局四进院落，增广殿堂廊庑316间。

金、元时期，曲阜孔庙曾多次修建，但现存规模宏大的孔庙建筑群是明、清时期完成的。明、清两代以儒学治国，尊崇孔子，倡导仁孝，对孔子顶礼膜拜，在不断封赐孔子后裔的同时，也十分重视修建孔庙。明代共重修、扩建孔庙21次，是历史上重建次数最多的朝代。最大的一次修建自明弘治十二年（1499）开始，当时，孔庙遭遇雷击，大成殿等主要建筑120余间“化为灰烬”，明孝宗下令重修孔庙。经过5年时间，花费15.2万两白银，奠定了现在的规模。

清朝共修缮孔庙14次，规模最大的一次始于雍正二年（1724）。那年，孔庙又遇雷火，清帝亲自到太庙祭祀孔子，命令重修孔庙。拨付国库银两，按皇宫规格重建，派大臣到曲阜监督，要求所有工程及祭器仪物都要绘成图纸，亲自过目督办。此次重修历时6年，耗银15.7万两，重建的孔庙巍焕崇闳，坚致壮丽，纤悉完备，焕然一新。

孔子去世后，民间就开始了对他的祭祀。官方祭祀孔子则始于汉初，汉高祖十二年（前195），刘邦自淮南过鲁，以太牢祀孔子。东汉明帝时期，修明养老习射之礼，郡县道学校皆祭祀周公、孔子，于是孔子始祀于庠序之间。据《汉书·梅福传》的记载，汉代“仲尼之庙不出阙里，孔氏子孙不免编户”，但汉灵帝时，在文庙中祭祀孔子可能享受和社稷同样的规格。

魏晋南北朝时期，帝王或太子每通一部儒经，常常释奠于辟雍，这种“通经释奠”的形式逐渐成为常态。而且，在举行释奠过程中开始使用乐舞，显示出对孔子的尊崇。宋文帝元嘉年间，君臣讨论国学祭祀孔子的规格，裴松之建议祭孔应使用六佾舞。佾舞是来自宗庙宫廷的雅乐舞，佾是队伍的行列，八人为一佾。按周礼规定，天子用八佾，诸侯用六佾。

南齐永明三年（485），朝廷商议释奠释菜之礼，明确规定释奠之时，“设轩县之乐，六佾之舞，牲牢器用，悉依上公”①。只是，在这一时期，学校释奠的对象往往是周公、孔子互有更替。

唐朝以后，孔子地位逐渐稳固。唐武德二年（619），高祖令国子学立周公、孔子庙各一所，四时致祭。武德七年（624），高祖亲临国子学释奠，以周公为先圣，孔子配享。贞观二年（628），“罢周公，升孔子为先圣，以颜回配”②。高宗永徽年间，以周公为“先圣”，孔子降为“先师”配享周公。高宗显庆二年（657），太尉长孙无忌、礼部尚书许敬宗等上疏，祈求恢复贞观旧制，孔子复升“先圣”，周公则配享武王。至此，孔庙祭祀制度基本定型，孔子从此稳居享主之首，明列国家祀典，再未动摇。

从祭祀礼仪的规格上说，终唐一代，孔庙祭祀皆为中祀。除个别时期短暂升为大祀外，基本上维持了这一定制。到清光绪三十二年（1906），孔庙祭祀再次升为大祀，这是孔庙祭祀规格的最后一次提升。经过两千多年的发展，孔庙祭祀成为一种包含仪注、音乐、歌章、舞蹈等要素的规模庞大而完整的官方祭祀仪式。两千多年来，孔庙祭祀逐渐成为中国传统社会的“国之大祭”。

孔庙祭祀可分为两类，除了孔子后裔举行的家祭，更有隆重的国祭。国祭一般是派遣大臣前往孔庙致祭，其中有的在北京孔庙举行，而更多的则是派人前往曲阜孔庙祭祀。据不完全统计，自东汉至清末，朝廷派遣大臣前

---

①《南齐书·礼志上》。
②《新唐书·礼乐志》。

往曲阜孔庙祭祀孔子的达一百九十六次之多，历代皇帝亲自到曲阜祭祀的也有十九次。

到曲阜祭祀孔子的帝王，汉代以后，有北魏孝文帝拓跋宏、唐高宗李治、唐玄宗李隆基、后周太祖郭威等。北宋大中祥符元年（1008），宋真宗到泰山举行封禅大典，而后到曲阜隆重祭拜孔子，不仅行再拜献爵之礼，还命陪臣分别祭祀孔子父母、十哲、七十二弟子，从飨先儒。

清康熙二十三年（1684），皇帝到曲阜祭拜孔子，到大成殿，亲书“万世师表”匾额。乾隆帝更是先后八次到曲阜祭孔。乾隆十三年（1748）二月，他初次到曲阜，声势浩大，袭封衍圣公孔昭焕率孔子、颜子、曾子、孟子、仲子后裔有官职者，俱至孔庙内伺候陪祀，随从听讲、观光。乾隆皇帝到了大成殿后，在孔子位前肃立，神态虔诚恭谨，行三跪九叩大礼。次日亲奠孔子，并献祭文。接着到诗礼堂讲筵，衍圣公等名儒后裔皆随从听讲。

二、圣贤观念与圣贤崇拜

孔子曾把人分为五等，从低到高依次为庸人、士人、君子、贤人、圣人。在传统中国，“圣人”具有崇高的地位。“圣人”是指道德修养高、人品操守完美的人，按孔子所说，应该是德侔天地，穷究万事，“明并日月，化行若神”[①]；孟子说是“人伦之至”,“百世之师”；荀子则概括为“备道全美”。

据《孔子家语·五仪解》等，孔子对“圣人”和“贤人”的定义分别是：

> 所谓贤人者，德不逾闲，行中规绳，言足以法于天下而不伤于身，道足以化于百姓而不伤于本。富则天下无宛财，施则天下不

① 《孔子家语·五仪解》。

病贫。

所谓圣者，德合于天地，变通无方，穷万事之终始，协庶品之自然，敷其大道而遂成情性。明并日月，化行若神。下民不知其德，睹者不识其邻。

人人都不愿是“庸人”，每一位“士人”都愿意成为“君子”。孔子不以“圣人”自居，但以“君子”自许。“贤人”和“圣人”的境界在“君子”之上，这是人人所当追求者。“贤人”施德遵法度，行事讲准则，言论足为天下表率，道艺足可教化百姓。“圣人”德行更高，其德合乎于天地之道，统物通变，推究万事发展规律，协调万物自然本性，遵从大道也不违背情性。圣人极普通又不普通，百姓不知道其德行很难理解他。

在思想文化领域，真正被尊奉为“圣人”的只有六人，他们是元圣周公、至圣孔子、复圣颜子、宗圣曾子、述圣子思、亚圣孟子。在孔庙里，孔子居中，颜子、曾子、子思、孟子列为“四配”，配享于孔子。于是，孔庙圣殿里面的这五位“圣人”连同“十二哲”与历代“先贤”成为历代士人效法的典范。

如果到曲阜孔庙去，会发现孔庙最前面的城墙上有四个字“万仞宫墙”，这是子贡夸赞孔子的话。有人说“子贡贤于仲尼”，认为子贡比孔子强。子贡听后说：他太不了解我老师了。打个宫墙的比方吧，我的墙有肩膀一样高，在墙的外面什么都能看到。但老师的墙有好几人高，如果找不到门进去，就不知道里面是什么样子，就看不到其中的“宗庙之美，百官之富”。子贡还认为，要真正了解和认知孔子，从而学到孔子思想的精髓是不容易的。

历代对圣人的崇拜主要表现在对孔子等儒家圣人的追封与加谥上。西汉以后，儒学逐渐被奉为治国之道，孔子及其后学也不断得到尊崇。总体而言，历代对孔子的封谥有两种倾向：一是侧重于提升孔子的政治地位，主要表现为各种爵号中有“侯”“公”“王”之类；二是侧重于表彰孔子思想的教化作用，大多称其为“先师”“大成至圣文宣先师”等。

从时间上看，这两种倾向的分界点是明朝嘉靖九年（1530）的祀典改革。此次改革之前，孔子的封号大多为爵称或王称，而且等级日益高涨，改革后则主要以“先师”称之。表面看来，嘉靖改革似乎意味着孔子地位的下降，其实，这是要以孔子思想进行社会教化，孔子的地位实际上是更加尊贵。

历代对孔子的追谥

朝代	时间	封号	备注
西汉	元始元年（1）	褒成宣尼公	
东汉	永元四年（92）	褒尊侯	
北魏	太和十六年（492）	文圣尼父	尊称
北周	大象二年（580）	邹国公	
隋	开皇元年（581）	先师尼父	尊称
唐	武德七年（624）	先师	尊称
	贞观二年（628）	先圣	贞观十一年（637）改称“宣父”
	乾封元年（666）	太师	
武周	天授元年（690）	隆道公	
唐	开元二十七年（739）	文宣王	
北宋	大中祥符元年（1008）	玄圣文宣王	大中祥符五年（1012）改称至圣文宣王
西夏	人庆三年（1146）	文宣帝	
元	大德十一年（1307）	大成至圣文宣王	
明	嘉靖九年（1530）	至圣先师	
清	顺治二年（1645）	大成至圣文宣师	顺治十四年（1657）复改称至圣先师
民国	民国二十四年（1935）	大成至圣先师	

除了对孔子追封加隆外，对其弟子及后学的追崇也不断加大。其中，最主要表现在对颜子、曾子、子思、孟子的尊崇上。

在孔子弟子中，颜子地位最高，配享时间最早。颜子被追封始于唐朝，唐高宗总章元年（668）赠颜子为太子少师。睿宗太极元年（712），又加赠颜子为太子太师。玄宗开元八年（720），国子司业李元瓘建言："先圣孔宣父、配坐先师颜子，今其像见在立侍，准礼'授坐不立，授立不跪'，况颜子道亚生知，才光入室，既当配享，其像见立。请据礼文，合从坐侍。"[①]乃诏颜渊至子夏等十哲为坐像，悉预祀。以颜子亚圣，特为制赞，书于石。开元二十八年（740），追赠颜回为兖公，西向配，其爵位列众儒之首。在宋代以后的礼制改革中，涉及颜子封号的共有三次。一次是宋真宗大中祥符二年（1009），加封颜子为兖国公。第二次是元代文宗至顺元年（1330），赠颜子兖国复圣公。第三次是嘉靖时期的祀典改革，颜子被称为"复圣颜子"，这种称谓一直延续到清代。

曾子享受追封也始于唐代。总章元年，皇太子弘幸国学，行释奠之礼，为"眷曩哲以勤怀，显颜、曾之特高，扬仁义之双美"[②]，上表祈求褒赠颜回为太子少师，曾参太子少保，"高宗并从之"[③]。开元二十七年（739），追赠曾参为郕伯。大中祥符二年，宋真宗晋曾参为瑕丘侯。因犯孔子讳，又于徽宗政和元年（1111），改瑕丘侯为武城侯。南宋度宗咸淳三年（1267），加封为郕国公，配享孔子。元文宗至顺元年，加赠郕国宗圣公，此为曾参封圣之始。明嘉靖九年，改称"宗圣曾子"。

孟子受封始于宋代。宋元丰六年（1083），依吏部尚书曾孝宽之请，诏封孟轲为邹国公。元丰七年（1084），孟子进入配享之列。这一年，朝廷从晋州州学教授陆长愈之请，诏以孟轲配食文宣王。此后，孟子屡受加封。至顺二年（1331），加赠邹国亚圣公。明嘉靖九年，改称"亚圣孟子"。

子思受封也是始于宋代。宋徽宗崇宁元年（1102），朝廷以子思"圣人之后，孟氏之师，作为《中庸》，万世景仰"[④]，遂追封其为沂水侯。宋徽宗大观

---

① 《文献通考·学校考四》。
② 《全唐文》卷十二。
③ 《旧唐书·高宗中宗诸子传》。
④ 〔清〕孔继汾：《阙里文献考》卷十四《祀典考第三之一》。

二年（1108），从祀孔庙。南宋咸淳三年，被加封为沂国公。元至顺元年追谥为沂国述圣公。明嘉靖九年，改称述圣子思子。

在孔门诸儒中，封号和谥号代表着个人社会地位和被尊崇的程度，还与在文庙中享受的祭祀位置密切相关，因此，在文庙祭祀中，“复圣颜子”“宗圣曾子”“述圣子思子”“亚圣孟子”享受仅次于“至圣孔子”的最高级别的祭祀规格。

梁漱溟先生曾经手书一副对联：“不为圣贤，便为禽兽；莫问收获，但问耕耘。”“莫问收获，但问耕耘”容易理解，就是不问收获，踏实地努力即可。那么，前面这一句“不为圣贤，便为禽兽”的意思呢？从字面看，好像在“圣贤”和“禽兽”之间没有过渡环节，乍听觉得突兀。其实，这里深蕴着中国早期儒家文化的背景，与儒家的修身理论息息相通。这句话曾是清末曾国藩的座右铭，而且是曾国藩的老师送给他的。这副对联的意思，是说人要加强自身修养，踏踏实实做人，一个人能够“成人”，就距离“圣贤”不远了。使自己区别于禽兽，就有了一颗圣心，就有可能成为圣贤。这里强调的是自身的修为，所以，孟子说，“人皆可以为尧、舜”①，荀子说，“涂之人可以为禹”②，荀子认为在路上行走的任何一个人都有可能成为大禹那样的人。尧、舜、禹是儒家尊崇的圣人，儒家强调的是后天的努力。

三、文庙从祀制度

孔庙主要祭祀孔子，还以历代“先贤”与“先儒”配享、从祀孔子，孔子庙成了真正意义上“中国的文庙”。孔子集古圣先贤之“大成”，影响中

① 《孟子·告子下》。
② 《荀子·性恶》。

国两千多年，孔子以后，历代儒生以孔子为宗师，传承弘扬孔子学说。唐朝以后，历代政府都将弘扬与践行孔子思想的杰出人物供奉在孔庙，从祀孔子，大成殿是后世儒者心中的“圣殿”，孔子庙是他们心中的“圣庙”。

上古时期，中国有以德配天的传统，这也为祭孔礼仪所效仿，形成了孔庙的从祀制度。所谓孔庙从祀，是指以孔子弟子和历代大儒配享孔庙，彰显对孔子儒学的尊崇。孔庙从祀制度虽有上古礼制借鉴，但以弟子从祀于先师之礼却有自身独特的发展脉络。东汉永平十五年（72），东汉明帝东巡过鲁，祀孔子及七十二弟子。三国曹魏正始年间，齐王曹芳通习儒家经典后派遣太常于辟雍祭祀孔子，以颜渊配享。晋宋以后，国学释奠基本沿用这一形制，以颜渊配祀孔子。

唐代以后，从祀制度日渐完备。唐贞观二十一年（647），以左丘明、公羊高等二十二位先儒从祀孔庙，但他们认为那些“有功于圣人之经”的学者才有资格配享，所以孔门弟子除颜回、子夏外，全都不在从祀之列。唐开元八年，玄宗李隆基命以“圣门四科”的颜回、子夏等十名弟子从祀孔庙，并图画孔门弟子及二十二贤于庙壁之上。这为孔庙从祀制度树立了典范，孔门弟子及儒家圣贤同时从祀孔庙成为定制。以后，孔庙从祀人物代有增添、更换，到1919年，已经达到一百七十二位。

孔庙从祀人物最终分成几个等级，依次是四配、十二哲和历代先贤、先儒。从祀人物可分为“配享”“配祀”“从祀”三个位阶。“配享”是祭祀孔子时陪祭的第一等级，共有四位人物，复圣颜回、宗圣曾子、述圣子思、亚圣孟子，即“四配”。“配祀”属于第二等级，包括闵损、冉耕、冉雍、宰予、端木赐、冉求、仲由、言偃、卜商、颛孙师、有若、朱熹十二人，通称“十二哲”。在“十二哲”中，朱熹号称宋代的孔子，除了朱熹，其他十一位都是孔子的弟子。

“从祀”属第三等级，包括先贤、先儒两部分，先贤地位略高于先儒。先贤、先儒供奉在大成殿前两侧的两庑中。先贤以孔子弟子为主，还包括周敦颐、张载、程颐、程颢、邵雍五位宋代理学家，他们名列先贤之位，与理学地位的提高密切相关。今日孔庙所见从祀的诸先贤之中，还包括与孔子同时代的公孙侨、蘧瑗等人。先儒是指在历史上对儒学发展产生重大影响的学者。由于历代不断增加和更替先儒人选，相对其他几个等级而言，先儒的变化比较大。王安石之子王雱是先儒中最先被罢祀的，淳熙四年（1177）被逐出孔庙。荀子作为先儒也曾短暂从祀孔庙，但嘉靖九年因言性恶而遭罢祀。

孔庙从祀制度的确立与变化，与社会思潮紧密相连，直接体现着儒学内部正统观的相互争夺。唐代贞观年间以左丘明、公羊高、何休、马融等二十二人从祀孔庙，是因为他们都“偏善一经”。唐代把从祀孔子的荣耀给予“传经之儒”，反映出时人对汉代经学的尊崇。

宋神宗元丰七年，孟子、荀况、扬雄、韩愈从祀孔庙，“传道之儒”开始出现。此后，孟子和子思先后升为配享，四配最终形成，这无疑是理学占据主导地位的直接体现。明末清初，陆王心学成为众矢之的受到猛烈批判。清康熙五十一年（1712），朱熹跻身孔庙正殿，成为十二哲之一。雍正二年从祀时所增加的二十位先儒中，程朱学派的学者就占十三人。

清代从祀制度中还出现了一个崭新的范畴，即所谓“行道之儒”。清代处于中国封建社会的末期，清朝下半叶更是内忧外患，国势危急。因此，人们越发看重儒者的治世之业，企望历史上的治世名臣来力挽狂澜，由此，李纲、方孝孺、顾炎武等忠臣义士获登孔庭。

可以说，一部孔庙的从祀史就是一部官方意识形态的发展史，也是一部鲜活的官修儒学史，充分反映了正统思想学说的演变。不论是传经之儒、明道之儒，还是行道之儒，他们的进退去取均需受到官方的认可与节制，因而孔庙从祀制度的变化也成为传统社会中政治与文化两股力量最耀眼的交点。清代学者钱大昕说，“孔庙从祀，非寻常事”。从祀孔子的先贤、先儒都是中国文化史上的重要人物，是正统儒学传承的中坚，他们宣传和践行孔子学说，使儒家思想深入人心。

四、文庙是历代知识精英的精神仰望

孔庙祭祀孔子及其以后的圣、哲、贤、儒，仅仅两庑中供奉的历代先贤先儒就有一百五十六人。历史上，这些先贤、先儒也有一定的增添和更换，他们之中有孔子弟子，更多的是历朝历代的儒学大师。他们以孔子为师，以六经为典，以继承道统为己任，发展并传播儒家思想，被后世认为是儒学传承的正统。

在孔庙的历代供奉中，从祀孔子的先贤先儒有时是塑像，有时是画像，有时是牌位，两庑中的设施虽然相对简陋，但是，这里却是传统中国历代知识精英魂牵梦绕之地，是他们的心灵家园。从很早的时候起，中国就有了立功、立言、立德“三不朽”的观念，中国士人去世后能够在孔庙中从祀，这自然是无上的荣耀。一旦来到了这里，便真正名垂青史，永垂不朽！

从祀孔庙，其象征意义极其重要，尤其到明清以后更加深入人心。例如，明代学者瞿九思在《孔庙礼乐考》中便讲道：“从祀大典，乃乾坤第一大事。”明朝大儒王守仁是否能列入孔庙从祀，在朝廷中激辩数十年。反对者认为，朝廷已册封王为“新建伯”，不需要再将他纳入孔庙从祀；但赞成者却认为伯爵之名只是一个世代的荣耀，而孔庙从祀却是“万代之典”。清朝灭亡前，一位自号“梦醒子”的文人还说：“人至没世而莫能分食一块冷肉于孔庙，则为虚生。”[①]出现这样的文化心理，是多种因素相互作用的结果。

中国古代的学校大多与孔庙结合，此即所谓的“庙学合一”。学校与孔

① 刘大鹏遗著，慕湘、吕文幸点校：《晋祠志》，山西人民出版社1986年版，第201页。

庙合为一体，形成了“庙中有学，学中设庙”的格局。唐贞观四年（630），唐太宗下诏，令“州、县学皆作孔子庙”，从此“州县莫不有学，则凡学莫不有先圣之庙矣”[①]。这促使士人耳濡目染成圣希贤的荣耀，对“入祀孔庙”这一文化价值的形成具有潜移默化之功。孔庙释奠礼仪所传承的是中华民族尊师重教的社会风气和文化内涵，除了曲阜孔庙、衢州孔庙等具有一定的家庙性质外，各地的其他孔庙，包括北京国子监，各府、州、县所设立的地方孔庙都是庙学结合、亦学亦庙、学附于庙，庙是学的信仰中心，学是庙的存在依据。这种“庙学合一”建制有助于学子在对先圣先师顶礼膜拜的氛围中耳濡目染，潜心研读儒家典籍，从心灵深处感知、领悟儒家文化精髓。

唐代以前，历代王朝礼遇孔子，孔子封号往往带有贵族爵位，包含有借助孔子思想维护政治统治的意义，不过，孔庙释奠的主题还是祭奠“先师”与“先圣”，弘扬尊师重教的社会风气。唐代以后，政府规定各州学、县学都要建立孔庙，孔庙进入政府管理系统，官方色彩日渐浓厚，其祀典便由官府举行，孔庙释奠逐渐成为一种国家行为。从此，历代孔庙配享、从祀诸儒的遴选都出自朝臣之廷议，决之于皇帝之钦定。国家举行孔庙释奠，其目的在于借助孔子之道推行教化，确立适应社会运转的社会秩序，也彰显其政权的合法性。

当然，更为重要的，却还是孔庙从祀制度的存在。儒家思想作为治国、平天下之术，历来受到统治者重视。《御制重修孔子庙碑》（即通常所称的“成化碑”）对此有精辟的论述，他说：“有孔子之道，则纲常正而伦理明，万物各得其所矣。不然，则异端横起，邪说纷作。纲常何自而正？伦理何自而明？天下万物又岂能各得其所哉！”从汉高祖刘邦用太牢祭祀孔子，首开帝王祭孔之先河开始，两千多年来，在前往曲阜祭孔的路上出现了一个个帝王的身影。在国家政权力量的推动下，孔庙祭祀的规模不断扩大、制度不断完善、规格不断提高，并且发展成为中国传统社会的“国之大祭”。由于孔庙所奉祀的对象都是儒家圣贤，身后从祀孔庙自然成为儒者至高的荣耀。

---

① 《文献通考·学校考四》。

古代大凡建立新的王朝，或是新皇帝登基，除了祭天、祭祖之外，一定会祭祀孔庙。孔庙祭祀象征其统治得到了孔子的认可，表明新皇帝取得了文化道统上的正当性。然而，士人阶层把孔庙看作是自己的精神家园，并想要透过孔庙所象征的文化力量来制衡、考核统治阶级的作为，显示出知识分子积极入仕的政治情怀。因此，古代知识分子的这种精神信仰时常会受到君权的挑战，并且两者的矛盾显得不可避免，并集中体现在关于孔庙从祀的争论中。例如，明嘉靖九年，明世宗因士人阶层屡次反对礼制改革，从而降杀孔庙祀典，罢祀荀况、戴圣、刘向、马融等诸儒，以打击士人，显现君权。这引起了当时的统治阶级与士人阶级极大的对立与冲突，对嘉靖朝的政治、经济等都产生了深刻影响。

从祀孔庙的精神追求展现了中国古代知识分子的不朽观念，即强调个体生命对现实社会及历史的作用和影响。以木石砖瓦形式存在的祠庙屹立在人间，历经数百年的沧桑而完好无损，这昭示了生命之外的另一种存在，它比肉身更长久，比人的存在更具超常的力量。

五、文庙的社会教化功能

中国文化史家柳诒徵先生说："盖自汉以来，虽已举国崇奉孔子之教，而立庙奉祀，近于宗教性质者，乃由人心渐演渐深，踵事增华之故。"[①]这体现了中国文化尤其是儒家文化极富于理性精神，而不是像西方文明那样具有深沉的宗教意识。孔庙与孔庙祭祀是中国文化史上非常独特的文化现象，它作为传统中国人文教化体系的物化形态，拥有完备的祭祀系统和祭奠礼仪形式，尤其是它承载的孔子儒家思想学说体系，都与传统中国社会的进步与发

① 柳诒徵：《中国文化史》，上海古籍出版社2001年版，第278页。

展息息相关。

（一）孔庙建制是历代思想统合的物质载体

孔庙的设立、修饰以及不断的祭祀活动，其政治意蕴最为突出地表现在历代政权通过孔子祭祀取得了政权的合法性。孔庙祭祀作为国家祀典，为历代统治者所控制，这不为一般百姓所能觊觎。历代统治者要利用孔子思想教化人心，同时孔子学说也确具明伦纪、辨名分、正人心、端风俗的作用。

刘邦作为第一个过鲁祀孔的帝王，便是一个非常好的例证。刘邦在夺取天下前曾十分鄙视儒者。然而由于陆贾、叔孙通等儒者的劝导，终于意识到“马上得天下，不能于马上治之”的道理。吸取秦朝覆亡的教训，刘邦懂得了笼络士人的重要意义。而孔子作为儒家学派的创始人，为儒生的宗师，因此，刘邦的祀孔，其象征意义在于告知天下其消除暴政、重视文治的决心。随着汉武之世“罢黜百家，独尊儒术”的实行，儒学成为官方的意识形态，经学成为官学。孔子在士人中的影响力，足以使帝王意识到祭祀孔子所具有的重大意义。所以，到了后来，“诸侯卿相至，常先谒而后从政”①。

汉代以降，儒家之学、孔子之教在社会生活中的影响日益普及，孔子倡导之伦理规范成为治化之本，有国者不得忽视。汉桓帝时所立《乙瑛碑》即谓“孔子大圣，则象乾坤，为汉制作”，稍后的《鲁相韩敕造孔庙礼器碑》亦称“孔子近圣，为汉定道”，《汉鲁相史晨奏祀孔子庙碑》同样说“主为汉制，道审可行”。从中我们不难体味孔庙祭祀对于汉朝统治者的价值。他们所看重的正是孔子对于其统治的合法性的维护。南北朝时期，对峙政权竞相立庙祀孔，其立意也正在于博取其政治的“合法性”。宋孝武帝便直言：“国难频深，忠勇奋厉，实凭圣义，大教所敦。永惟兼怀，无忘待旦。可开建庙制……厚给祭秩。”②

① 《史记·孔子世家》。
② 《宋书·孝武帝本纪》。

在世界众多祭祀孔子的庙堂中，曲阜孔庙不仅规模最大、历史最久，也最具有代表性、典型性。其建筑格局、一砖一瓦，都体现了中国古老的传统文化，每一座门坊的名称，都是孔子儒家思想的凝聚与标识，意涵饱满，博大精深。在孔庙核心建筑区域之前，作为孔庙的引导部分，所有建筑都左右对称，步步引申，就像无声的祭颂音乐，静静礼赞孔子学说与中国文化。孔庙后部分为三路，东路是祭祀孔子上五代祖先的场所，西路是祭祀孔子父母的地方，典型地反映着中国尊祖敬宗的儒家的礼乐文化。孔庙有形的物质遗产承载着无形的精神文化。孔庙主祭孔子，彰扬儒道，又以历代圣哲及“阐道纯儒”配享从祀，使孔庙成为中国历代士人“心向往之”的精神家园。实际上，作为政统代表人物的封建帝王也不惮仆仆，到孔庙致祭，显示了政统与道统的内在统一。

在中国历史上，可不只是一朝一代、一个民族尊崇孔子及其学说。孔子故里曲阜就像一座规模宏大的博物馆，在绵延两千多年的历史中，以其得天独厚的文化守护优势，收藏了数千幢有文化价值的石碑，其数量之大，时间跨度之长，保护之完备，在海内外都十分罕见，价值极高。如十三御碑亭内保存御制石碑五十多幢，分别是唐代至民国时期所刻，由汉文、八思巴文、满文等文字刻写，碑文多是帝王对孔子追谥加封、祭庙、修庙的记录。其他的众多石碑也记载了历代帝王大臣修庙、拜庙、祭庙的情况。这些石碑包括祀孔碑、谒孔碑、修建孔庙碑、功德碑等，都是历代尊孔崇儒的见证。

由孔子思想的特征所决定，孔庙不仅是正统文化的宣传者，也是国家教育的执行者，因此，历代政权都不忘到辟雍、太学、孔庙祀孔。关于历代政权与孔庙的关系，明成化四年所立《御制重修孔子庙碑》就十分系统地进行了论述，碑文除了简述修建孔庙的经过外，主要是对孔子之道的赞扬。碑文开头即说：“朕惟孔子之道，天下一日不可无焉。何也？有孔子之道，则纲常正而伦理明，万物各得其所矣。不然，则异端横起，邪说纷作。纲常何自而正？伦理何自而明？天下万物又岂能各得其所哉？是以生民之休戚系焉，国家之治乱关焉。有天下者，诚不可一日无孔子之道也。”接着，碑文又对孔子之道进行阐述说：“盖孔子之道，即尧、舜、禹、汤、文、武之道，载于六经者是已。孔子则从而明之，以诏后世耳。故曰：天将以夫子为木铎，使天不生孔子，则尧、舜、禹、汤、文、武之道，后世何从而知之。将必昏昏冥冥，无异于梦中，所谓万古如长夜也。由此观之，则天生孔子，实所以为天地立心，为生民立命，为往圣继绝学，为万世开太平者也。其功用之大，不但同乎天地而已。噫，盛矣哉！诚生民以来之所未有者！”

在先秦时期，孔子所创立的儒家学派仅仅是诸子百家中的一派，孔子去世后，在孔子弟子和孔子后学的宣扬之下，儒家成了诸子学说中的“显学”。到了西汉武帝时期，为了适应其加强专制主义中央集权统治的需要，“罢黜百家，表彰六经”，儒家思想被定于一尊，孔子和儒家的思想从此便与中国政治结下了不解之缘。东汉末年以来，道教产生，佛教传入，从此，儒、佛、道的斗争与融合便贯穿了魏晋隋唐的社会历史之中。然而，儒家思想毕竟适应了中国传统的宗法农业社会，所以，总体来讲，不论社会经历了怎样的艰难曲折，孔子和儒家的思想一直是中国传统政治思想的根本。宋明时期，理学产生，儒家之学发展到了一个新的高度，唐代韩愈首倡的儒家“道统”说也得到更进一步的申说，孔子与政治的联系也自然更为密切。

明朝建立以后，明太祖朱元璋十分注意利用孔子和儒学，开了明代尊孔的先河。正如成化碑碑文中所说：“迨我祖宗，益兴学校，益隆祀典，自京师以达于天下郡邑，无处无之，而在阙里者尤加之意焉。故太祖高皇帝登极之初，即遣官致祭，为文以著其盛而立碑焉。太宗文皇帝重修庙宇而一新之，亦为文以纪其实而立碑焉。”明初尊孔，不仅在天下提倡儒学，更对孔子后裔加以优渥，到孔子故里进行祭祀，其后，明代其他帝王也纷纷效仿。明宪宗即是如此，他“嗣位之日，躬诣太学，释奠孔子。复因阙里之庙岁久渐弊而重修之”。

工程完毕之后，自然也要立碑，向天下昭示其尊孔之意。对此，明宪宗自白道：“呜呼孔子之道之在天下，如布帛菽粟，民生日用不可暂缺。其深仁厚泽，所以流被于天下后世者，信无穷也。为生民之主者，将何以报之哉？故新其庙貌而尊崇之。尊崇之者，岂徒然哉？冀其道之存焉。尔使孔子之道常存而不泯，则纲常无不正，伦理无不明，而万物亦无有不得其所者。

行将措斯世于雍熙泰和之域，而无异于唐虞三代之盛也。久安长治之术，端在于斯。”可见成化碑之立，明确了其“昭我朝崇儒重道”的用意。曲阜孔子庙越修越大，就像孔子思想历久不衰那样，这是因为它与封建政治之间的紧密关联，因为“久安长治之术，端在于斯”。成化碑把尊崇孔子之道推到了极致，它充分道出了历代封建王朝尊崇孔子的原因所在，说明了儒家思想与封建政治之间的关系。

（二）孔庙祭祀是中国人文教化的重要形式

孔庙祭祀被称为“释奠礼”，这一名词见于《礼记》，本指在学宫中举行的祭祀“先圣先师”或“先老”的一种仪式。魏晋时期太子每通一经后的祭祀以及太学开学时的祭祀开始集中转向儒家先圣先贤。唐宋时期州县学宫都开始建有孔庙，于是“释奠”祭祀孔子与孔子庙祭合二为一。明清时期，“释奠”（或称“释菜”）几乎成了孔子庙祭祀的专有名词。

释奠礼在中国历史上越来越受重视，本身说明了孔子儒学在中国人文教化传统中的意义与价值越来越得到肯定。释奠礼作为一种祭祀礼仪，在传统中国受到特别的重视。如在西周时期，司徒是教民、治民之官，分大、小司徒与师保之属，按《周礼·地官·大司徒》记载，“大司徒”的职责有所谓“十二教”，其一为“以祀礼教敬”。可以看出，“以祀礼教敬”在周人教化系统中占有重要地位。

春秋以降，礼坏乐崩，祭祀之礼出现了混乱，于是有人强调祭祀之礼的重要性，例如有人说：“凡治人之道，莫急于礼，礼有五经，莫重于祭。”[①]“凡家造，祭器为先。”[②]在祭祀之礼中，强调的同样是“敬”，如孔子曾说：“祭礼，与其敬不足而礼有余也，不若礼不足而敬有余也。”[③]祭祀之礼对于培养为人之“敬”具有特别的作用。

① 《礼记·祭统》。
② 《礼记·曲礼下》。
③ 《礼记·檀弓上》。

为人处世，儒家最讲中庸之道。所谓“中庸”，按照东汉郑玄的说法，不过是“用中”而已。人之为人，其所谓“中”实在于“至诚”二字。此即人们强调的“至诚无息”“诚外无物”。这两个词语其实意义相同，角度不同，都十分重要。“大学之道”中的“诚意”就是真心真意的坚守。认为是正确的事，就坚持去做而且长期不懈，坚守不改，这就叫“诚”。只有做到了“诚”，修养、行为才能真正做到位，才能真正做到家。一个人只要做到“至诚”，就能“无息”，所以《中庸》说：“至诚无息，不息则久，久则征，征则悠远，悠远则博厚，博厚则高明。”既然“至诚”，就不会今天诚，明天就不诚了。这样的情况应该是不可能发生的，否则就不能称作“至诚”了。一个真正高明的人一定是有所坚持、有所遵循的。做到至诚的人，一定是境界高的人，一定是有知识的人。因此说“至诚”非常重要，而做到“至诚”，其实就要做到“敬”。

有一次，孔子和鲁国国君在一起，他们俩有一个对话。鲁君问孔子：“人道，什么最要紧？”孔子于是进行了细致的论述。在论述中，关键的有这样几句：第一，人道，政为大。第二，古之政，爱人为大。第三，爱人，礼为大。第四，礼，敬为大。在孔子看来，人道中，管理最为重要；在管理中，要提倡“爱人”；而在管理中的“爱人”或“爱民”，又必须符合“礼”，既不能无原则地亲近，也不能疏远、忽略、忽视。爱民也有“度”，那叫“礼”，叫符合规范、符合道理。礼，则以“敬”为大。说到底，就是“人之道”以“敬”为最重要。

人道中的这个“敬”，不仅是生活细节，更是人生态度，所以“人道，敬为大”，人道最终以“敬”为大。古代“圣王”十分重视“敬”，从西周初年的周文王、武王到周公，无不如此。姜太公教给周文王交流“至道之言”，也说“义胜欲则昌”“敬胜怠则吉”[①]，强调的还是“敬”。这个“敬”就是“慎终如始”。如老子曾说：“民之从事，常于几成而败之。慎终如始，则无

---

① 《六韬·明传》。

败事。”[①]“至诚”就是敬，敬就是“慎终如始”。

春秋前期，鲁人展禽（柳下惠）鉴于当时祭祀上出现的不正常现象，曾经系统论述周人的祭祀问题（见《国语·鲁语上》，又见于《礼记·祭法》）。这是一篇研究周人传统祭祀观念的重要文献，对今人理解祭祀问题很有启发，它本身体现了周人对祭祀礼仪的重视，更为重要的是他指出了周人传统的祭祀准则，如崇尚有功则祀、有恩必报、不祀非族等。在这样的基础上思考孔子庙祭祀问题，会发现这一礼仪的许多深层次问题。

在文庙祭祀中的祭祀对象，最能突出体现中国的人文精神。经过两千多年的发展，孔庙祭祀作为中国传统社会的“国之大祭”，这种隆重的祭祀仪式不仅面对孔子，也面对孔庙里面配享、从祀孔子的圣、哲、贤、儒。

作为祭祀孔子和历代儒家的庙宇，孔庙是教化人心、倡导教化的最佳场所，所以，除了天下通祀的祭祀对象，还有其他相关祭祀、纪念的人物。例如，在北京孔庙，大成门及先师门两侧排列着一百九十八通元、明、清三代进士题名碑，其中元代三通，明代七十七通，清代一百一十八通，共刻有五万一千六百二十四名进士的姓名、籍贯、名次。可以说，这是科举时代士人举子梦寐以求的荣耀。

值得特别提出的是，除了曲阜孔庙、北京孔庙等庙宇，一般地方孔子庙还建设有两个特别的建筑，即“名宦祠”和“乡贤祠”。明洪武二年（1396），命建先贤祠奉祀在本地任官有善政的官员和有嘉言懿行的本地人士，在文庙春秋释奠后进行祭祀。不久，“先贤祠”分成了“名宦祠”和“乡贤祠”。由于名宦是在本地任职有善政的官员，所以各地奉祀人物完全不同。文庙内的“名宦祠”是奉祀在本地任职有业绩的官员和本地著名人士的专祠。凡有品学为地方所推重者，去世后由大吏题请祀于其乡，入乡贤祠，春秋致祭。孔庙中“名宦祠”和“乡贤祠”的设立，使入祀孔庙不再高不可攀，这对于敦励风俗、教化乡里，起到了十分重要的作用。

① 《老子》第六十四章。

（三）孔子儒学赖孔庙得以更好地传承传播

文庙祭祀孔子及历代圣、贤、哲、儒，是孔子和儒家文化最具代表性的物化象征，在传承传统文化方面具有不可替代的作用。在对孔子及儒家的祭祀中，孔子思想与儒家文化得到了很好的传播与弘扬。

在两千多年的传统社会中，孔庙祭奠礼仪虽然历经跌宕波折，但整体上看是呈现出一种不断上扬攀升的态势，最终发展成为一套包括礼、乐、舞蹈等在内的完备的礼仪制度，成为国之重典，其所代表的文化意蕴及其涵盖的政治、教育、礼仪等内涵丰富多样，值得认真研读，细细品味。

孔子在世的时候就已经受到人们的普遍敬重。孔子去世后，孔子的地位得到了进一步提高。于是，在历代官方尊崇儒学、重视孔子、优渥圣裔的同时，民间也兴起了尊孔崇儒之风，这种风习相沿既久，成为民间风尚，并由邹鲁之地影响及于天下四方。

孔子与他的弟子虽然没有血缘关系，但彼此之间融洽亲密，孔子视弟子“犹子”，弟子待师“犹父”，人称其为“拟血缘亲”关系。孔子去世后，他的弟子为孔子送葬，随后守“心丧三年”，子贡甚至又继续守丧三年。而后，一些弟子流散四方，将孔子学说传播到各地，还有一部分弟子在“孔子家”居住下来，另一部分弟子和鲁人共百余室在孔子墓附近安家，形成村落，他们在这里按时祭祀孔子，举行礼仪。作为战国时期的“显学”，儒学首先在鲁国造成了很大影响。当时不仅孔子弟子、孔门后学修习孔子学说，宣传儒家主张，鲁国民众也都服膺儒学，形成了崇儒、重儒的风气，《淮南子·齐俗训》说：“鲁国服儒者之礼，行孔子之术。”秦朝末年，刘邦举兵围鲁，“鲁中诸儒尚讲诵习礼乐，弦歌之音不绝”，有人感慨地说：“岂非圣人之遗化，好礼乐之国哉？”七十多年后，司马迁来到鲁国，他看到的依然是“诸生以时习礼其家”的景象。

除了文献典籍、笔记杂纂，民间传说还以图画艺术的形式保存着。在鲁地出土的汉画像石中，就有《孔子问礼老聃》等传说场景的描绘。明朝嘉靖年间有人将孔子传说绘制成《圣迹图》三十六幅，万历年间则有人将《圣迹图》刻绘在石上，而且扩充至一百二十幅，其中与孔子出生传说有关的就有“尼山致祷”“麒麟玉书”“二龙五老”“钧天降圣”等数幅。清代则出现了多种孔子的“圣迹图”木刻画像，现在关于孔子的“圣迹图”不下十几种。这些图像配有文字说明，是当时社会尊崇孔子的历史见证。在传统中国社会里，孔子是历代人们心目中的“圣人”，从孩童到士子，人们入学读书，先要祭拜孔子，学校里也都有孔子的牌位或画像。祭祀孔子的文庙成为士人们的精神家园，有人甚至宁愿一路乞讨，也要到孔子家乡的孔庙进行一次瞻拜。在民间，孔子更是智慧的化身。

孔子出生在鲁国，鲁国南部紧邻邾国。邾国又称为邹、驺等。战国时期，孟子在邹，不仅影响了邹地，而且使这里名扬天下。孟子曾说自己“近圣人之居若此其甚也”[①]。邾国也受到了儒家文化的濡染，孔子的孙子子思曾到邹地讲学，特别是孟子迁居邹地后，更使这里名声日隆，邹地因而也具有了浓厚的儒家文化氛围。例如，邹穆公鉴于民众不为自己效力的惨痛局面，遂接受孟子的劝说而施行“仁政”。有时，邹、鲁连称是因两国土地相接，而更多时候，在儒家文化这一点上，人们多将邹地与鲁国相提并论。而且，由于孟子的原因，自战国时起，人们将两地合称时，还把“邹”放在“鲁”的前面称为“邹鲁”。从史籍看，人们将“邹”“鲁”连称时，都是从明礼、好儒的角度来说的。汉代以前如此，以后也是这样。所谓“邹鲁文化”，实是指儒家文化。

邹鲁之地的社会风习也染上了浓重的孔孟儒学色彩，处处洋溢着诗书礼乐的文化气息。司马迁曾描述说：“邹鲁滨洙、泗，犹有周公遗风，俗好儒，备于礼，故其民龊龊。颇有桑麻之业，无林泽之饶。地小人众，俭啬，畏罪远邪。”[②]班固也对鲁地风俗有过记述和评论，认为鲁人“尊尊而亲亲”，“有圣人之教化”。他指出，及至周公遗化销微，孔氏庠序衰坏，其“俗俭啬爱财，趋商贾，好訾毁，多巧伪，丧祭之礼文备实寡，然其好学犹愈于它

① 《孟子·尽心下》。
② 《史记·货殖列传》。

俗”[①]。邹鲁民风俗尚，主要体现在好儒备礼、俗尚俭啬、尊尊亲亲、重教好学等方面，礼乐文明之花由此盛开于邹鲁。

邹鲁之地的社会风俗受到儒学的直接影响。邹鲁之地历来尊重传统，遵从礼义。鲁国是周公封国，其特殊的封国性质，决定了鲁国的文化正统品格。鲁人言必称“先王之训”，知礼明礼，动遵礼法，仁爱诚信，崇德尚义。汉代是经学的兴盛时期，此时“鲁学”有重要的影响，诸礼经的传授也以鲁人为主，经学受到鲁人的普遍重视。例如，西汉大臣韦贤（约前148—前67）性质朴，善求学，精通《诗》《礼》《尚书》，尤长于诗赋，世人称之为“邹鲁大儒”。史书记载说:“贤四子：长子方山为高寝令，早终；次子弘，至东海太守；次子舜，留鲁守坟墓；少子玄成，复以明经历位至丞相。故邹鲁谚曰：遗子黄金满籝，不如一经。”[②]为子女留下满筐的金银，不如传授一经。这样的价值取向，最形象地说明了鲁地的学术风尚。

整个汉代经学兴盛时期，邹鲁之地的儒生或收徒讲学，传授儒家经典；或凭借经学知识，步入政坛。在西汉时代，自汉武帝任儒生公孙弘为相之后，在二十七位丞相中，鲁地学者达到六人。所以东汉史学家班固说：“汉兴以来，鲁、东海多至卿相。”[③]鲁地儒生以“经术”起家，同汉代政治建立了密切的关系，形成了许多世代为官、影响后世的经学世家。

以后，鲁地重视学术的风气历代相传，讲诵读书之风历久不衰。宋代大词人苏东坡有诗赞道：“至今东鲁遗风在，十万人家尽读书。”诗中不无夸张成分，但却道出了这里浓重的讲诵攻读风尚，他说自己“为学慕齐鲁”，其实也是对这里民风好学的具体写照。孔子思想与儒家文化犹如春风化雨，由庙堂而至于民间，影响到社会的方方面面。

---

① 《汉书 · 地理志下》。
② 《汉书 · 韦贤传》。
③ 《汉书 · 地理志下》。

第十三讲
成人之道与为政之德

我国古代非常重视“成人”礼仪，注重发挥其在人们的世界观、人生观、价值观形成中的教化功能。我们今天开展青少年人格养成教育，可以认真研究传统“成人”礼仪，借鉴其合理成分，使之实现创造性转化、创新性发展。

一、孔子和早期儒家论“成人”

孔子和早期儒家学者常常提到“成人”这一概念。所谓“成人”，当然首先是一个年龄概念。人生而幼，不可谓成人；幼而学，学而长，人的学习与成长，应是社会道德内涵不断扩充的过程。早期儒家强调“人”与“禽兽”的区别，无非是讲人具有社会性，人具有道德属性，应与其他动物有本质不同。

孔子强调“仁”。在他看来，有仁德是做人的前提，是“成人”的基本要求。懵懵懂懂的孩子是自然人，不是具有社会义务和责任意识的“成人”。人要“成人”，就应当“仁”。所以孔子说：“仁者，人也。亲亲为大。”同时孔子认为：“君子不可以不修身；思修身，不可以不事亲；思事亲，不可以不知人。”[1]也就是说，人之为人在于有“仁”心，脱离纯粹的自然状态，懂得“修身”“亲亲”“事亲”。

① 《礼记·中庸》。

在孔子和早期儒家学者看来，“成人”首先是“有知识的人”，即对社会有基本认知。但“成人”与“成人之行”又有所不同。一个人有了知识，具备了“成人”的基本素质，然后再接受仁义礼乐教化，才能具备“成人”的德行。孔子认为，具备“知”“不欲”“勇”“艺”等素质，也就是说聪明有智、清心寡欲、勇敢无畏、多才多艺，还不可谓之“成人”。只有见到财利想到道义，见到危难勇于担当，长期困顿却不忘平生之志，这样的人方可谓之“成人”。

孔子和早期儒家学者特别强调礼乐对于“成人”的教化作用，认为仅仅具有某种技能或某方面的素质，并不等于解决了“做人”的问题；没有礼的约束、乐的熏陶，人们不仅不能“成人”，还可能丧失一些原本可贵的品质。

二、周代“冠礼”与“成人”

孔子儒家对“成人”的认识，有着深刻的文化背景。最晚自西周开始，中国就有了比较完备的成人礼。男子行冠礼，女子行笄礼。一般来说，士人二十而冠，天子、诸侯、大夫的冠礼则相对较早。女子一般十五许嫁，许嫁则笄；如尚未许嫁，则二十而笄。

西周时期的教育体制已经比较系统。当时人们一般在八岁入小学，开始学习洒扫、应对、进退之“节”，以及礼、乐、射、御、书、数之“文”。这些都是基本的技能与知识。到十五岁时，贵族子弟、民之俊秀都要入大学，由老师教之以穷理、正心、修已、治人之“道”。一个人经过十几年的学习，才能由少年而成青年，由不谙世事的孩子变成能够承担社会义务的成年人。

男子行“冠礼”，标志着“成人”阶段的开始。“冠礼”的意义在于

“弃尔幼志，顺尔成德”，即抛弃孩子气，形成和巩固“成人”的德行。行“冠礼”之后，男子开始享有“成年人”的权利，并对婚姻、家庭和社会尽自己的义务和责任。因此，“冠礼”是对男子“成年”的认可，是男子正式步入“成年人”行列的标志。

礼有“礼仪”与“礼义”的双重含义，有形式与内容的区分。成为“成人”，不仅要能够行“礼仪”，还要自觉以“礼义”约束自身。《礼记 · 冠义》指出：“凡人之所以为人者，礼义也。礼义之始，在于正容体，齐颜色，顺辞令。”也就是说，人之为人在于懂得礼义，人在成人之后应当穿着得体、行为得当、言辞和顺，不应再像顽皮的孩童一样什么都不管不顾。《礼记·冠义》又说:“成人之者，将责成人礼焉也。责成人礼焉者，将责为人子、为人弟，为人臣，为人少者之礼行焉。”我国古代社会的基本伦理关系是父子、兄弟、君臣、夫妇、朋友，一个长大成年的人，应当懂得“人义”，即做人的基本要求。何谓人义？《礼记 · 礼运》说：“父慈、子孝、兄良、弟弟、夫义、妇听、长惠、幼顺、君仁、臣忠十者，谓之人义。”人年满二十，行过“冠礼”之后，便应认同这些人伦、实践这些“人义”。

我国古代士人行过冠礼后要依次拜见国君、大夫，受拜见的人往往会有一番教导，这对于刚刚成年的人非常有益。比如，《国语 · 晋语六》就记载了这样一番意味深长的话：“戒之，此谓成人。成人在始与善，始与善，善进善，不善蔑由至矣；始与不善，不善进不善，善亦蔑由至矣。如草木之产也，各以其物。人之有冠，犹宫室之有墙屋也，粪除而已，又何加焉？”也就是说，刚刚成年的人要谨慎戒惧，一开始就要学习美善之道，进而吸收、增长更多的才德和学识，摒弃不善的东西；如果开始时接触的是邪恶，则会滑向善的反面。善生善，恶生恶，就像草木繁殖，都是一类一类地滋生。人们行过冠礼后，就应树立正确的人生方向，形成是非判断能力。就像宫室有墙有屋，房屋可以遮挡风雨，但还需要随时清扫；人有了正确目标，还需要继续修为，随时纠正偏失。显然，“冠礼”所昭示的正确人生路向十分紧要。人要“成人”向善，就应当自觉遵守社会规范，按照礼的标准行事。因此，《左传 · 昭公二十五年》说：“礼，上下之纪、天地之经纬也，民之所以生也，是以先王尚之。故人之能自曲直以赴礼者，谓之成人。”

三、心中有“道”，脚下有“路”

人往往会有迷茫的时候，没有了人生目标，简直就像迷途的羔羊，四顾茫然，不知走向哪里。如果在《论语》中寻找答案，孔子开出的良方或许是三个字：志于道。孔子时常说“志于道”：“士志于道，而耻恶衣恶食者，未足与议也。”[1]“志于道，据于德，依于仁，游于艺。”[2]人“志于道”，就不会只专注于生活的琐事，就会做对家庭、对社会有用的人；“志于道”就要做有德的人，做有爱心的人，做自觉以诗礼涵养自身的人。

青少年时期是道德人格养成的关键阶段，也是人生观确立的重要时期。在任何时代，青少年的人格养成教育都十分重要。古人将“成人”礼仪看作青少年人格养成教育不可缺少的一环，其中的合理成分值得我们继承和发扬。

把握传统文化中“成人”观的精髓。例如，孔子之学在很大程度上说是“仁”学，是为人之学。孔子不但围绕“仁”提出了系统的“成人”观，而且他本人就是一位不断“学之、行之、礼约之”的行动者。他的教诲、他的行为，都值得人们认真研究学习。一百年前，历史学家柳诒徵在《论中国近世之病源》一文中说：“今日社会国家重要问题，不在信孔子不信孔子，而在成人不成人。凡彼败坏社会、国家者，皆不成人者之所为也。苟欲一反其所为而建设新社会、新国家焉，则必须先使人人知所以为人。而讲明为人之道，莫孔子之教若矣。”[3]柳诒徵从学术角度出发，认为当时社会出现的病

---

① 《论语·里仁》。
② 《论语·述而》。
③ 《柳诒徵文集》第9卷，商务印书馆2018年版，第118页。

象正是由于传统“成人”礼仪遗失、孔子之教不行。他的这一见解，从继承和弘扬中华传统美德的必要性、重要性上来说，无疑具有一定的合理性。

我国有着久远而丰厚的礼治传统。礼仪作为礼的形式，体现的是礼的本质意义。世界各地都有形式不一的成人礼。近年来，国内不少地方也将成人礼作为青少年教育的重要内容。传统的“成人”教育注重礼的内涵，注重通过礼仪的形式使青少年理解做人的真谛。借鉴和创新传统“成人”礼仪，开展符合时代要求和当代青少年成长实际的礼仪教育，对青少年的道德人格养成及人生观形成具有重要意义。应采取具体措施，组织力量对关乎青少年成长的礼仪教育进行深入研究。在充分酝酿论证的基础上，制定具体的规范，使成人礼等相关礼仪成为青少年人格养成教育的有机组成部分。作为成人仪式的一个重要环节，成人礼不必孤立进行，可与相关礼仪（如入学礼、成童礼等）结合进行，与相关素质教育相结合。同时，在进行青少年“成人”教育时应特别注重师德教育，使教师不但能够“授业”“解惑”，而且善于“传道”，真正做到“学为人师，行为世范”。

《论语》开篇讲的就是人生价值与信念的大问题。人组成社会，就需要有人来担当、有人来引领，这些人明辨是非、信念坚定，他们就是大人，就是君子，儒学就是培养这样的人。《论语》开篇说“学而时习之，不亦说乎”，其深意是自己的价值信念如果被社会认可、接受、施行，不是令人喜悦吗？接着孔子讲自己的信念有人能理解，不是很快乐吗？即使没人理解也不感到悲观、痛心、愤懑，不是信念坚定的君子吗？

人来到这个世界当然没什么目的性，《论语》提醒年轻人，为了使人生有意义，人必须找出自己生活的意义才好。早期儒家思维的逻辑起点就在于“人禽之别”，思考人类的根本问题。人除了自然生命的意义，就是社会人生的价值。矢志于“道”，人生就有格局、有气象，人生脚步更稳健。孔子说：“后生可畏，焉知来者之不如今也？”[①]年轻人年富力强，谁也不能断定

① 《论语·子罕》。

其将来的成就不如今人。孔子又说："年四十而见恶焉，其终也已！"[①]人到了四十岁还被人厌恶，这个人也就这样了。何不趁年轻，清醒头脑，看对路子，坚定地走下去！

人有志向，有目标，就有动力。持之以恒，目标就不难实现。我们不仅要聆听孔子的教诲，其实孔子的人生也给我们很好的启迪。他小时候生活贫贱，但在逆境中奋发。孔子"十有五而志于学"，早早确立了学习和奋发的方向，"志于学"就是"志于道"，这个"学"就是孔子一生的追求。他"三十而立，四十而不惑"，五十岁达到"知天命"的境界。孔子心中有"道"，为了心中的那个"道"，他追寻了一生，努力了一生！

四、人道之"正"在于"政"

孔子所处的时代，在孔子看来，就是天下无道，礼坏乐崩。社会乱象丛生，人们行为失范，"臣弑其君者有之，子弑其父者有之"[②]。那么，怎样使天下归于正道，使人心归于正途，这正是孔子思考的核心问题。于是，孔子的着眼点落在了"政"上。

翻阅《论语》，很容易发现其对于"政"的格外重视。《论语》开篇在总体谈论修身做人的问题之后，接着就是《为政》篇，由此开启了全书为政问题方方面面的讨论。

《论语》为政的精神，通过《孔子家语》也会得到印证。《孔子家语》开篇就是《相鲁》篇，记述孔子在鲁国执政期间的政绩，首先给人展示了作为政治家的形象，显示了孔子卓越的治世才能。在《大婚解》篇，孔子说：

① 《论语 · 阳货》。
② 《孟子 · 滕文公下》。

“人道，政为大。夫政者，正也。君为正，则百姓从而正矣。君之所为，百姓之所从。君不为正，百姓何所从乎？”他直接明了，简直说到根本上了！人道的关键在于政，人道由政而得正。“为政”就是“为正”，人不见“正”，何以端正？

人是社会性的存在，为政是全部社会系统的提携处、撬动点。当今之世，社会分工更加细密，人们行业不同，各司其职，都是为了天下的安宁与发展。所以，人之学与仕不可分离，子夏说：“仕而优则学，学而优则仕。”①仕不离学，学不离仕。学仕一体，互为本末。超凡脱俗固然是一种人生境界，但人们却难以真的超然物外。孔子说，人非鸟兽，故鸟兽不可与同群。人系人，故与之仁。圣人之仁，甚至不以天下无道而弃之。

孔子关于君主身正为范、为政以德的论述很多很多，这些都是由于为政者自身“正”的必要性与重要性使然。孔子说“君子之德风，小人之德草”“子欲善而民善”②，所以，为政者明白“风行草偃”的道理，为政者本身做好了，社会风气就必然根本好转。于是，有人向孔子问政时，孔子开出了很多的良方，比如以诗书教义、培养正确的信念、忠信踏实、“举直错诸枉”、临民以庄、使民孝慈、“举善而教不能”等。这些，都是以为政者的“正”为根本的。例如，有人问政，孔子说“先之，劳之”，自己先做到勤政，然后再使老百姓勤劳。自己有勤政之劳，加之“无倦”不懈，民众就虽劳不怨。

① 《论语·子张》。
② 《论语·颜渊》。

五、以“正”为政则无不正

明白了人道之“正”在于“政”，接着就是如何由“政”而“正”的问题了。从事管理的人思考管理之道，思考怎样才能取得管理的成效，于是，有的徘徊于东方西方之际，有的纠结于德政法治之间。其实，孔子给出的方法简单明了，那就是这个“正”。

孔子儒家强调“正名”，同样也是上行下效的问题。为政在于正名，正名就是“君君、臣臣、父父、子子”，人在社会上都具有不同的身份与角色，应该遵守各自的行为规范，履行相应的责任义务。孔子儒家讲“君仁臣忠”“父慈子孝”，先君后臣、先父后子强调的是“君”“父”的引领意义。长期以来被人们诟病的“君为臣纲”“父为子纲”，其实，换个角度理解，其中首先包含“君”与“父”的担当与责任。正是在这样的意义上，孔子才说：“名不正则言不顺，言不顺则事不成；事不成，则礼乐不兴，礼乐不兴，则刑罚不中，刑罚不中，则民无所措手足。”为君、为政者首先“其身正”，才能民知所措，天下有道，社会臻至理想境界。

有人向孔子问政，孔子常说“政者，正也”。孔子认为：“子帅以正，孰敢不正？”无论国君还是大臣，都应当发挥表率作用，都要尽力做到“其身正”。为政者本人做好了，百姓就容易受到熏陶，这就是“上行下效”。在古代，“政”与“正”往往通用，这是用音训。政，就是端正。在位者带头端正了，谁敢不端正呢？

为政者要重视教育，是因为教育对于人心之“正”具有关键的意义。

“德成而上，艺成而下”[①]，知识就是力量，力量需要方向，有了人心之正，才智才会发挥积极作用。传统教育格外注重“养正”和“正心”。例如，孔子重视诗教，正如他本人所说:“诗三百，一言以蔽之，曰‘思无邪’。”[②]“思无邪”就是“归于正”，真正理解了《论语》成书的特点，就知道其中的篇与篇、章与章之间都存在着密切的关联，就知道《为政》篇何以在首章“为政以德”后接着就谈“诗三百”“思无邪”了。

何谓“正”？看看这个字，《说文解字》解释得很明白：“一以止。凡正之属皆从正……古文正……从一、足。足者，亦止也。”正，从结构上讲，上边是“一”，下边是“足”或“止”，所以徐锴在《说文解字系传》中理解为“守一以止也”。孔子说“吾道一以贯之”，曾子解释说“夫子之道，忠恕而已矣”[③]。孔子还说过“礼本于太一”，在孔子的思想体系中，太一是世界或宇宙的本体，天地、阴阳、男女、夫妻、父子、君臣……这一对一对的“一”都被化生出来。世间的事物都是一个个的“一”，如果处理人际关系，就应该“守一”或“抱一”，坚守一条正道，做到“守一”而“知止”，或“守一以止”，这也就是“正”了。说到这里，我们就明白了为什么也说“以正治国”了。外面的世界很精彩，很容易被外物所“化”。既然“物之感人无穷”，人就不能“好恶无节”。因此，治国要以“正”为标准，这是治国的根本。为政者以“正”引领而“为天下正”，为世人做出示范与导向，则社会的“正”就不难取得了。

---

① 《礼记·乐记》。
② 《论语·为政》。
③ 《论语·里仁》。

第十四讲

中华“八德”及其价值

2014年年初的一天，一位朋友来到孔子研究院，他推开笔者办公室的房门，打开手中的一幅书法作品。笔者眼前一亮，只见上面工工整整地写着两行字："国无德不兴，人无德不立。"就在一个多月前的2013年11月下旬，习近平总书记考察山东，强调修道立德的重要意义，首先做出这一重要表述，之后又多次加以强调。习近平总书记的一系列讲话，尤其是关于传统文化的论述，都表达了大力弘扬中华优秀传统文化的坚强决心。

"国无德不兴，人无德不立"，内涵十分丰富。国家无德难以兴旺，个人无德难以立身，突出了"德"的极其重要性。这句话虽然看起来只是说国家和个人，实际却包含了由大而小、从整体到个体的许多方面，涵盖了诸如"企无德不盛""家无德不旺"等许多意涵，警醒任何集体和个人都不可无"德"，不可失"德"。中华民族几千年的文化创造，最为核心、最为根本、最为精髓的，可以归结到孝、悌、忠、信、礼、义、廉、耻八德。无论从文化特性看，还是在中华文化体系中，它的地位与意义都不可小觑。传统八德历经数千年沉淀与凝结，深深影响了每一位炎黄子孙，具有历久弥新的价值。

一、为什么要讲"德"

什么是"德"？说起来很抽象。不过，《说文解字》说"德，升也"，有登高、攀登的意思。这就不复杂了，人有了德，便不再是"俗人一个"，就进步了，就与原来不一样了。

如果读古籍会发现“德”有时与“得”相通，注解古书的人有的直接说“德者，得也”。《大学》说：“知止而后有定，定而后能静，静而后能安，安而后能虑，虑而后能得。”人知道了人生方向，明白了走向哪里，才能神定心静，才能踏实安宁、思虑周全，最后有“得”。人生不迷茫，就能登，就能得，就是“德”。

说到“德”，我们往往把它与“道德”等同。“道”与“德”可合成一个词，可笼统称为“道德”。分而言之，“道”与“德”也是有分别的。“道”无言无形，却承载一切，只能用思维意识去感知它;“德”则用来昭示“道”，有德的人顺应道，按照自然、社会、人生的需要去做人做事。

正像老子的著作被称为“道德经”一样，孔子的《论语》《孔子家语》等其实就是孔子的“道德经”，因为其中所谈也是“道”与“德”的问题。《孔子家语》就常说到“修道”与“立德”之类的问题。如《王言解》中孔子说：“夫道者，所以明德也。德者，所以尊道也。是以非德道不尊，非道德不明。”乍一听，这话有些拗口，有点绕人，却说透了“道”与“德”的关系。

确实，“道”很抽象。老子说“道可道，非常道”，可“道”又无处不在，无时不起作用。为什么“善恶到头终有报”？为什么“多行不义必自毙”？“仁”“义”是“人道”的要求，人不仁不义，必定不会有好结果。只有遵“道”而行，按“道”去行事，德行才好。所以“道”用以“明德”，“德”用来“尊道”。

春秋末年，孔子认为是“天下无道”的乱世。“天下无道”的基本表现就是“礼坏乐崩”。“道”就是价值体系，“天下无道”意味着价值观混乱、是非观扭曲。“天下无道”时，德行的好坏就失去了标准，人们纷纷跨越是非界限，令人咋舌的“缺德”现象频频上演。

“德”之不“明”，意味着“道”之不“尊”，意味着失去了应有的价值体系，长此以往，后果很严重。孔子又说：“虽有国之良马，不以其道服乘之，不可以取道里。”驾车的马是良马，若不遵循驾车之道，也不会顺利前行。孔子以驾车比喻治国，他说："虽有博地众民，不以其道治之，不可以致霸王。"国家地大物博，人口众多，如果管理无"道"，国家也不会真正强大进而伟大。

"道"实在太重要了，古代思想家都重视它！例如《孙子兵法》讲"先胜""全胜""不战而胜"，首先重视的也是"道"。《孙子兵法·计》篇认为"用兵"之要在"经之以五事"：一曰道，二曰天，三曰地，四曰将，五曰法。他把"道"放在了第一位！这里的"道"是民心归服，百姓"可以与之死，可以与之生，而不畏危"。当君臣同欲、上下一致时，军队将无往而不胜。

国家有治理之道，为人有处世之道。"道"是我们时刻都离不开的东西，就像无论大事小事都有"好"与"不好"的标准。《庄子》说，"道"就在人的日行坐卧之间。《中庸》说，如果可以离开它，那它就不是"道"了。我们遵"道"而行，就是有"德"，我们德行的好坏、高低，要看与"人道"契合的程度。

一次与朋友交谈，笔者得到一个启发，觉得"道"作为一个概念很像"科学"。什么叫"科学"？虽然不容易说明白，但都知道"科学是第一生产力"，大到航天飞机上天，小到做任何一件事情，里面一定都有"科学"，所以科学无处不在。"道"不也是第一生产力吗？如果人都循道而行，就会"天地位""万物育"。如果大家不讲"道"，社会一定难以想象！人与事既然都受"道"的支配，我们不妨"把工作岗位当成道场"，把工作看成一种"修炼"。如果这样要求自己，一直这样做下去，他肯定就是有"德"的人！

"道"要求人们有"德"，人之"德行"的好坏就得到了"道"的检验。人的行为体现着他的"德行"，德行好不好，到头来还是"道"说了算。在自己的道场上，每个人都是舞者，都是表演者。如果你真的"有道道"，一定体现在你的"境界"中。"格局"有没有，"气象"大不大？"目标"对不对，"结果"好不好？其实都由你的"德"所决定！

二、“八德”是怎样形成的

2002年春，保利艺术博物馆的专家在香港古董市场偶然发现了一件有近三千年历史的青铜器“遂公盨”。上面的铭文不足百字，却出现了六个“德”字，是专门论述“德治”的政论，这件国宝当时被誉为“金文之最”。

以前我们无法想象，几千年前的青铜铭文，竟然主要在说“有德于民”，为百姓做实事。其中的“德”内涵很宽泛，要求人们修身养性，做人“齐明中正”，孝顺父母、兄弟友善、婚姻和谐，注重对祖先和神灵的祭祀。要求君王、官吏顾念黎民百姓。

铭文以大段文字阐述“德”与“德政”，著名历史学家李学勤先生说这是“周人尚德”的实证，还表明当时中国关于“德”的思想已经相当丰富、相当系统，“德治”观念早已形成。

实际上，“德”的概念在更早的时候就已出现。据《尚书》载，尧帝时期就有“克明俊德”的观念，认为只有明德，才能亲睦九族，平章百姓，协和万邦。皋陶历经尧、舜、禹三代，以事舜时间最长，他曾兴“五教”、定“五礼”、创“五刑”、立“九德”、亲“九族”。到西周初期，文王、武王、周公继承夏、商以来的文化，形成了“郁郁乎文哉”的周代礼乐文明。

为了修道立德，古代早就有了“训语”。“训”就是教训，用以教训来者，警戒后人。古籍提到“训语”“遗训”“训典”之类的概念，无非是要人们“观其废兴”“知废兴者而戒惧”。与这些训诫相关，西周形成了深厚的重德传统，《逸周书》中有“三德”“五德”“九德”等概念。除《尚书》中说到了“九德”，《逸周书》的好几篇都说到了“九德”。它们从不同角度立说，德目也不相同，不过，与后世德政之间都有紧密的关联。

西周时期，仁、义、圣、智、信、孝、慈等概念已被普遍使用。《逸周书》中的各种“德”也都围绕这些概念铺陈阐发。例如，《常训》中的“九德”是忠、信、敬、刚、柔、和、固、贞、顺；《宝典》中的“九德”则是孝、悌、慈惠、忠恕、中正、恭逊、宽弘、温直、兼武。《周礼》中也有不少这样的词语，许多概念都是道德教育与礼仪教育相结合，于是出现了不少仁、义之类的概念。

在总结前人的基础上，春秋时期的思想家继续凝练提升，认识更加全面、系统、严谨。

从整体看，德目的数量很多。《国语·周语下》提到了敬、忠、信、仁、义、智、勇、教、孝、惠、让“十一德”。《左传·昭公二十六年》记载：“礼之可以为国也久矣，与天地并。君令臣共、父慈子孝、兄爱弟敬、夫和妻柔、姑慈妇听，礼也。君令而不违，臣共而不贰；父慈而教，子孝而箴；兄爱而友，弟敬而顺；夫和而义，妻柔而正；姑慈而从，妇听而婉。礼之善物也。”说到了令、恭、慈、孝、爱、敬、和、柔、慈、听等。孔子的表述有所不同，《礼记·礼运》记载，“父慈、子孝、兄良、弟弟、夫义、妇听、长惠、幼顺、君仁、臣忠十者，谓之人义”。二者用词有个别差异，但都是就人的不同社会身份而言的。

在概括、凝练方面，管子较早提出了“四维”的概念。他在《管子·牧民》篇说：“何谓四维？一曰礼，二曰义，三曰廉，四曰耻。礼不逾节，义不自进，廉不蔽恶，耻不从枉。故不逾节则上位安，不自进则民无巧诈，不蔽恶则行自全，不从枉则邪事不生。”他强调“四维张，则君令行”“守国之度，在饰四维”“四维不张，国乃灭亡”。他还说：“国有四维，一维绝则倾，二维绝则危，三维绝则覆，四维绝则灭。倾可正也，危可安也，覆可起也，灭不可复错也。”他重视“四维”是从国家层面上着眼的。

战国时期，儒家学说得到了弘扬和发展。与西周、春秋时的“九德”“十一德”相比，战国时的儒家更为关注君臣、父子、兄弟、长幼、夫妇这些社会关系。战国时期，儒家的思考更集中在最基本的人伦关系方面，郭店楚墓竹简中的“六德”说就让人耳目一新，其中说：“何谓六德？

圣、智也，仁、义也，忠、信也。”又说：“父圣，子仁；夫智，妇信；君义，臣忠。圣生仁，智率信，义使忠。故夫夫，妇妇；父父，子子；君君，臣臣。此六者，各行其职而谗谄蔑由作也。”与以前所说的君臣、父子、夫妇、昆弟、朋友五种关系相比，仅仅抓住了夫妇、父子、君臣三个方面。以往，包括孔子在内，人们一直倡言“五教”，即父义、母慈、兄友、弟恭、子孝。相比之下，“六德”说有了进一步发展。

战国中期，孟子提出了仁、义、礼、智“四端”之说。《孟子·公孙丑上》说：“无恻隐之心，非人也；无羞恶之心，非人也；无辞让之心，非人也；无是非之心，非人也。恻隐之心，仁之端也；羞恶之心，义之端也；辞让之心，礼之端也；是非之心，智之端也。人之有是四端也，犹其有四体也。”孟子学于子思之门人，他的学说是对郭店楚墓竹简中子思学派思想的继承与发展。与管子的国之“四维”说相比，孟子的人心“四端”说直接关注人自身的属性。孟子的思考更为深刻，他从思考“人之所以为人”的修养问题出发，希望人们明心见性，放大善性。

无论圣、智、仁、义、忠、信“六德”，还是仁、义、礼、智“四端”，所论都是早期儒家学者探讨的中心话题。将这些与儒家经典对读、比较，可以看到以后的论述大多上承孔子而加以发挥，这是汉儒思想的系统资源，影响深远的仁、义、礼、智、信“五常”正脱胎于此。从“四维”“六德”到“四端”“五常”，虽然角度不同，却为“八德”的出现做了充分准备。

到宋代，经过汉唐时期章句经学的历练，经过魏晋以来儒、释、道“三教”尤其是儒学与佛教的相互激荡，人们对儒学与社会改良的认识更为清晰。他们更加注重自身修养，注重向人心“内求”，同时也从社会结构出发，立足于“中国”文化立场，更注重个人、家庭对于国家和谐稳定的关系，有一种挥之不去的家国情怀。

最晚从北宋真宗时期，人们已经将孝、悌、忠、信、礼、义、廉、耻连用，天禧年间的翰林学士建州人杨亿（974—1020）的《杨文公家训》说：“童稚之学，不止记诵，养其良知良能，当以先入之言为主。日记故事，不拘今古，必先以孝、弟、忠、信、礼、义、廉、耻等事，如黄香扇枕、陆绩怀橘、叔敖阴德、子路负米之类，只如俗说，便晓此道理，久久成熟，德性若自然矣。”此后，将孝、悌、忠、信、礼、义、廉、耻并称连用的越来越多，有的称其为“八德”，有的称其为“八行”或“八端”。

与杨文公以“八德”为涵养良知良能的方式相近，人们视“八德”为治国平天下的“教化之道”“修身之要”。南宋时期，朱熹在《漳州龙岩县学记》中两次说到孝、悌、忠、信、礼、义、廉、耻，认为这是修己安身的“圣贤之学”，人们踏踏实实地按照“八德”去做，就会“身无不修”。明代大儒王阳明的《训蒙大意示教读》也强调“教以人伦”的重要性，认为不能仅关注于记诵辞章，希望“以孝、悌、忠、信、礼、义、廉、耻为专务”。

三、“八德”之间的关系

从“八德”的形成可以看出，它们虽然有一定的并列关系，但也可以分为两个层面：孝、悌、忠、信为第一个层面，即正心诚意的内在修为；礼、义、廉、耻为第二个层面，是个人修为的外化，是修身的体现。二者紧密相连，是递进的关系。

如果再细致探究，“八德”之中，“孝”与“悌”、“忠”与“信”、“礼”与“义”、“廉”与“耻”意义相邻相近，还可分别组成一组概念，而且这四组概念同样也层层递进，有内在的逻辑关联。“八德”实际是一个有机的整体。

（一）孝悌

打开孔子的论述，品读儒家的伦理，扑面而来的便是对孝悌的重视。所谓孝悌，强调的是子女还报父母的爱，注重的是兄弟姊妹间的相互友爱。子孝于父，弟敬于长，是做人的第一要义。

人来到这个世界，首先得到的是父母的悉心呵护以及兄长、姐姐等人的照顾，没有父母的生养和兄弟姊妹间的扶持，就没有自己的一切。人之为人，“人之所以异于禽兽”，必须理解和感恩这种关爱与照拂，如果连这一点都做不到，就失去了做人的前提。

学者们认为，儒学就是“人学”。儒家所讲首先是做人的基本道理，孔子说得很清楚：“仁者，人也。亲亲为大。”人有仁德才算是“人”。有仁德就是有爱心，有爱心的基本表现就是“亲亲”，“亲亲”就是“亲近自己的父母亲”。

正是在这样的逻辑起点上，孔子儒家展开了论述，中国传统伦理大厦也由此筑牢了根基。儒家把孝悌作为“为人”的根本，所以称孝悌是“为仁之本”。“为仁”便是修身，修身需要推己及人的“恕”道，孔子恰恰最讲换位思考。不难理解，人只有“亲亲”才能“不独亲其亲”，才能“老吾老以及人之老”，当人们将“亲亲”之爱放大时，才有可能“让世界充满爱”。

孔子晚年，鲁哀公常问政于孔子。一天，哀公请教孔子：“子之教寡人备矣，敢问行之所始？”[①]他认为孔子教导自己很多了，很完备了，可是，要从哪里具体开始做起呢？

于是，孔子给他开出了良方。孔子说：“立爱自亲始，教民睦也；立敬自长始，教民顺也。教之慈睦，而民贵有亲；教之以敬，而民贵用命。民既孝于亲，又顺以听命，措诸天下，无所不可。”[②]正因如此，孔子当年施教，“先之以诗书，而道之以孝悌”。

由此，我们读懂了孔子。人“敬其所尊，爱其所亲”[③]，才能社会和睦，人心和顺。培养爱敬之心，就要从孝悌着手。

（二）忠信

在“孝悌”之后，孔子接着就讲“忠信”。《论语·学而》记载孔子的

① 《孔子家语·哀公问政》。
② 《孔子家语·哀公问政》。
③ 《礼记·中庸》。

话说："弟子入则孝，出则弟，谨而信"，后来《弟子规》总结为"首孝悌，次谨信"。"谨信"与"忠信"意思相同。

如果说"孝悌"是讲做人，"忠信"则是讲做事；如果说"孝悌"讲情感，"忠信"则是讲理性。"忠"是无私，尽心竭力；"信"是诚实，真心诚意。

理解"忠信"，"忠"是关键。如果仅仅把"忠"理解为臣下对于君上的忠心，则是将它的内涵看得太狭隘了。从字形上，"忠"字从"中"从"心"，是说心里要装着"中"，要把握"度"，就是不偏不倚，既不能"过"，亦不可"不及"。

读《孔子家语》，有一个故事令人难忘。孔子从卫国返回鲁国，路过大河时，在桥梁上观赏河水，只见瀑布直泻，十分凶险，鱼鳖不能游走，鳄鱼不能停留。可偏偏有一位壮年男子要从那里渡河。孔子派人阻止，这人却不以为然，竟然成功地从对岸游出。孔子感觉奇怪，于是问他缘故。那人说："始吾之入也，先以忠信；及吾之出也，又从以忠信。忠信措吾躯于波流，而吾不敢以用私，所以能入而复出也。"[①]原来，他的"巧"或"道术"就是顺遂波流之性，而不敢逞一己之"私"。这便是"忠信"！

孔子弟子子张向老师请教，到底怎样做才能处处通达，到哪里都能行得通？孔子告诉他六个字："言忠信，行笃敬。"孔子认为，人应说话忠诚守信，行事庄重严肃。时刻牢记这句话，将"忠信""笃敬"装在心中，用来指导自己的行动。如果不能做到言行恭谨，"敬事而信"，在哪里都行不通。子张觉得老师的话说得太好了，于是"书诸绅"，把这些话写在腰间的大带上。我们应该从中体味出"忠信"对于人的价值，牢记心中，指导行动。

（三）礼义

人要修身，是为了适应社会，处理好与他人、集体、国家乃至与自然环境的关系，做一个合格的"社会的人"。为此，人们就应该把自己放在社

---

① 《孔子家语·致思》。

会中，自觉遵守社会规范，按照该做的去做。“礼义”正是这样的制度或规范，所以《礼记·冠义》有“人之所以为人者，礼义也”这样的说法。这里所说的礼义，指礼的内涵。

怎样修“礼义”呢？中国古代非常注重“成人”教育。所谓“成人”，就是具备了人的内涵的人。《左传·昭公二十五年》：“人之能自曲直以赴礼者，谓之成人。”人能“自曲直”表现在“赴礼”上，这就具备了正确的价值观、是非观，达到了“礼”的要求。这个“礼”就是指礼义，即“礼”的本质内涵。

人之成人，当然要从最基本的个人行为做起，所以《礼记·冠义》又说：“礼义之始，在于正容体，齐颜色，顺辞令。容体正，颜色齐，辞令顺，而后礼义备。以正君臣，亲父子，和长幼。君臣正，父子亲，长幼和，而后礼义立。”

在“八德”中，“礼义”是分开说的。例如，在谈到儒者的行为方式时，孔子说“忠信以为甲胄，礼义以为干橹”[①]，以忠信为盔甲，把礼义当盾牌，具有了忠信的修养，再遵守社会的礼义，一个人的修身工夫就差不多了。所谓“器利则事成”，孔子认为，一个人把礼义作为器具，做事才成效可期。这里的“礼义”，可以理解为礼的本质，也可以理解为“礼”与“义”。

“八德”中的“礼”是指具体的仪式或者规则，“义”则是与之相适应的、适宜的做法。中国汉字很奇妙，它在字形上有时可以“视而可识，察而见义”[②]，在读音中也有意涵上的通联。“礼”与“义”就是如此：礼者，理也；义者，宜也。广义地讲，“礼”是德与法的有机统一，内涵极其丰富宽泛。作为“八德”之一的“礼”，则有道理、规章与法则的意思。“义”则是“事之宜也”，按照该做的去做就是“义”。

孔子、孟子都十分重视“礼”与“义”。孔子说：“谁能出不由户？何莫由斯道也？”[③]孔子用“出必由户”来说明人遵循社会规范的必要性。比

---

① 《礼记·儒行》。
② 《说文解字·叙》。
③ 《论语·雍也》。

如观察一个人时，只要“视其所以，观其所由，察其所安”[①]，人也就无法隐藏真实的自己了。孔子说的是“所由”的问题，即看你是走阳关大道，还是热衷于歪门邪道、旁门左道。孟子也表达了这个意思，他说：“夫义，路也；礼，门也。惟君子能由是路，出入是门也。”[②]他认为，人行走时从路上走，出门从门里过，自然而然，天经地义，人人都应如此。

（四）廉耻

所谓“廉耻”，即廉操与知耻。人修礼义，才有廉耻可言；对于国家治理而言，“廉耻”二字十分重要。所以《淮南子·泰族训》说：“民无廉耻，不可治也。非修礼义，廉耻不立。”

从字的本义讲，“廉”指堂屋的侧边、棱角。比喻正直、刚直，廉洁、廉正、廉明，有节操、不苟取，指品行端方而有气节的人。“耻”则耻辱、可耻。《说文解字》曰：“耻，辱也。”“耻”字的古体为从心耳声的形声字，指内心里的羞愧感、羞辱感。明礼义，知廉耻，才有行为界限，从而严格要求，循礼而动，否则就是不廉，就是耻辱。“廉耻”一词，在先秦典籍中已经常常见到。

中国早期特别重视为政者的廉耻教育。孔子说：“凡治君子，以礼御其心，所以属之以廉耻之节也。”[③]管理“君子”时，首先用“礼”驾驭其思想，在具体管理细节上融入“廉耻”观念。“君子”的本义是对统治者和贵族男子的统称，它的本义与引申义之间的联系，明确昭示了一个重要的道理：对于为政的人，因为责任大，所以要求高；既然是尊贵的人，就应该是高尚的人。

以前有所谓“刑不上大夫”的说法，人们以为这是贵族享有特权的证据。其实，孔子与弟子冉有讨论过这一问题。孔子说得很明白，这不是什么特权，

---

① 《论语·为政》。
② 《孟子·万章下》。
③ 《孔子家语·五刑解》。

而是对“古之大夫”的更高要求。例如，大夫犯了行为不廉污秽之罪，罪名是“簠簋不饬”；犯了淫乱而男女无别之罪，罪名是“帷幕不修”；犯了欺骗君上、心不忠诚之罪，罪名是“臣节未著”；犯了软弱无能、不胜任工作之罪，罪名是“下官不职”；犯了违反纲纪之罪，罪名是“行事不请”。这些都是从正面说明应当怎样做，是有意为其讳言。这样做，是为了使之“愧耻”。

还有一种情况，就是如果大夫所犯罪行属于五刑范围之内，就让他们自己前往宫阙请罪，君主不让官吏捆绑牵引凌辱他们；如果犯了重罪，则接受君命北面跪拜自杀，君主也不派人揪按而加以刑杀。可以看出，虽然“刑不上大夫”，但大夫仍“不失其罪”。

四、“八德”与“明理”

在时代上，“八德”观念的出现和流行与理学的形成和兴盛正好一致，也恰好印证了这样一个事实：正如“理学”是“儒学”的更高形态那样，“八德”也是儒家道德学说的更好凝练。

理学因宋儒多言“理”而得名，他们甚至把“理”作为宇宙的本体来看待。例如，北宋著名思想家程颢、程颐认为万物只是一个天理，理学集大成者朱熹认为宇宙有理有气，“有是理便有是气，但理是本”[①]，又说“此本无先后之可言，然必欲推其所从来，则须说先有是理”[②]。从“天”的角度上看，理是一个生生不息的过程；从“人”的角度上看，理就是超越一切之上的君臣、父子之理。所以，为学之道，不过是“去人欲，存天理”，变化人的气质之性，恢复人的义理之性。

① 《朱子语类》卷一。
② 《朱子语类》卷一。

在广义上，“礼”就是“理”，“明礼”即“明理”，所以，孔子说“礼者，理也”。与佛家讲修行以使内心“慈悲”类似，儒家讲修身是“穷理正心”的过程。

提到“礼”，很多人习惯想到“封建的”“吃人的”礼教。在帝制时代，人们将“礼”扭曲化，现代一提到“礼”，不少人就十分反感。其实，除了孔子，其他儒家也都谈“理”。孟子说：“心之所同然者何也？谓理也，义也”[①]；荀子说：“可以知，物之理也。”[②]他们都认识到礼“合于天时，设于地财，顺于鬼神，合于人心”[③]，乃“理万物者也”。他们谈礼的“天然合法性”，认为礼达天道、顺人情，只有境界高的人才知道社会无论如何也不能没有礼。

从先秦到宋代，人们所谈的“理”实际上是与“欲”相对的那个概念，就是人应遵循的天道规则、人伦法则。《礼记·乐记》有一个分析，认为人刚出生时都天真无邪，但随着年龄的增长，对外部世界开始产生了认知，慢慢出现了“好”与“恶”的情感。“外面的世界很精彩”，人被外物所“化”无休无止。如果这种“好”或“恶”的情感无所节制，就有可能滑向危险的边缘。这个用来节制人欲的东西就是“理”，它可以用来把握“人欲”与“天理”之间的平衡，以防止“人化物也”，防止“灭天理而穷人欲”。

理学又称为“道学”，所谓“道”就是“中道”。它源自孔子以前圣贤们对“人心”与“道心”关系的思考。那时，他们就已经认识到：“人心惟危，道心惟微，惟精惟一，允执厥中。”那个“中”十分重要，它是“人心”和“道心”、“人情”和“人义”、“天理”和“人欲”之间最好的把握、最佳的“度”。孔子儒学的思维深度与高度，其实也体现在这个“中”的思想里。

所有的人都具有两重属性：自然性、社会性。人人都是“自然的人”，都有喜怒哀乐，都有七情六欲。人人又都是“社会的人”，拥有不同的身份，

① 《孟子·告子上》。
② 《荀子·解蔽》。
③ 《礼记·礼器》。

扮演不同的角色。那么，如何处理好自己作为“自然人”与“社会人”的关系，处理好“我想要怎样”与“我应该怎样”之间的矛盾，就成为“人之所以为人”的关键，这正是“人欲”与“天理”的关系。儒家教人明理，从“发乎情，止乎礼”开始，要人克己守礼，遵从社会原则。

人不明理，往往后果严重。那些作奸犯科的人，说到底都是不知理、不守礼者。《孔子家语 · 五刑解》说：“凡夫之为奸邪窃盗靡法妄行者，生于不足。不足生于无度，无度则小者偷盗，大者侈靡，各不知节。是以上有制度，则民知所止；民知所止，则不犯。故虽有奸邪贼盗靡法妄行之狱，而无陷刑之民。”人明理知足，好恶有节，才不会无所节制，才能“不犯”。礼的制定，就是为了保证社会的正常运行。

在社会治理方式上，孔子分成“以德教民”“以政导民”两种境界，“以政导民”需要“以刑禁民”相配合。当然，政治实践不是简单化的，这些治理往往需要综合使用。这些关系处理得好，方略得当，效果会更理想。如果仅仅“道之以政，齐之以刑”，人们就可能“免而无耻”。毕竟法律不是万能的，它只是道德的底线。虽然不违背法律，但可钻法律的空子。如果“道之以德，齐之以礼”，人们知道自己走向那里，懂得修养的境界，才会“有耻且格”。

人只有明理，才能“知其所止”。“知止”是修身的目标，人知所“止”就有了明确的是非观，就明白了哪些能做，哪些不能做。可见，“有耻且格”建立在民众知荣辱、明是非的基础之上，建立在民众素质大大提高的基础之上。“有耻且格”这四个字，是孔子的追求，是儒家的向往，是社会治理的境界。没有民众的“明理”，这种境界是不可能达到的。

五、做人不能离“八德”

从“八德”的形成及其内在关联来看，“八德”已融入了古代中国思想精英关于德性问题的全部思考。可不要动不动就说什么“道德是束缚人的枷锁”，“圣人”可不是来教训人的。其实，“八德”之中含天理，“八德”之中有人意，它是武装自己的盔甲，是防身护身的盾牌，是为政做人的底气。不论是谁，“八德”都不可须臾离身。

最晚从西周以来，中国社会就家国同构，以孔子、孟子等为代表的思想家，他们的思索就带有了超越的意义。人觉知到自己的社会性存在，就知道自己也属于一个家庭和家族，属于一个国家和民族。他们思考天、地、人三才之道，思考人性与人的价值，思考家庭与社会的联系，他们思想的维度包含宇宙世界。

孔子五十一岁时才开始出仕为政，做中都宰。他在任上政绩突出，仅一年时间，“四方皆则之”，各地的人纷纷来学习。鲁定公问：“用你治理中都的办法治理鲁国，怎么样？”孔子说：“别说一个鲁国，治理整个天下都可以！”有弟子问孔子:“十世”以后的治世之道可知吗？他回答：别说“十世”，即使“百世”也可以知道。

孔子的自信，源自他对礼乐本质的把握，源自他对“人”的问题的深刻思考。人组成社会，成为社会的人，就该明于礼义。社会治理的根本，无非就是端正人心，在人心中筑起道德的堤防。礼的形式可以随时代的变化而“损益”，但它的根本精神永远不会变。

孔子的思考不是一时一地，他倡言修己安人，推己及人，明德新民，往往从根本处着眼，从简单处入手。例如，他认为人应当忠诚守信，庄重严肃，时刻将“忠信”“笃敬”装在心中。他认为：“言忠信，行笃敬，虽蛮貊之邦，行矣；言不忠信，行不笃敬，虽州里，行乎哉？”只要明白并且做到，无论走到哪里都能顺畅通达。

不同历史时期会有重点不同的道德要求，有的时候，人们也思考在“旧道德”的基础上建构“新道德”，但万变不离其宗，“八德”所深深蕴含的道德之魂却不能离弃。近代以来，有人主张以孝、悌、忠、信为基础，吸收西方近代道德，建构中国道德；有人确立礼、义、廉、耻“四维”的地位，发动新生活运动。这仍然看到了“八德”的价值与意义。

也有人特别强调时代的变化，试图在传统“八德”的基础上进行改进。孙中山、蔡元培等人就曾提出了忠、孝、仁、爱、信、义、和、平所谓“新八德”，因为它调整了“孝”与“忠”、“家”与“国”的位置，以表示民族和国家高于家族的观念，被誉为中体西用、中西道德精华融合的“杰作”。

其实，现代“国家至上”观念与以人为本、重视家族并不矛盾，且不说中国的“邦国”观念本身就有发展变化，仅就传统的“教孝即教忠”的思维方式，就足以告诫我们不宜将“家”与“国”对立。更何况道德的时代性受到道德本质的制约，不论何时，人与人相处的根本原则都不应改变，正因如此，孝、悌、忠、信、礼、义、廉、耻“八德”才成为历久弥新、相对稳定的道德规范。

进入新时期以来，与经济发展相适应，中国从全新的角度进行道德建设，提出了爱国主义、集体主义以及个人品德、职业道德、家庭美德、社会公德等。我们在国家、社会和个人不同层面提出社会主义核心价值观，建构与当今人际关系相协调、与建设小康社会相适应的新伦理新道德。这是继承前人道德智慧，推陈出新发展道德，在修养方式和道德追求上，与传统“八德”血脉相连。修好“八德”，提升个人素养，就能讲仁爱、重民本、守诚信、崇正义、尚和合、求大同，自觉认同和践行社会主义核心价值观。

今天进行道德建设，需要与社会的全面进步相适应，需要与社会的公平与正义相一致。优秀传统文化是今天中国特色社会主义建设的丰厚文化土壤，“八德”是最具代表性的中华传统美德，已经沉淀为中华民族的精神基因，构成我们中华民族独特的精神标识，成为历代中国人“最深沉的精神追求”，因此我们不能淡忘“八德”的历程，应该继续讲好“八德”的故事。

说到“八德”的故事，据传有这样一个说法：“王八蛋”是“忘八德”的讹传。中国人自古重德，认为“八德”不齐就是人所不齿的人。对于那些不忠不孝、没有信义、粗暴无礼、寡廉鲜耻的人，往往斥之以“忘八德”。时间长了,“忘八德”便被讹传为“王八蛋”。还有一种可能，或许有礼、义、廉、耻“四端”的概念，于是人们加上孝、悌、忠、信，而将其延伸为“八端”。“忘八端”更容易讹变为“王八蛋”。这些说法，或者只是后来的附会，但是，正所谓“话粗理不粗”，它显示了历代对“八德”的重视。

第十五讲

儒家“四书”与中华家风

从“天下一家”“四海之内皆兄弟”之类的表述看，中华家文化的视野几乎就是整个儒学的时空思维。家风决定着国风，社会风气密切连通着千千万万个家庭。儒家关注天下国家，也就由世风注重家风。家风建设以孝悌为中心，孝悌之道是中华家文化的灵魂，是中华圣道的中心，儒家“四书”注重家风，充分阐发了中华孝道。儒家把孝悌看作做人的基础，儒家学说也就围绕孝悌而展开。人类社会不可须臾离开的是“爱”与“敬”。孔子极重亲亲之爱、尊长之敬，说“立爱自亲始”“立敬自长始”，把“孝”“悌”看成“人之本”，把“爱”“敬”看作“政之本”。孟子说“学问之道无他，求其放心而已”，人都本源于“家”而要“不忘其初”，儒家哲学简直就是“回家”的哲学。

一、家国一体：家风建设的方向性

在世界多姿多彩的文明中，中华文明绵延五千多年从未中断，这是一个伟大的奇迹。近代中国落后挨打，中华文明遇到了前所未有的挑战，也遭到本国本民族的质疑。然而，随着中国的崛起，世界越来越关注并研究这个伟大的文明奇迹。

据说，美国前国务卿基辛格给近代中国做出过这样的评论，近两百年的中国或许只是历史上一个短暂的意外，这并非常情。如果今后中国要回到属于她的位置也并不意外。在他看来，西方国家的建立，往往总有一个开端，但中国似乎没有这个概念。在漫长的历史进程中，中国随时都是一个起点，每当建立起大一统盛世的时候，总是不认为这是创造而是复兴、是回到巅峰，似乎那个巅峰的中国早在黄帝之前就存在。我们认为，这恰是问题的症结所在，我们有必要提问：孔子儒家为什么那么崇尚先王？孔子何以要“祖述尧舜，宪章文武”？孔子为什么说自己是“述而不作，信而好古”？时至今日，我们再也不能看不到疑古思潮给中国带来的极大危害！再也不能不理解走在学术前沿的学者为什么提出要“走出疑古时代”，“重新估价中国的古代文明”。

英国著名汉学家马丁·雅克在《了解中国崛起》的讲演中，也谈到了类似的观点。他认为，纵观世界史我们会发现，西方曾经也产生了很多的大帝国、强国，他们纵横世界，深刻影响了世界历史。如西方的罗马帝国、亚历山大帝国、拜占庭帝国、阿拉伯帝国还有奥斯曼帝国、大英帝国等，个个都强悍无比。但是，这些强大帝国在衰弱后基本上都灰飞烟灭，后世很难再有崛起的可能。作为所谓“日不落帝国”的大英帝国似乎也同样如此。英国不仅日益衰弱，而且快被自己曾经的殖民地印度超过了。与之形成鲜明对比的是，古代东方几千年出现的几乎所有强大帝国都来自中国。也就是说，古代中国衰弱后会不断重新崛起和复兴，包括现在也是如此。近代一百多年的衰弱，到现在重新复兴，这在世界范围内可谓独一无二。

于是，马丁·雅克感到疑惑。他在想：为什么西方帝国总是在昙花一现之后就灰飞烟灭了，而中国却能得以永远传承？他解释说，中国其实是一个文明但是她却“伪装”成了一个国家的存在。在他看来，也许只有这样，才可以理解为什么西方帝国衰败后就再无崛起的可能而中国总是能不断复兴，这是因为中国本身就是一种文明。

是的，从某种意义上说，中国的确是一个文明的存在。就像“中国”二字最初出现的时候本身就是一个文化概念一样。在长期漫长的历史发展中，中华民族历代不断调整充实、因革损益，逐渐形成了自己的文明特征。中华民族这个独具特色的文明特征，就是思考人性和人的价值。人是一个自然的人，每一个人都是父母所生，人在父母和家庭成员的关护下，慢慢长大成人；人又是一个社会的人，但他首先属于家庭和家族。人由家庭而走向社会。于是，中国人把家庭伦理与社会伦理和政治伦理打通，把父母对于子女的自然情感社会化，或者进行社会化的应用与理解，这就产生了中国人的家国一体观念。

近年来，我们国家特别强调明道修德，习近平总书记特别谈到“国无德不兴，人无德不立”，这直接而积极地回答了两个相互关联且具有根本意义的问题：人类社会为什么需要道德？人为什么要有道德的生活？国家无德难以兴旺，个人无德难以立身。看起来这只是说国家和个人，实际却包含了由大而小、从整体到个体的许多方面，包括了诸如“企无德不盛”“家无德不旺”等许多意涵。国有国家治理之道，家有兴家之道，家道兴盛基于家庭成员个人的修养与境界。

儒家四书是中国传统文化核心的经典。在四书中，家国一体的观念得到了充分的论述。家与国相连，家风建设与国家社会息息相通。在公民道德建设中，社会公德、职业道德与家庭美德是统一的。作为社会管理学说，儒家关注家齐、国治、天下平，而要达到这样的目标，就必须有一大批知是非、明荣辱、能担当、敢引领的“君子”，有一批有格局、有气象的“大人”。《大学》所阐发的大学之道，就是君子之道，就是大人之道。“齐家”之道与之紧密相连、包含其中。

修身才能齐家，“欲治其国者先齐其家”，“大学之道”由修身出发，对于“齐家”的意义，对于如何“齐家”都进行了深入系统的论述。

家国一体使得中华家风具有了方向的规定性。良好家风的底色是道德，这个道德基于正确的价值追求和高尚的行为方式，与社会国家的需要相适应、相协调。《中庸》所说的“五达道”，其中的父子、夫妻、兄弟之道，都是家和的关节点，都是关于家风问题的最基本论述。《论语》还有许多如何治理“邦家”的论述，如孔子说：“有国有家者，不患寡而患不均，不患贫而患不安。盖均无贫，和无寡，安无倾。”[①]无论是家还是国，公平公正、安

① 《论语·季氏》。

宁安定、和谐和睦都是永恒的追求。国家和谐、家庭和顺都可以从中得到有益的启示。

二、“家”与人的“类存在”思维

中国儒学以“人”为研究对象，也就是研究人性和人的价值。这是中华文明的突出特性，是我国上古时期数千年历史发展的结果，也是文明发展到特定阶段的产物。儒家思考人的本质属性，思考“人之所以为人者”以及“人之所以异于禽兽者”，在这样的基础上，思考人的更高层次和境界。在思考“人之所以为人”这样的问题时，人们自然关注“人情”“人义”的关系问题。曾国藩的信条是“不为圣贤，便为禽兽；莫问收获，但问耕耘”，这鼓舞了后来的很多人。礼是人类有别于禽兽的标志，欲为圣贤，必先成人；人先成人，才能达到人生的更高境界，才能成就“大人”“君子”品格。从实质意义上讲，中国的家庭教育、中国的家风建设，说到底是关于成人与成长的教育。

（一）礼要人具有“社会性”

自家庭、私有制和国家产生以后，人们“家”的观念越来越强。夏、商、周三代，文化得到了长足的进步和发展。例如《尚书》的《大禹谟》就有“克勤于邦，克俭于家”的说法，《汤诰》也有“宁尔邦家”的说法等。在中国早期的典籍中，有许许多多类似希望家邦兴旺、避免家庭败落之类的论述。

中国礼文化是为调整人际关系而产生的。中国的礼文化形成很早，考古学家发现并明确指出，在新石器时代晚期的龙山时代应该已经产生了礼制，夏、商时期同样各有礼制，夏有夏礼，殷有殷礼，周礼就是在继承夏、商二代的基础上损益因革而成。孔子尊崇周礼、尊敬周公，就是因为周公制礼作乐。在周代，礼乐文化高度成熟与发达。

礼是调整人际和社会关系的规章与原则，人类社会的进步就在于彼此之间的协作和协调。《荀子·王制》说："（人）力不若牛，走不若马，而牛马为用，何也？曰：人能群，彼不能群也。"人的社会性存在是人区别于其他动物的基本特征。不论是谁，也不管他是不是关心社会，人其实总是一个社会性的存在。人们既然生活在一起，就必须有彼此和谐和睦相处的基本遵循。因此，人的素质、人的素养、人的格局，就体现在对于这个"社会性"的理解和遵循上。

就像孔子仿佛就是为"道"而生，孔子一生都希望"道"的实现。孔子创立的儒学也是如此，用《汉书·艺文志》的说法，"（儒家）于道为最高"。孔子的社会理想是"大道之行，天下为公"，这成为中华民族几千年来的一贯追求。所谓"天下为公"，就是希望天下有道，希望人遵道而行，循理而动。正所谓"背私为公"，"公"应该就是人的社会性存在，是公共意识和公德意识。家庭要有家庭美德，家庭要有好的家风，家庭成员必须首先具有这种公共意识。

（二）礼要求人必须"成人"

所谓"成人"，当然首先是一个年龄概念，但它又不仅仅是一个年龄概念。人生而幼，不可谓成人。幼而学，学而长，人的学习与成长，应是社会道德内涵不断扩充的过程。早期儒家强调"人与禽兽"的区别，无非是说人具有社会性，人具有道德。

是的，人不能只有灵性，还要有德性。孔子弟子子路、颜回向孔子请教"成人"和"成人之行"的问题，孔子认为必须"文之以礼乐""加之以仁义礼乐"。《论语》《孟子》都有"人"的"类存在"思维的论述。比如，孔子谈孝道，认为人应当与犬马有别，应当对父母有内在的"敬"的情感，否则“何以别乎”？孟子则谈到“人之所以异于禽兽者”，从“人禽之辨”的逻辑出发，思考“人之所以为人者”。人来到世界上，最初都是一个纯粹的人，但是，在外部世界的影响下，人就产生了好恶，人如果“好恶无节”，外部世界又“感人无穷”，一直诱导人们，人若“不能反躬”，就会违背天理。就是在这样的逻辑上，早期儒家讨论“人化”与“化人”的问题，讨论“成人”的话题，进一步思考如何成就作为社会引领者、担当者的“大人”问题。

中华先人思想创造的伟大成果之一就是“礼”。用《礼记·礼器》的说法，这个礼是“合于天时，设于地财，顺于鬼神，合于人心”的那个“理”；用《礼记·丧服四制》的说法，礼具有“体天地，法四时，则阴阳，顺人情”的特性。礼可以“决嫌疑”，有“济变”“弥争”的功能。礼经天纬地，顺从自然法则，确立了人生与社会的基本原则，规定规范了人间秩序。据《左传·隐公十一年》载，春秋前期有人说：“礼，经国家、定社稷、序民人、利后嗣者也。”

基于“利后嗣”这样的功能，从天下到国家、从家庭到个人，都需要人们遵道而行、循礼而动。尤其是家庭，出于家庭、家族和谐兴旺的期待，长辈都会对晚辈进行关于“成长”的教育，进行某种意义上“礼”的教育，进行由修身而齐家的教育。既然礼对于社会国家秩序具有明确的规定性，这样的规定性又源自人们对于“人心”与“道心”、“人情”与“人义”、“天理”与“人欲”的思考，因此，礼的传承与教育也就主要是社会与家庭教育主要的、基本的内容。

（三）引人向善，成就“大人”

传统中国从培养人的社会性出发，形成了一整套的教育体系。孔子说：“少成则若性也，习惯若自然也。”[1]中国的教育着眼于人性的引领，明其明

① 《孔子家语·七十二弟子解》。

德，以改良世道人心，引人向善。

古代的蒙学特别重视“礼”的教育。此即《易经》所说的“蒙以养正，圣功也”。后人作《养正遗规》，说“养正莫先于礼”，也是看到了礼的极端重要性，看到了礼的方向规定性。

传统教育同样特别注重礼。八岁入小学，学洒扫、应对、进退之节；十五岁入大学，学穷理、正心、修己、治人之道。《大戴礼记·保傅》把这样的教育分别称为“小艺”“小节”和“大艺”“大节”。这里所说学校之教的大、小节之分，关注的是孩子的成长，孩子的成长哪一步也离不开礼。

人而为人，在于有教。《中庸》说：“天命之谓性，率性之谓道，修道之谓教。”人天生具有的即为“性”或“天性”，引导性情发展的方向即为“道”，修行此道的过程或方式即为“教”。“天命”可以理解为上天的旨意和安排。但要注意的是，在儒家的观念中“天行有常，不为尧存，不为桀亡”。孟子主张“性善论”，荀子主张“性恶论”，好像针锋相对。但细读《孟子》《荀子》就会发现，他们关注点不同，但在对人性怀有信心和耐心这一点上，二者是相同的。

《中庸》开端最重要的是这个“率”字，它有“遵循”“顺应”的意思，也有“引导”“率领”的意思。典籍中如“率兽食人”“王之将率有如子路者乎”等中的“率”皆是此意。如果解释为顺应天性，那就也包括顺应人的自然属性。我们认为，这里的“率性”意为“引导”自己的天性，这就如同大禹治水，既不是压抑，更不是放任，而是调和自己身上的自然性与社会性，发挥两者各自优势，这才是正“道”。这是对“人道”和“天理”的遵守、对“人义”的遵循。

既然人性之中先天就有善有恶，那么就需要在后天增进善性、去除恶性。具体如何做？儒家强调不能固执己见、闭门造车，而是吸取前人的经验。不断习得，修养自身，达到这种正道的过程，就是“教”。“教”可以翻译为教化、教育、教导等。

（四）“丧家”必先“去其礼”

如果观察中国历代的家训、族规，会发现无不重视孝悌，孝悌是治家之要。不难理解，孝悌是淳化社会风气的需要，大人更是家族健康发展和延续的需要，曾国藩谆谆告诫家人：“吾细思凡天下官宦之家，多只一代享用便尽，其子孙始而骄佚，继而流荡，终而沟壑，能庆延一二代者鲜矣。商贾之家，勤俭者能延三四代；耕读之家，勤朴者能延五六代；孝友之家，则可以绵延十代八代。”[①]由此可见，孝友之家形成了孝敬父母、友爱兄弟的良好家风，由此才能绵延久长。何以如此？以孝友为家庭中礼之大者。《孔子家语·礼运》记孔子说：“故破国丧家亡人，必先去其礼。”一个国家、一个家庭、一个人，如果离开了礼、不遵守礼，距离败亡就不远了。

出于对邦家永固的考虑，出于对治国、平天下的追求，孔子、孟子等早期儒家对于“礼”进行了深入思考，展开了深刻论述，形成了一整套系统的学说。从某种意义上，年轻人的成长就在于对礼的理解，在于对礼的自觉遵循。家风的培育，就是关于礼的教育。四书中丰富的儒家教育思想和观念，尤其是《论语》所记载的孔子对儿子“学诗”“学礼”的教育，就属于这样的范畴。

三、孝悌：是出发点，不是终点

中国传统宗法制度的核心是“尊尊”和“亲亲”。尊尊，敬也；亲亲，爱也。人们期待被人敬、被人爱，社会就要“立敬”“立爱”。在这样的意义上，就不难理解何以中国特别重视孝悌。这里的关键，在于孝悌是起点，而

① 《曾国藩家书》，中国言实出版社2014年版，第151页。

不是终点。

（一）“法先王”与“绍家世”

就像儒家谈“齐家”是为了“治国”“平天下”一样，儒家重视家风也是为了国家和社会的风气、风尚。要形成尊道德、崇道德的社会风尚，道德建设还必须从家庭开始。历代有不少人“训家”，虽然在主观上未必是为了“轨物范世”，而是为“提撕子孙”，但像颜之推写作《颜氏家训》那样，毕竟是本于“务先王之道，绍家世之业”的初心。

在大约一百年前的中国，许多有志之士思考国家的前途与命运。柳诒徵先生深刻研究中国文化，他对于孔子在中国文化中的地位有明确的表述，他说孔子是中国文化的中心，“无孔子则无中国文化”。他有一篇有名的文章，题目是《论中国近世之病源》。他说：“今日社会国家重要问题，不在信孔子不信孔子，而在成人不成人。凡彼败坏社会、国家者，皆不成人者之所为也。苟欲一反其所为而建设新社会、新国家焉，则必须先使人人知所以为人。而讲明为人之道，莫孔子之教若矣。”在柳诒徵先生看来，让每人“知所以为人”是社会国家最为重要的问题。于是，如何让人们知道如何做人，就成为儒学的核心话题。

孔子崇尚先王，儒家则以先王之道“濡其身”。有格局的“大人”唤醒人性，引导善性，以明德引领风尚。据研究，在甲骨文金文中就出现了“儒”这个字。这个“儒”最初的意思与“濡”相通相同，可能是上“雨”下“而”结构的一个会意字，像一个人沐浴濡身。在较早的时候，“儒”或“濡”（或“需”）指的很可能就是礼仪活动的主持人员或相礼者，由于特殊的身份，他在具体的礼仪活动中要沐浴濡身，这或者就是“儒”的本来意义。到了周代，尤其儒学创立以后，“儒”所表达的则是以先王之道“濡其身”。“儒”不但要洗干净身体，还要洗干净心灵，要引领社会，改良世道人心。所以孔子对弟子说：“女为君子儒，无为小人儒。”孔子希望弟子关注社会，关注人心。

（二）孝悌与“人禽之辨”

西方有学者看到：中国的价值观和西方民族国家有本质区别。西方传统推崇决战决胜，强调英雄壮举，而中国强调巧用计谋及迂回策略，耐心累积相对优势。在中国人的心目中，一个人最大的优势就在于他的德望，一个家庭最大的优势就在于“积善”。儒家文化奠定了中华文明的底色，在漫长而艰苦的岁月里，人们思考社会合理运行、和谐发展的内在机制，从相信天命、借助鬼神到看重人本身，这是一个历史的发展，是一个不断进步的过程，最终人们将关注点落在了人的道德上，落在了人的礼义上。

人既然是人，就应当具有人的特性，就应该区别于禽兽。在孔子看来，人与犬马没有差别，则人如何为人，所以孔子格外强调那个“别”。孟子关注人之所以异于禽兽者，他的着眼点在于那个“异”。无论是孔子的“别”还是孟子的“异”，都是对人的“类存在”意义的关注。于是，中国思想家关注“人之初”的问题。每个人都是父母所生，人来到这个世界上，最关心自己的就是自己的父母，除了父母就是自己的手足，因此，孝悌就成为“为人子”“为人弟”所必须做到的。

在孝敬父母、友爱兄弟的层面上，儒家展开了全面系统的论说。例如在对待父母方面，要讲究尽心养亲，爱敬至上，而且要顺亲、谏亲，还要丧亲尊礼，一丝不苟。

（三）从“孝”“悌”到“爱”“敬”

然而，孔子儒家谈孝悌，绝对不是为孝悌而孝悌，他们是把孝悌作为起点，以培养爱和敬的情感。更为重要的是，这种爱与敬并不止步于家庭，而是要把这种情感推广开来，让世界充满爱和敬。

人被视为万物之灵，人们共同生活在天地之间，人类依靠什么才能更加安定和谐，怎样才能更幸福美好地生活在一起？孔子基于对世道人心的深切体察，认为最紧要的其实就两个字——“爱”与“敬”。鲁哀公向孔子请教“人道孰为大”的问题，孔子有些感动。作为鲁国的一国之君，哀公能询问这样深入的问题！孔子“愀然作色”，神情变得严肃起来。他对哀公说：您能谈到这个问题，真是鲁国百姓的恩惠了，我哪能不认真作答？会把自己的想法翔实禀报。

哀公问到了关键处，孔子的回答也发人深省。孔子认为，人道最重要的是“政”。孔子论述说：古人治政，有仁德、有爱心最为重要；有仁德，有爱心，却必须遵守礼制；遵守礼制，必须有庄敬的态度；最高的庄敬，表现在天子、诸侯等君上的婚姻中。天子、诸侯娶亲时，身穿礼服亲自迎接，是为了对新妇表示庄敬。庄敬则是为了表示亲情，放弃庄敬就是遗弃亲情，如果没有亲情、没有庄敬，哪里还有什么尊重。可见，“爱”与“敬”的内涵关涉极大。

婚姻是人伦之本，君主是百姓的表率，君主婚姻中赋予“爱”与“敬”的意义，是治理政事的根本。《周易·序卦传》说：“有男女然后有夫妇，有夫妇然后有父子，有父子然后有君臣，有君臣然后有上下，有上下然后礼义有所错。”夫妇之道联结人伦、关涉政治，难怪“三代明王必敬妻子”。在中国历史上，人们强调夫妇婚姻为“人道大伦”。在婚姻意义上，有“男女亲”才有“父子亲”，婚姻中“爱”与“敬”的深层意义，牢牢奠定了社会人伦大道的基础，有爱有敬才能君仁臣忠、父慈子孝、夫义妇听、长惠幼顺，故汉代人说：“夫妇正则父子亲，人伦定矣”[①]，还说“夫妇，人伦大纲，夭寿之萌也”[②]，“夫妇之道，参配阴阳，通达神明，信天地之弘义，人伦之大节也。是以《礼》贵男女之际，《诗》著《关雎》之义”[③]。原来，古代教育的实质，其实就是关于爱与敬的教育。

这样，孔子说“爱与敬，其政之本”意义就很清楚了。孔子是说为政者要正人，要使社会“归于正”，让人心“思无邪”，就不能没有“爱”和“敬”，二者相辅相成，相互为用，有机统一。如果将孔子斯言简单地理解为

① 《汉书·平帝纪》。
② 《汉书·王吉传》。
③ 〔汉〕班昭：《女诫》。

执政者要爱戴人民、尊敬人民，其实是把孔子思想简单化了，也把孔子思想的价值降低了。儒家的孝悌思想密切联系着社会治理，联结着社会的风气，这也是家风建设的意义所在。

有对终点的关注，才能起好步，才能踏实前行。家风建设就要放开眼界，打开思路。所谓“东海西海，心同理同”，儒家思想中的“仁爱精神”与“敬畏观念”、基督教的“博爱精神”与“神圣观念”，其实不都正是“爱”与“敬”的体现吗？中国儒家极重“孝悌”，恰如孔子所说“立爱自亲始”“立敬自长始”。三国时期的魏国人刘邵在其书《人物志》的《八观》篇中认为《孝经》“以爱为至德，以敬为要道”，认为“人道之极，莫过爱敬”，说明他把握了儒家学说的精髓。

四、家风建设要从“心”开始

人而为人，就有为人之“义”，即孔子所说与“人情”相对的“人义”。人要明白并敬畏自己的社会角色，正其名，安其分，尽其力，这就对家庭成员提出了很高的要求，那就是要用“心”。

家风建设就是家庭美德的养成，而家庭美德则基于家庭成员的个人品德。儒家的工夫论、修养论对于养成个人品德、培育家庭美德具有根本性的意义。《大学》说：“孝者，所以事君也；弟者，所以事长也；慈者，所以使众也。《康诰》曰：‘如保赤子。’心诚求之，虽不中不远矣。未有学养子而后嫁者也。”离开了心，离开了从内而外的那种诚敬，个人品德修养，优良家风建设，也就会失去根本。

古代圣贤强调“修己”，也树立了“正身”的榜样。家风建设要效法圣贤，敬畏并遵从圣贤之道，追求成圣成贤。孔子说君子要“畏天命，畏大人，畏圣人之言”，王阳明说人要努力“读书做圣人”，曾国藩说看一个家庭或家族能否兴旺，要看他家的孩子是否读圣贤书，说的都是人生方向问题。所以人要“就有道而正焉”，人应“好学”而“志于道”，接受教育或修炼自己“思无邪”。

正身在于修己，修己的关键在于正心。《大学》的“絜矩之道”、《中庸》的“君子之道”以及《孔子家语》的“三恕之本”都给人指出了具体的方式和方法。人要立志向学，言忠信，行笃敬；食无求饱，居无求安，敏于事而慎于言；己所不欲，勿施于人。一个人理解了自己的角色，就知道了自己的“名”，人一定要“名正言顺”，所以孔子说：“君子名之必可言也，言之必可行也。君子于其言，无所苟而已矣。”应该用儒家的正名、修己思想指导我们的人生。

正心，可不是说说而已，它要求人们要有内在的自觉，要求有慎独的自律，要踏踏实实地从最基本的事情做起。孔子希望人们能“正其衣冠，尊其瞻视”，曾子也说：“动容貌，斯远暴慢矣；正颜色，斯近信矣。”其实，无论是谁，都必须在做人与做事上解决“心”之所属问题，由“心正”而“身正”。心正，就要有“一”的思维，有“中道”思维。比如，在家庭中处理父子、夫妻、兄弟等的关系，要学会换位思考，将心比心，己所不欲，勿施于人，如果能做到这一点，就会父慈、子孝，夫义、妇听，兄友、弟恭。

正如一个国家的治理体系和治理能力密切关联着这个国家的历史传承和文化传统，家庭的管理、家风的建设也与历史传承与文化传统密切相关。在与家庭直接相关的六项“人义”中，父慈、子孝与兄友、弟恭很容易被理解、被接受，但“夫义”和“妇听”这相对的两项，很容易被错解、被误读，很容易发生纠葛。但如果把它放在历史传承与文化传统中，很多问题就可能迎刃而解。

人的成长就是这样一个修心的过程，在这一点上，孔子本人的论述以及他施教的过程也是明证。孔子当年教子“不学诗，无以言”“不学礼，无以立”的“诗礼庭训”影响后世极大，它不仅成为孔子后裔世代相传的家风，也成为中华民族大家庭许多家训族规的灵魂，成就了不知多少个人与家庭。《论语·泰伯》记孔子之言说：“兴于诗，立于礼，成于乐。”在孔子时代，士人是社会精英群体，而士人的培养离不开诗、书、礼、乐。《礼记·王制》说：“乐正……顺先王《诗》《书》《礼》《乐》以造士，春、秋教以《礼》《乐》，冬、夏教以《诗》《书》。”这应该是西周春秋时期的普遍情形。《诗》《书》《礼》《乐》为“先王”之书，为士人所必须修习。王官之教衰落之后，孔子继承王官之学的传统，举起私学的旗帜，开始收徒授学。孔子教授弟子十分重视诗、书、礼、乐之教。《孔子家语》记卫将军文子问于子贡曰：“吾闻孔子之施教也，先之以诗书，而道之以孝悌，说之以仁义，观之以礼乐，然后成之以文德。”可见，孔子的教学以诗、书、礼、乐为中心，从“心”的熏育着手，让仁、义、礼、乐在心中扎根，孔子儒家的教育目标正是成就人的“文德”。

孔子“学诗”“学礼”的过庭之训，影响了孔子后裔，也影响到了中华民族大家庭中的许多家庭和家族。历史上，家训和家风的核心是子女教育。和谐传家训，诗书承家风，像“忠厚传家远，诗书继世长”“孝悌传家根本，诗书经世文章”“读书足贯古今事，忠孝不迷天地心”之类，成为中华民族众多家训家风的主旋律，许多的家训、家书甚至楹联、中堂都注意告诫子孙立志读书，他们讲论读书的顺序、方法及其意义，一般都会要求首先攻读《诗》《书》《礼》《乐》《论语》《孟子》《大学》《中庸》等儒家经典，这有助于“开心明目”“修身利行”“读书明理”“读书亲贤”是为“做得一个人”，如果“道理不明”，则难以立身处世，可能会在不知不觉中“堕于小人之类”。

儒家强调“求其放心”，以为“学问之道”仅此而已，是因为人们需要唤醒良知良能，从而安顿自己的心灵。花有色、香、味，人有才、情、趣。人有这些，不论与他人同行，还是独自行走，一路上总会有暗香随行。人们往往偏执、忿懥而不能平和中正，有的是因为看不清自己坐在哪条船上。可人们不都在一艘大船里吗？看起来船决定着我们的命运，事实却是船里的每一个人共同决定着船的命运。家道兴盛、家风建设，道理同样如此。

后　记

承蒙程冠军先生信任，邀约我写一本《国学通识课》的著作。接到这一任务，可谓既高兴也为难，高兴的是自己很喜欢或者钟情于这样一个选题，喜欢写这样一本书，因为本人一直从事国学的学习、研究与教学，可以说几十年来一直以国学为伴。然而，国学内涵极其丰富，书写起来边界不好把握。

如何写好这样一个选题，我可谓思考良久。因为国学涉及面广，也曾想请几位相关学者一起合作，就各自熟悉的领域分工执笔，共同完成这部著作。同时还想到了“国学通识”与“中国文献学通识”“中国文化史通识”之间的联系与区别。经过反复考虑，也由于时间限制，最后决定按照自己的粗浅理解，在个人熟悉的领域，把既有成果进行整理，于是就成了现在大家看到的样子。

目录最初草成，我先征求意见，大家都觉得该书与人们通常理解的“国学”有一定距离。书稿交到出版社，我收到的初审意见也大致如此，略谓书稿内容主要是儒学，儒学虽是国学中非常重要的部分，但不能代表全部，不足以支撑“国学通识课”这一主题，建议增加除儒学以外的国学相关内容。本书主题有两个关键词，其一是“国学”，其二是“通识课”。所谓“通识”，指广博的知识，就是对各个方面的知识都有不同程度的了解。对于单一学科而言，通识课则偏重于该学科的基础性、一般性知识，既要有全面性，又要有概括性。所以建议在甄选内容及撰稿时把握这一原则。

按照编辑部和各方建议，我适当调整了选目，希望尽力展示国学的深度、高度与前沿研究成果。这些大多是我曾经演讲过的题目，自以为对认识和理解“国学”非常有帮助。但正如大家所看到的，儒学的内容还是占了很大比重。这既是我固执坚持个人的认识，也由于自己学识浅薄，难以完全胜任选题。本书属于“新时代领导干部通识读物”系列丛书的一部，选题策划的初衷是为领导干部提供既可增长学识又可轻松阅读的实用读物，因而要求作者紧扣“通识课”主题，行文尽量去学术化，运用通俗化的语言讲授相关知识。最好适当穿插一些国学故事，以增加书稿的生动性，提高阅读的趣味性。这些方面，显然我做得很不够，需要向读者致歉！

衷心感谢程冠军先生约我撰著本书；感谢曲阜师范大学刘淑强副研究馆员、山东社会科学院杨传召博士对书稿选编提出重要意见；感谢曲阜至圣文化书院杨传卿帮我查找资料；感谢我的学生陈岳、吕双、陶杰、郭力佳、李蓉欣、颜景琦、张姮宇、刘璐等帮助我认真校对书稿！

杨朝明

2022年7月6日